教科書ガイド

第一学習社 版

高等学校
古典探究 漢文編
高等学校
精選古典探究 漢文編

TEXT BOOK GUIDE

文研出版

はしがき

本書は、第一学習社発行の教科書「古典探究 漢文編（718）」及び「精選古典探究（719）」に準拠した教科書解説書として編集されたものです。

教科書内容がスムーズに理解できるように工夫されています。予習や復習、試験前の学習にお役立てください。

本書の特色

●**教科書参照ページ**

本書は、お使いの教科書によって「教科書参照ページ」が異なります。

教718…**高等学校 古典探究 漢文編**(718)

教719…**高等学校 精選古典探究**(719)

●**冒頭解説**

各単元や教材の冒頭で、学習にあたっての予備知識となるような事柄（作品と作者など）について解説しています。

●**教材解説**

〔大意〕では、各教材の大意を、簡潔にまとめています。漢詩では〔主題〕として、詩形と押韻を末尾に示しています。〔書き下し文〕は、すべての漢字に現代仮名遣いによる読み仮名をつけています。送り仮名は旧仮名遣いで表記し、現代仮名遣いの読み方を片仮名で示しました。〔現代語訳〕には、適宜必要な言葉を補って現代語訳を示しています。その際、〔書き下し文〕と同じ番号をつけ、上下で対照させてわかりやすく示しました。〔語句の解説〕では、重要語句や文脈上おさえておきたい箇所の意味、重要な句形について解説しています。また、教科書下段の脚問については、解答例を示しています。

●**学習の手引き・活動の手引き**

教科書教材末に出ている問題に対応する考え方、解答例などを説明し、「句形」についても確認問題と解答を示しました。

目次

教科書によって参照ページが異なりますので、ご注意ください。

教718…高等学校　古典探究　漢文編(718)
教719…高等学校　精選古典探究(719)

第Ⅰ部

故事・寓話

古代の史話

名家の文章

項羽と劉邦

漢詩の鑑賞

不思議な世界

諸家の思想

第Ⅱ部

逸話

諸家の文章(一)

※教719では、「諸家の文章(一)」は学習しません。

漢詩の鑑賞

諸家の文章㈡

※教719では、「諸家の文章(二)」は「諸家の文章」として学習します。

史記の群像

故事・寓話

● 故事・寓話とは

故事とは、昔から伝えられてきた、いわれのある、また、前例とすべき事柄のこと。中国の故事をもとにしてできた語を、特に**故事成語**という。また、**寓話**とは、教訓的な、または風刺的な内容を、他の事物にかこつけて表した、たとえ話のことである。

『唐詩紀事』は、中国の唐代の詩人の詩と、その詩にまつわる話や、小伝などを収めた書。北宋末の計有功の撰。取り上げられた詩人の数は、一一五〇人に及んでいる。

『孫子』は、中国の春秋時代の兵法家・孫武が著した兵法書。中国のみならず後世の武将に大きな影響を与えた。日本の戦国武将・武田信玄の「疾如風、徐如林、侵掠如火、不動如山(風林火山)」は、『孫子』の「軍争編」の一節から抜き出したものである。

『韓非子』は、中国の戦国時代末期の思想家・韓非とその一派が著した五十五編の著作をまとめたもの。「矛盾」「守株」など、多くの故事成語を生んだ。

『呂氏春秋』は、中国の戦国時代末期の秦の宰相であった呂不韋の撰。諸子百家(↓ガイド103ページ)の思想や、天文・地理についての学説、伝説などを集めている。

推敲 〔唐詩紀事〕

教718 P.6　教719 P.226

【大 意】 教718 6ページ1〜4行　教719 226ページ1〜4行

賈島は都でろばに乗っているとき、「僧は推す月下の門」という句を思いついたが、「推す」を「敲く」に直したほうがよいか迷い、大尹の韓愈の行列にぶつかってしまった。訳を聞いた韓愈は、「敲くの字がよい。」と教えてくれた。

【書き下し文】

❶賈島挙に赴きて京に至る。❷驢に騎り詩を賦して、「僧は推す月下の門」の句を得たり。❸推すを改めて敲くと作さんと欲し、手を引きて推敲の勢を作すも、未だ決せず。❹覚えずして大尹韓愈に衝たる。❺乃ち具に言ふに、愈曰はく、「敲

【現代語訳】

❶賈島は科挙を受けるために都にやってきた。❷ろばに乗りながら詩を作っていて、「僧は推す月下の門」という句を思いついた。❸(その句の)「推す」の字を改めて「敲く」にしようとして、手をのばして(門を)押したりたたいたりするしぐさをしてみたが、まだ決められずにいた。❹(そのうちに)うっかりして郡の長官の韓愈

くの字佳し。」と。❻遂に轡を並べて詩を論ず。

（の行列）に突き当たってしまった。❺そこで（賈島が）すべてをありのままに話したところ、韓愈は、「敲くの字がよい。」と言った。❻（二人は）そのまま馬を並べて（行きながら）詩について論じ合った。

語句の解説

教718 6ページ　教719 226ページ

❷得　思いついた。考えついた。

❷「僧推月下門」　『三体詩』の「題㆓李凝幽居㆒」という詩の第四句にあたる。詩の内容は、郊外に隠居している友人を僧が訪れるというもの。

❸欲㆓改㆑推作㆒㆑敲　「推す」の字を改めて「敲く」にしようとして。「改㆑〜作㆑―」は、〜を改めて―に変える、の意。

「作」は、「為」と同じ。

❸未㆑決　まだ決まらない。

＊未㆓〜㆒。＝まだ〜ない。再読文字。否定の意を表す。

❹不㆑覚　うっかりして。自覚しないで。

＊不㆓〜㆒。＝〜ない。否定の意を表す。

❹衝　ぶつかる。突き当たる。

❺乃　接続詞。ここでは、そこで、の意。

❺具　詳しく。ありのままに。

1　**「具言」の内容は何か。**

答　「僧推月下門」の「推」を「敲」に改めるかどうか決めかねていること。

❺佳矣　よい。「矣」は、文末に置き、さまざまな語気を表す置き字で、訓読しない。ここでは断定の意を表す。

❻遂　ここでは、そのまま・続けて、の意。

❻並㆑轡　馬を並べて。「轡」は、国訓では「くつわ」と読むが、原義に基づいて「たづな」と読むのがよい。

学習の手引き

一　**韓愈はなぜ「敲字佳矣。」（718六・3　719三六・3）と言ったのか、自分の考えを述べてみよう。**

考え方　「推す」と「敲く」で、どんな感じの違いがあるか、考えてみよう。

解答例　「推」では山門に錠がかかっておらず、前もって訪問が約束されていた感じがするが、「敲」だと僧が偶然に訪れて訪問を知らせる感じがしておもしろいから。

二　**「推敲」の意味を調べ、本文のどこに由来しているか、説明してみよう。**

考え方　現在でもよく使われる言葉である。「作文を推敲する。」などと使われる。

解答例 意味…詩や文章の字句を何度も練り直すこと。
本文…詩の中の「推す」の字を「敲く」に改めたところ。

句形

◇書き下し文に直し、太字に注意して、句形のはたらきを書こう。

1 **未**決（　　）（　　）

2 **不**覚衡大尹韓愈（　　）（　　）

答
1 未だ決せず／否定
2 覚えずして大尹韓愈に衝たる／否定

呉越同舟 〔孫子〕

教718 P.7 教719 P.227

【大意】 1 教718 7ページ1～3行 教719 227ページ1～3行

蛇の一部をたたくと他の部分が助けにやって来る。兵士を上手に使う者は、この蛇のようなものである。

【書き下し文】

❶善く兵を用ゐる者は、譬へば率然のごとし。❷率然は、常山の蛇なり。❸其の首を撃たば則ち尾至り、其の尾を撃たば則ち首至り、其の中を撃たば則ち首尾倶に至る。

【現代語訳】

❶巧みに兵士を使う者は、たとえて言えば、率然（という蛇）のようなものである。❷率然というのは、恒山にいる蛇のことである。❸その頭をたたくと尾が助けに来るし、その尾をたたくと頭が助けに来るし、その腹をたたくと頭と尾とがいっしょに助けに来る。

語句の解説 1

教718 7ページ 教719 227ページ

❶**善** 巧みに。

❶**用レ兵者** 兵士を使う者。兵士の集団である軍を指揮する者。

❶**如二率然一** 率然（という蛇）のようだ。「如」は、比況の意を表す。

❷**率然者** 率然というのは。「者」は、ここでは、提示を表す。

❸**則** ～ならば。～すると。「則」は、前と後とをさまざまな関係で接続するはたらきをする語で、ここでは条件を表す。

❸**倶** いっしょに。

【大意】 2 教718 7ページ4～6行 教719 227ページ4～6行

軍隊を蛇のようにさせることは可能である。それはちょうど敵どうしが同じ舟に乗り合わせながらも、大風による舟の転覆という危険が迫れば一致協力するのと同じようなことなのである。

【書き下し文】

❶敢へて問ふ、「兵は率然のごとくならしむべきか。」と。❷曰はく、「可なり。❸夫れ呉人と越人とは相悪むなり。❹其の舟を同じくして済るに当たりて、風に遇はば、其の相救ふや、左右の手のごとし。」と。

語句の解説 2

教718 7ページ 教719 227ページ

❶**敢問** 目上の人などに質問するときに使い、思い切って尋ねる、の意を表すが、ここでは自問自答と考え、あえて問う、と訳す。

❶**兵** 兵士たち。軍隊。

❶**可使如率然乎** 率然のようにさせることができるか。「可」は、動詞の前に置いて、さまざまな意を表す。ここでは可能の意を表し、～できる、と訳す。

＊使二～一。＝～させる。使役を表す。

＊～乎。＝～か。疑問を表す助字。文末に置く。

❸**夫** そもそも。文頭に置き、話題を提示する。

❸**呉人与越人** 呉人と越人とは。「与」は並列の関係を表し、「～与レ—(～ト—と)」の形をとる。

【現代語訳】

❶あえて問う、「軍隊は率然のようにさせることができるか。」と。❷答えて言う、「できる。❸そもそも呉国の人と越国の人とは互いに憎み合う仲である。❹(しかし)その(両国の)人が同じ舟に乗ってちょうど川を渡るとき、大風に遇ったならば、その(両国の人が)互いに助け合うのは、左手と右手の関係のようなものである。」と。

❸**悪** 嫌がる。嫌う。嫉妬する。

❹**当** ちょうど～ときに。時間や場所に直面した場合に用いる。

❹**而** ここでは順接の接続詞。直前の語に「テ・シテ」をつけ、「而」は置き字として読まない。

❹**相救** 互いに助け合う。「相」は、ここでは、互いに・ともに、の意。

❹**也** ～こそは。～は。強調の語気を表す。

1 「如左右手」とは、どういう意味か。

答 左手と右手のように、互いに手分けして共同で助け合うこと。もともとは、左手と右手によって自分が支配できる範囲の意。

学習の手引き

一 「呉人」と「越人」は、どのような点が「率然」と同じなのか、説明してみよう。

考え方 「当二其同レ舟而済一、遇レ風」(718 七・5 719 二二七・5)という状況に着目しよう。

解答例 同じ舟に乗り合わせた呉国の人と越国の人とが敵どうしであっても、大風に遭遇して舟が沈めば皆が命を失う危険があるため、舟の転覆を阻止しようと協力する。この点が、一部をたたかれると他の部分が助けに来る「率然」と同じである。

二　**「呉越同舟」の意味を調べ、本文のどこに由来しているか、説明してみよう。**

解答例　意味…仲の悪い者どうしが、同じ場所に居合わせること。また、仲の悪い者どうしが難局にあたって協力し合うこと。
本文…敵どうしの「呉人」と「越人」とが同じ舟に乗り合わせて川を渡るとする、という孫子のたとえ話。

句形

◇**書き下し文に直し、太字に注意して、句形のはたらきを書こう。**

1　兵可使如率然乎（　　）（　　）（　　）

答　1　兵は率然のごとくならしむべきか／使役・疑問

嬰逆鱗　〔韓非子〕

教718 P.8　教719 P.228

【大意】 教718 8ページ1～3行　教719 228ページ1～3行

竜には逆鱗があり、それにふれると殺されるという。ところで、君主にも逆鱗があり、自分の意見を君主に説く場合には、この逆鱗にふれないようにすれば、君主の説得に成功するに等しい。

【書き下し文】

❶夫れ竜の虫たるや、柔にして狎らして騎るべきなり。❷然れども其の喉の下に逆鱗の径尺なる有り。❸若し人之に嬰るる者有らば、則ち必ず人を殺す。❹人主にも亦逆鱗有り。❺説く者能く人主の逆鱗に嬰るること無くんば、則ち幾し。

【現代語訳】

❶そもそも竜の動物としての性質は、従順であって、飼い慣らして乗ることができる。❷しかし、そののど下に、逆さまに生えたうろこで直径一尺のものがある。❸もし人でこれにふれる者がいるならば、（竜は）必ずやその人を殺してしまう。❹君主にも同じく逆さまに生えたうろこがあるのだ。❺（君主に）自分の意見を述べる者が、君主の逆さまに生えたうろこにふれないでいられるならば、説得に成功するのに近いのである。

語句の解説

教718 8ページ　教719 228ページ

❶**夫** そもそも。文頭に置き話題を提示する。

❶**也** ～は。～こそは。強調の語気を表す。

❶**柔** 従順な性格であって。送り仮名の「ニシテ」は、～であっ

て（「に」は断定の助動詞「なり」の連用形、「して」は接続助詞）、と訳し、名詞述語文を構成するときに用いる。

❶**而**　ここでは順接の接続詞。直前の語に「テ・シテ」をつけて、「而」自体は置き字として読まない。

❶**可狎而騎也**　飼い慣らして乗ることができる。「可」は、動詞の前に置き、ここでは可能の意を表す。

❸**若人有嬰之者**　もし人でこれにふれる者がいるならば。

＊若～、＝もし～ならば、の意。仮定を表す。

❸**則**　ここでは、～ならば・～すると、の意。

❹**亦**　ここでは、～も同じく、の意。

❺**能無嬰人主之逆鱗**　君主の逆さまに生えたうろこにふれないでいられるならば。「能」は、～できる、と訳し、ここでは可能の意を表す。「無～」は、～なければ、の意。

❺**幾矣**　説得に成功するのに近い。「幾」は、よい結果や理想的な形に等しい、の意。「矣」は、ここでは断定の意を表す置き字で、読まない。

1　**「幾矣」とは、どういうことか。**

答　自分の意見で君主を説得する場合、君主の怒りにふれないようによく配慮すれば、説得は成功するのに近いということ。

学習の手引き

一　**「逆鱗」が何のたとえになっているかを考え、この話でどのようなことを説こうとしたのか、説明してみよう。**

解答例　「逆鱗」は、思うところを進言した者が君主に殺されかねないような、「君主が最も嫌がること」のたとえである。この話で、君主を説得する際には、君主の心理を見抜いて、君主の怒りにふれないように慎重に行う必要があることを説こうとしたのである。

二　**「逆鱗に触れる」の意味を調べ、本文のどこに由来しているか、説明してみよう。**

解答例　意味…上司や先生など、目上の人の激しい怒りを買う。
本文…ふれると殺されるという竜の「逆鱗」が君主にもある、というところ。

句形

◇書き下し文に直し、太字に注意して、句形のはたらきを書こう。

1　若人有嬰之者　（　　　　）（　　　）

答　1　若し人之に嬰るる者有らば／仮定

知音 〔呂氏春秋〕

教718 P.9 教719 P.229

【大意】 教718 9ページ1〜5行 教719 229ページ1〜5行

伯牙が琴を弾くと、鍾子期はその音色を聴いて伯牙の心をよく理解した。鍾子期が死んでしまうと自分の琴の音を理解する者はもういないと思った伯牙は、琴を壊し、二度と琴を弾かなかった。

【書き下し文】

❶伯牙琴を鼓し、鍾子期之を聴く。❷琴を鼓して志太山に在るに方たりては、鍾子期曰はく、「善きかな、琴を鼓するや。❸巍巍乎として太山のごとし。」と。❹少選の間にして、志流水に在れば、鍾子期又曰はく、「善きかな、琴を鼓するや。❺湯湯乎として流水のごとし。」と。❻鍾子期死す。❼伯牙琴を破り絃を絶ち、終身復た琴を鼓せず。❽以為へらく世に復た為に琴を鼓するに足る者無しと。

【現代語訳】

❶伯牙は琴を弾き、鍾子期はこれ（＝伯牙が弾く琴の音）を聴いた。❷（伯牙が）琴を弾いて心が泰山にあるときに、鍾子期は、「すばらしいなあ、（君が）琴を弾くのは。❸高く険しくて泰山のようだ。」と言った。❹しばらくの間ののち、（琴を弾く伯牙の）心が流れる水に向かうと、鍾子期はまた、「すばらしいなあ、（君が）琴を弾くのは。❺水が勢いよく流れて流水のようだ。」と言った。❻鍾子期が死んだ。❼伯牙は琴を壊して絃を切り、生涯二度とは琴を弾かなかった。❽（伯牙は、）世の中に琴を弾いて聴かせるにふさわしい者がもういないと思ったからである。

語句の解説

教718 9ページ 教719 229ページ

❶**聴レ之**　これ（＝伯牙が弾く琴の音）を聴いた。

❷**方**　〜するときに。〜にあたって。

❷**志**　「志」は、意志や目標の意味だが、ここでは、心・心が向かうところ、というような意味。

❷**善哉乎、鼓レ琴**　すばらしいなあ、（君が）琴を弾くのは。

＊〜哉乎、―。＝〜だなあ、―は。感嘆を表す。「哉」「乎」とも「かな」と読む助字だが、「哉乎」二字で「かな」と読む。

❸**巍巍乎**　高く険しい様子。「乎」は、形容詞につける接尾語。

❸**若二太山一**　泰山のようだ。「若レ〜」は、〜のようだ、の意味。

❼**破レ琴絶レ絃**　琴を壊して絃を切り。ここでは、「破」は、傷つけて壊す、「絶」は、糸などを切る、の意。

❼**終身**　死ぬまで。生涯。

❼**不二復鼓一レ琴**　二度とは琴を弾かなかった。「復」は、また・も

う一度、の意。

＊不復～。＝二度とは～ない。一部否定の意を表す。

⑧以為　結びに「と」を置いて、「おもヘラク～ト」と読み、～と思う、と訳す。

⑧世　世の中に。世間に。

⑧無足復為鼓琴者　琴を弾いて聴かせるにふさわしい者がもういない。鍾子期がすばらしい聴き手であり、「知音(＝親友)」であったことを言っている。「為」は、その人のために、の意。「足」は、～するに値する・～するにふさわしい、の意。

＊無～。＝～がない。否定の意を表す。

学習の手引き

一　「伯牙破琴絶絃、終身不復鼓琴。」（718 九・4　719 三九・4）について、その理由を説明してみよう。

考え方　末尾の一文「以為世無足復為鼓琴者。」の意味をよく押さえよう。

解答例　鍾子期ほど、自分の琴の音とそれを弾く心を理解してくれる者が、この世にもういなくなってしまったから。

二　「知音」の意味を調べ、本文のどこに由来しているか、説明してみよう。

解答例　意味…親友。心から理解し合える友人。
本文…伯牙が弾く琴の音を聴いて、鍾子期がその気持ちを理解している、というところ。

句形

◇書き下し文に直し、太字に注意して、句形のはたらきを書こう。

1 **善哉乎**、鼓琴　（　　　）（　　　）

2 終身**不復**鼓琴　（　　　）（　　　）

3 世**無**足復為鼓琴者　（　　　）（　　　）

答
1 善きかな、琴を鼓するや／感嘆
2 終身復た琴を鼓せず／一部否定
3 世に復た為に琴を鼓するに足る者無し／否定

言語活動　友情に関する故事

活動の手引き

一　友情に関する次の故事成語について、由来と意味を調べてみよう。

1 忘年の交わり　2 金石の交わり
3 金蘭の交わり　4 膠漆の交わり
5 莫逆の友　6 忘形の友

考え方 辞書などを引いて、それぞれの故事成語の意味を調べよう。「ウェブ資料」にはそれぞれの故事成語の由来となった故事が、書き下し文、口語訳とともに載せてある。これらを読んで、口語訳や注を参考にして由来をまとめる。どれも親しい友人、親密な友情を表す故事成語だが、たとえるものが違い、微妙な差があるので、それがわかるようにまとめよう。また、由来に出てくる人物についてさらに調べ、どのような人たちが故事に出てきているのか理解を深めるのもよい。意味を理解したら故事成語を用いた例文を作り、実際に使えるようになろう。

解答例 1 忘年の交わり 由来…禰衡と孔融は年が離れていたが、禰衡が優秀なので年を忘れて親しくしていたことから。
意味…年齢の差に関係なく、親しくすること。
2 金石の交わり 由来…漢王(劉邦)の命令を受けて楚の項羽を攻めてきた韓信に、項羽の部下である武渉が「あなたは主君である劉邦と金石のように固い交わりを結んでいると思っているが、そんなことはない。」と言ったことから。
意味…金や石のように固い友情。
3 金蘭の交わり 由来…孔子が、「君子には出仕する人もいれば民間にいる人もいて、沈黙する人もいれば大いに論ずる人もいるが、心を一つにすれば鋭利さは金属も断ち切るほどになり、心を一つにした者の言葉は蘭のように芳しい。」と言ったことから。
意味…強く気高い友情。
4 膠漆の交わり 由来…蔡沢が、范雎に秦の昭王のことを「古くからのつき合いを大事にして智者や徳ある人物と膠や漆で固めたような交わりを結び、信義を重んじて功績のある臣下を裏切らないという点で、臣下の意見をよく聞いたと言われる過去の君主と比べて、どうか。」と尋ねたことから。
意味…固く結びついて簡単には離れない友情。
5 莫逆の友 由来…子祀・子輿・子犂・子来の四人は、死生存亡が一体だと知っている人と友人になりたいという考えが一致して友人となった。子桑戸・孟子反・子琴張の三人は意識せずに協力し、いっしょに行動でき、生を忘れて、極まるところがない世界に住める人を探しているという考えが一致して友人となった。
意味…反論したくなるような気持ちにならない、気持ちが合う友人。
6 忘形の友 由来…白居易の詩に「外見や地位など関係ない友がいる」と詠んだことから。
意味…外見や地位など形式的なことを気にしない、親しい友人。

古代の史話

●古代の史話――『十八史略』

歴史上の故事や逸話を話にしたものを、**史話**という。

『十八史略』は、宋末元初の人・曽先之の撰。もとは二巻だったが、明代の陳殷が字音と字義の解釈を付け七巻に分けた。『史記』以下の十七の正史と宋代の史書から重要な事実を抜粋し、要約して初学者の読本としたもので、資料としての価値は低いが、中国王朝の興亡のおおよそがわかり、物語としてもおもしろい。

「鼓腹撃壌」に登場する帝尭は、中国古代の神話・伝説上の帝王。後世歴史化され、後継者の舜とともに理想的な君主とされた。

「莫敢飾詐」に出てくる斉の威王は、田氏が斉の君主となって四代目の王。宰相の鄒忌、軍師の孫臏（ガイド199・209ページ）など人材に恵まれ、斉国隆盛の基礎を作った。

「鶏鳴狗盗」に出てくる孟嘗君は、斉の王族出身の宰相である田嬰の子。多くの食客を集め、その持てる能力を見極めて用いることで、広く一般に賢者として高く評価される君主となった。

「背水の陣」に登場する韓信は、秦が滅亡したあとに楚の項羽と天下を争った、漢の劉邦の臣下。巧みな作戦で数々の戦いに勝ち、漢の覇権を決定づけ、漢の「三傑」の一人となった。

鼓腹撃壌　〔十八史略〕

教718 P.12～P.13　教719 P.232～P.233

【大　意】 1　教718 12ページ3～5行　教719 232ページ3～5行

帝尭の仁徳は天のように大きく、知恵は神のようだった。都を平陽に置いたが、その宮殿は粗末で、宮殿に上る階段は三段しかなかった。

【書き下し文】

❶帝尭陶唐氏は、帝嚳の子なり。❷其の仁は天のごとく、其の知は神のごとし。❸之に就けば日のごとく、之を望めば雲のごとし。❹平陽に都す。❺茆茨は翦らず、土階三等のみ。

【現代語訳】

❶帝尭陶唐氏は、帝嚳の子である。❷その仁徳は天のように大きく、その知恵は神のようだった。❸帝尭に近づいて見ると（人柄の温かさは）太陽のようで、これ（＝帝尭）を遠くから見ると（恵みの雨をもたらす）雲のように感じられた。❹（帝尭は）平陽を都に定めた。❺（その宮殿は）茅で葺いた屋根の軒端を切りそろえず、宮殿に上る階段は、土で築かれた三段だけで（粗末なもので）あった。

語句の解説 1

教718 12ページ　教719 232ページ

❷其ノ仁ハ如ク天ノ　その仁徳は天のように大きく。「仁」は、思いやりのこと。「如レ〜」は、〜のようである、の意で、比況を表す。

❸望メバ　望み見ると。遠くから見ると。

❹都ス二平陽ニ一　平陽に都を置いた。「都」は、都を定める意。

【大意】 2

教718 12ページ6行〜13ページ7行　教719 232ページ6行〜233ページ7行

帝堯は、自分の政治がうまくいっているのかわからなかったので、粗末な身なりをして町に出かけて行った。そこで、子供たちが天子の徳をたたえる歌を歌い、老人が生活を楽しんでいる気持ちを歌っているのを聞いた。

【書き下し文】

❶天下を治むること五十年、天下治まるか、治まらざるか、億兆己を戴くを願ふか、己を戴くを願はざるかを知らず。❷左右に問ふに、知らず。❸外朝に問ふに、知らず。❹在野に問ふに、知らず。❺乃ち微服して康衢に游ぶ。❻童謡を聞くに、曰はく、

❼我が烝民を立つるは　爾の極に匪ざる莫し

❽識らず知らず　帝の則に順ふと

❾老人有り、哺を含み腹を鼓し、壌を撃ちて歌ひて曰はく、

❿日出でて作し　日入りて息ふ

⓫井を鑿ちて飲み　田を耕して食らふ

⓬帝力何ぞ我に有らんやと

【現代語訳】

❶天下を治めることが五十年に及んだが、(帝堯は)天下がうまく治まっているのか、治まっていないのか、民衆がみな、自分を天子としていただくことを願っているのか、自分を天子としていただくことを願っていないのか、わからなかった。❷(そのことを)自分のそばに仕える者に尋ねたが、わからなかった。❸政務を執る所の役人に尋ねたが、わからなかった。❹官に仕えない人々に尋ねたが、わからなかった。❺そこで(帝堯は、)人目につかないように粗末な身なりをして、にぎやかな大通りに出かけて行った。❻(子供たちの歌う)童謡を聞くと、(歌って)言うには、

❼我々多くの民衆の生活を成り立たせているのは、あなたさまの徳のおかげでないものはありません。

❽(我々は)知らず知らずのうちに、天子様のお作りになった法に従っています。

❾(また)老人がいて、食物を頬張り、腹つづみを打ち、足で地面を踏み鳴らして拍子をとり、歌って言うには、

❿日が出れば仕事を始め、日が沈めば(仕事を終えて)休む。

語句の解説 2

教718 12ページ 教719 232ページ

❶**天下治歟**(てんかおさマルか) 天下がうまく治まっているか。

＊〜歟(か)。＝〜か。疑問の意を表す。

❸**億兆**(おくちょう) ここでは、人民・万人、のこと。

❺**乃**(すなわチ) ここでは、そこで、という順接の意。「乃」には、しかるに・それなのに、という逆接の意もある。

❺**游**(あそブ) 行く。出歩く。ここでは、出かけて行く、と訳す。

1 「微服」して「康衢」に「游」んだのは、なぜか。

⑪井戸を掘って水を飲み、田畑を耕して飯を食べる。

⑫天子様のお力が、どうして私に関係があるだろうか、いや、関係がない、と。

答 街に出て、自分の政治に対する民衆の率直な考えを知るには、天子であることを知られないほうがよいと考えたから。

教718 13ページ 教719 233ページ

❼**莫㆑匪㆓爾極㆒**(なシあらザルなんぢノきょくニ) あなたさまの徳のおかげでないものはない。

＊莫㆑匪㆓〜㆒。＝〜でないものはない。二重否定の意を表す。

❾**而** 直前の語に「テ・シテ」をつけて、「而」自体は読まない。

❿**息**(いこフ) ここでは、休む・休息する、の意。

⑫**帝力何有㆓於我㆒哉**(ていりょくなんゾあランわれニや) 天子のお力がどうして私に関係があるだろうか、いや、関係がない。

＊何(なんゾ)〜哉(や)。＝どうして〜か、いや、〜ない。反語の意を表す。

学習の手引き

一 帝堯の人柄はどのように表現されているか、まとめてみよう。

考え方 第一段落に書かれている。

解答例 天のように大きな仁徳と、神のような知恵を持つ。近づいて見ると太陽のように温かく、遠くから見ると恵みの雨をもたらす雲のようである。

二 「童謡」(718 一三・8 719 二三三・8)と老人の「歌」(718 一三・4 719 二三三・4)は、それぞれ帝堯の政治がどのようであったことを表しているか、説明してみよう。

解答例 「童謡」は、帝堯の政治が徳に基づくものであるおかげで自分たちの生活が成り立っていることを表している。一方、老人の「歌」は、政治というものを意識しないほど平和な生活を送り、満足している様子を表している。

句形

◇**書き下し文に直し、太字に注意して、句形のはたらきを書こう。**

1 天下治歟 (　　　　) (　　　　)

2 莫匪爾極（　　）（　　）

3 帝力何有於我哉（　　）（　　）

答
1 天下治まるか／疑問
2 爾の極に匪ざる莫し／二重否定
3 帝力何ぞ我に有らんや／反語

莫敢飾詐 〔十八史略〕

教718 P.14~P.15 教719 P.234~P.235

【大意】 1 教718 14ページ4~7行 教719 234ページ4~7行

斉国は活気がなかった。威王はそこでまずはじめに、悪い評判がある即墨の実態を調査させたところ、人民は生活に満足し、領地も安泰であったので、威王は、悪評は捏造であったと見抜き、即墨の大夫(=長官)を一万戸の領主に取り立てた。

【書き下し文】

❶時に斉国幾ど振るはず。❷王乃ち即墨の大夫を召し、之に語りて曰はく、「子の即墨に居りしより、毀言日に至る。❸然れども吾人をして即墨を視しむるに、田野辟け、人民給し、官事無く、東方寧し。❹是れ子吾が左右に事へて、以つて助けを求めざればなり。」と。❺之を万家に封ず。

【現代語訳】

❶当時斉の国は衰えて、ほとんど活気がなくなりそうであった。❷斉の威王はそこで斉の領地である即墨の大夫(=長官)を呼び出し、これ(=即墨の大夫)に語って言うには、「あなたが即墨に赴任してから、(即墨の)悪口が毎日届いた。❸ところが私が人を遣わして即墨(の実情)を視察させると、田畑はよく開墾されているし、人民(の生活)は満ち足りており、役所も何事も変わったこともなく、(領内の)東方は安泰である。❹これは(=評判が悪いのは)あなたが私のそばに仕える者たちに取り入って、助言を求めなかったからである。」と。❺これ(=即墨の大夫)を一万戸の領主に取り立てた。

語句の解説 1

教718 14ページ 教719 234ページ

❶**幾** ここでは、ほとんど～しそうである、の意。

❷**召** 呼び出して。呼び寄せて。

❷**大夫** 身分を表す言葉で、領地を持つ貴族のこと。長官。

❷**自㆔子之居㆓即墨㆒也** あなたが即墨に赴任してから。「子」は、あなた、の意で、二人称の代名詞。「之」は、ここでは、～が、

の意で、主格を表す。「自（リ）〜（二）」は、〜から、の意で、時間の起点を表す。「也」は断定の意だが、ここでは置き字で読まない。

❷日　ここでは、毎日・日ごとに、の意。

1 「毀言日至」とあるが、なぜ「即墨」のことが悪く言われたのか。

答 「即墨」の大夫は威王のそばに仕える者に取り入ることもなく、助言を求めもしなかったので、威王の側近たちによく思われていなかったから。

❸使人視即墨　人を遣わして即墨（の実情）を視察させると。「視」は、つぶさに見る、の意。ここでは、視察する、と訳す。

＊使（二）―（一）〜（セ）。＝―に〜させる。使役の意を表す。

❸田野辟　田畑はよく開墾されているし。「辟」は、ここでは、開墾する・切りひらく、の意。

❸官　ここでは、役所、の意。

❸寧　安泰である。安定している。

❹不下……求助也　……助言を求めなかったからである。「〜バ也」は、〜からである、と訳し、理由を表す。

❺封　取り立てる。「封」には、帝王が臣下に土地や爵位を授ける、の意がある。

【大意】 2 教718 14ページ8行〜15ページ4行 教719 234ページ8行〜235ページ4行

その次に、威王は評判のよいとされる阿の実態を調査させ、その不正を暴き、阿の大夫から賄賂を受け取った者とともに釜ゆでの刑罰に処した。その結果、うわべをかざり偽る臣下もいなくなり、斉国はよく治まり、他国の君主たちが戦争をしかけることもなくなった。

【書き下し文】

❶阿の大夫を召し、之に語りて曰はく、「子の阿を守りしより、誉言日に至る。❷吾人をして阿を視しむるに、田野辟けず、人民貧餒す。❸趙鄄を攻むれども、子救はず。❹衛薛陵を取れども、子知らず。❺是れ子幣を厚くし、吾が左右に事へて、以つて誉を求むればなり。」と。❻是の日、阿の大夫と嘗て誉めし者とを烹る。❼群臣聳懼し、敢へて飾詐する莫し。❽斉大いに治まる。❾諸侯敢へて復た兵を致さず。

【現代語訳】

❶（次に王は）阿の大夫を呼び出して、これ（＝阿の大夫）に語って言うには、「あなたが阿の地を守ってから、（阿を）ほめる言葉が毎日届いた。❷私が人を遣わして阿（の実情）を視察させると、田畑は開墾されておらず、人民は貧しくて飢えている。❸趙国が（斉の領地の）鄄を攻めたけれども、あなたは助けなかった。❹衛国が（斉の領地の）薛陵を奪い取ったけれども、あなたは気づかなかった。❺これは（＝あなたの評判がよいのは）あなたが賄賂を手厚く贈って、私のそばに仕える者に取り入り、よい評判を求めたからである。」と。❻その日に、阿の大夫と以前に（大夫を）ほめた者とを釜ゆでの刑にした。❼多くの臣下たちはふるえ恐れて、進んでうわべをかざ

語句の解説 2

教718 14ページ　教719 234ページ

2 「誉言日至」とあるが、なぜ「阿」のことをほめる言葉が届いたのか。

答 「阿」の大夫が威王のそばに仕える者に賄賂を手厚く贈って取り入り、自分に対するよい評判が威王の耳に入るように、彼らに求めたから。

教718 15ページ　教719 235ページ

❻**阿大夫与嘗誉者** 阿の大夫と以前に(大夫を)ほめた者とを。「〜与ー」の形である。「嘗」は、以前に、の意。

❼**莫敢飾詐** 進んでうわべをかざり偽ろうとはしなかった。

り偽ろうとはしなかった。❽斉国はすっかり治まった。❾他国の君主たちは二度と進んで軍隊を送って攻めては来なかった。

＊莫敢〜 ＝進んで〜しない。否定の意を表す。どうしても〜しない・とうてい〜できない、などとも訳す。

3 「斉」が「大いに治ま」ったのは、なぜか。

答 威王が阿の大夫の不正を見破って罰し、真実を見抜くことを示したから。

❾**不敢復致兵** 二度と進んで軍隊を送って攻めては来なかった。「不復〜」は、二度とは〜ない、の意で、一部否定を表す。

＊不敢〜 ＝進んで〜しない。否定の意を表す。とうてい〜できない、などとも訳す。

学習の手引き

一 「即墨」と「阿」の評判と実態を、それぞれ説明してみよう。

考え方 第一段落に「即墨」、第二段落に「阿」の評判と実態とが、それぞれ書かれている。

解答例 ・「即墨」の評判は悪かったが、実態は、開墾は進み、人民は生活に満足し、領地もとても安泰であった。

・「阿」の評判はよかったが、実態は、開墾はされず、人民は貧しく飢えていて、周辺の領地も十分に守られていなかった。

二 王が「即墨大夫」と「阿大夫」に対して下した判断とその理由を、それぞれまとめてみよう。

考え方 第一段落に「即墨大夫」、第二段落に「阿大夫」に下した判断とその理由とが、それぞれ書かれている。

解答例 ・「即墨大夫」に下した判断…一万戸の領主に取り立てた。

その理由…即墨の実態がよく、自分の利益のために、威王のそばに仕える者に取り入ることもなく、助言を求めもしなかったから。

・「阿大夫」に下した判断…釜ゆでの刑罰を与えた。

その理由…阿の実態が悪く、威王のそばに仕える者に賄賂を手厚く贈って取り入り、偽りのよい評判を威王に届けるよう求めたから。

句形

◇書き下し文に直し、太字に注意して、句形のはたらきを書こう。

1 吾**使**人視即墨 （　　）（　　）

2 **莫敢**飾詐 （　　）（　　）

3 **不敢復**致兵 （　　）（　　）

答
1 吾人をして即墨を視しむ（るに）／使役
2 敢へて飾詐する莫し／否定
3 敢へて復た兵を致さず／否定

鶏鳴狗盗

〔十八史略〕

教718 P.16～P.17　教719 P.236～P.237

【大　意】 1 教718 16ページ5～7行 教719 236ページ5～7行

斉の田嬰の息子である文は、孟嘗君と呼ばれており、食客を数千人養い、その名声は周囲の諸侯に知れ渡っていた。

【書き下し文】

❶靖郭君田嬰は宣王の庶弟なり。❷薛に封ぜらる。❸子有り文と曰ふ。❹食客数千人。❺名声諸侯に聞こゆ。❻号して孟嘗君と為す。

【現代語訳】

❶靖郭君田嬰は（斉の王である）宣王の異母弟であった。❷（斉の）薛という地に領土を与えられた。❸子供があり文といった。❹（文は）食客を数千人も養っていた。❺（文の）評判は諸侯に知れ渡っていた。❻孟嘗君と呼ばれた。

語句の解説 1

教718 16ページ 教719 236ページ

❶**者** 主格を表す。「は」と読む。

❷**封二於薛一** 「～ニ封ゼラル」で、～に領土をもらい領主となる、の意。「封」は受身を暗示する動詞。「於」は場所を表す置き字。

❺**名声聞二於諸侯一** 「～ニ聞コユ」で、～に知れ渡る、の意。「於」は場所・対象などを表す置き字。

❻**号 為二孟嘗君一** 「号」は、名や字のほかの呼び名をつける、の意。

【大　意】 2 教718 16ページ8行～17ページ3行 教719 236ページ8行～237ページ3行

秦の昭王は孟嘗君の賢明さを聞き、自国に招いて殺そうとした。孟嘗君はこそどろの得意な食客のはたらきにより釈放された。

【書き下し文】

…

【現代語訳】

❶秦の昭王其の賢なるを聞き、乃ち先づ質を斉に納れ、以つて見えんことを求む。❷至れば則ち止め囚へて之を殺さんと欲す。❸孟嘗君人をして昭王の幸姫に抵り解かんことを求めしむ。❹姫曰はく、「願はくは君の狐白裘を得ん。」と。❺蓋し孟嘗君嘗て以つて昭王に献じ、他の裘無し。❻客に能く狗盗を為す者有り。❼秦の蔵中に入り、裘を取りて以つて姫に献ず。❽姫為に言ひて釈さるるを得たり。

❶秦の昭王は孟嘗君が賢明であることを聞き、そこでまず人質を斉に入れ、それによって（孟嘗君に）会見することを求めた。❷（孟嘗君が秦に）到着すると、引き止め捕らえて孟嘗君を殺そうとした。❸孟嘗君は、使いの者を昭王のお気に入りの宮女のもとに行かせて、解放するように頼ませた。❹宮女が言うには、「どうかあなたの狐の皮衣をください。」と。❺そもそも孟嘗君は、以前に昭王に（狐の皮衣を）献上していて、ほかの皮衣はなかった。❻食客の中に、こそどろができる者がいた。❼秦の蔵の中に入って、皮衣を盗み出して（それを）宮女に献上した。❽宮女は（孟嘗君の）ために（秦王に解放するように）言って、（孟嘗君は）釈放されることができた。

語句の解説 2

教718 16ページ　教719 236ページ

❶乃　ここでは、そこで、という順接の意。

❶納二質 於斉一　人質を斉に入れ。「於」は場所を表す置き字。

1 秦の昭王が、最初に人質を斉に入れたのはなぜか。

答 秦から先に人質を送ることによって、孟嘗君に危害を加えることはないことを示すため。

❶以 求レ見　それによって（孟嘗君に）会見することを求めた。「以」は、ここでは条件を表し、〜によって、などと訳す。

❷至 則　（秦に）到着すると。「〜レバ則チ」の形で、〜すると・〜すれば（そのとき）、などの意を表す。「レバ則」と呼ばれる。

❸使下人 抵二昭王 幸姫一求上レ解　使いの者を昭王のお気に入りの宮女のもとに行かせて、解放するように頼ませた。

＊使二―ヲシテ〜一。＝―に〜させる。使役の意を表す。

教718 17ページ　教719 237ページ

❹願　自己の希望を表す願望の形。どうか〜させてください、の意。ここでは、得させてください、の意で、単に、ください、と訳す。

❺蓋　思うに・そもそも、の意。

❺以　「以二狐白裘一」の「狐白裘」が省略された形。対象を表す。

❻能　可能を表す。〜できる、の意。

❼以　「以」のあとに「裘」が省略されている。単純な接続とも。

2 「為」とは、誰のためにか。

答 孟嘗君のため。

❽得レ釈　「釈」の送り仮名で受身を表す。

【大　意】 3 教718 17ページ4～6行 教719 237ページ4～6行

孟嘗君は、秦の関所である函谷関を、鶏の鳴き声のまねが得意な食客のはたらきによって脱出することができた。

【書き下し文】

❶即ち馳せ去り、姓名を変じて、夜半函谷関に至る。❷関の法、鶏鳴きて方に客を出だす。❸秦王の後に悔いて之を追はんことを恐る。❹客に能く鶏鳴を為す者有り。❺鶏尽く鳴く。❻遂に伝を発す。❼出でて食頃にして、追ふ者果たして至るも、及ばず。

【現代語訳】

❶すぐに(孟嘗君は)馬を走らせて去り、姓名を変えて、夜中に函谷関に到着した。❷関所の決まりは、(朝に)鶏が鳴いて、ちょうどそのときに旅人を(関所から)出す(というものであった)。❸(孟嘗君は)秦王があとで(孟嘗君を釈放したことを)後悔してこれ(＝孟嘗君)を追うことを恐れた。❹食客の中に鶏の鳴きまねができる者がいた。❺(食客が鶏の鳴き声のまねをするとそれにつられて)鶏はすべて鳴き始めた。❻(そこで関所の役人は)そのまま宿継ぎの車馬を出発させた。❼(孟嘗君が函谷関を)出てごくわずかな時間で、追っ手が思ったとおり来たけれども、間に合わなかった。

語句の解説 3

教718 17ページ 教719 237ページ

❶即　すぐに。「即」は、すぐに、の意で用いられることが多い。「レバ則」と呼ばれる「則」と区別して覚える。

❶変姓名　姓名を変えて。偽名を使って。

❷方　ちょうど。まさしく。鶏が鳴いて初めて関所の通行が許されるのである。

❻遂　ここでは、そのまま、の意。「遂」は、とうとう、の意を表すこともあるが、ある勢いに乗って進めていくニュアンスがあり、こうして・そのまま、と訳すことが多い。

❼而　置き字。接続のはたらきをし、ここでは逆接を表す。

【大　意】 4 教718 17ページ7～8行 教719 237ページ7～8行

孟嘗君は斉に戻り、韓と魏とともに秦に攻め入った。秦は町を割譲して和睦した。

【書き下し文】

❶孟嘗君帰りて秦を怨み、韓・魏と之を伐ち、函谷関に入る。❷秦城を割きて以つて和す。

【現代語訳】

❶孟嘗君は(斉に)帰国して秦をうらみ、韓・魏とともに秦を攻撃し、函谷関に攻め入った。❷秦は町を割譲して和睦した。

語句の解説 4

❶与(と)　教718 17ページ　教719 237ページ

「与(と)レ〜」の形で、〜と(いっしょに)、の意。

❷以(もツテ)

ここでは単純な接続を表す。

学習の手引き

一　登場人物を斉と秦とに分け、それぞれの関係を整理しよう。

解答例　斉…靖郭君(田嬰)・孟嘗君(田文)・能く狗盗を為す者・能く鶏鳴を為す者　秦…昭王・昭王の幸姫

斉の「靖郭君」(田嬰)の子の「孟嘗君」(田文)は、秦の「昭王」に捕らえられ、昭王のお気に入りの宮女(「昭王の幸姫」)と自身の食客(「能く狗盗を為す者」「能く鶏鳴を為す者」)の助けを得て脱出する。

二　孟嘗君の人物像について考え、無事危難から脱出できた理由を説明してみよう。

考え方　孟嘗君は、こそどろができる者と鶏の鳴きまねが得意な者のはたらきによって秦から脱出できた。

解答例　多くの兄弟たちの中から選ばれて後継者に定められたことや、食客を数千人も集めているところ、昭王のお気に入りの宮女を自分の味方にしたことなどから、才能豊かで度量が広く、人間として魅力のある人物像が考えられる。

また、孟嘗君が無事危難から脱出できたのは、こそどろや鶏の鳴きまねという、とるに足らない特技を持った者たちを食客として養い、彼らを活躍させることができたからである。

言語活動　読み比べる・読(ム)孟嘗君伝(ヲ)

王安石(おうあんせき)

教718 P.18〜P.19　教719 P.238〜P.239

活動の手引き

一　王安石は、どのような人物を「士」と考えているか。また、それは「鶏鳴」や「狗盗」とはどのように違うと考えられるか。各自の考えを発表し合おう。

考え方　「士」とは「すぐれた人物」のことである。「鶏鳴」や「狗盗」は、生徒Cの言うように「鶏の鳴きまねが上手な人や泥棒だった人たち」であるが、王安石は孟嘗君をただの「鶏鳴狗盗」の頭(かしら)にすぎないと評し、すぐれた人物を得たとは言えないと述べている。これに対して「一人のすぐれた人物を手に入れさえすれば、天子となって秦を制することができたはず」だと述べているように、政事・軍事面で即戦力となるような人物が、王安石の考える「士」だと言えるだろう。

背水之陣 〔十八史略〕

教718 P.20〜P.21  P.240〜P.241

【大意】 教718 20ページ4行〜21ページ8行　教719 240ページ4行〜241ページ8行

韓信と張耳は兵を率いて趙を攻撃しようとし、趙王の歇と成安君陳余がその防御にあたった。韓信は、まず、騎馬兵二千人に漢軍の旗印である赤いのぼりを持たせてひそかに趙のとりでを見張らせ、とりでが空になったら中に入って赤いのぼりを立てるよう命じた。そして、一万人の兵に川を背にして陣どらせた。夜明け方にとりでから誘い出した趙軍と必死に戦った。韓信たちをとり逃してとりでへ戻った趙軍は赤いのぼりを見て驚き、逃げ出して漢軍に挟み撃ちをされた。漢は大勝利を得た。

【書き下し文】

❶漢の三年、韓信・張耳、兵を以ゐて趙を撃つ。❷趙王歇、及び成安君陳余之を禦ぐ。❸夜半、信伝して軽騎二千人を発し、人ごとに赤幟を持ち、間道より趙軍を望ましめ、戒めて曰はく、「趙我の走ぐるを見れば、必ず壁を空しくして我を逐はん。❹若疾く趙の壁に入り、趙の幟を抜きて、漢の赤幟を立てよ。」と。❺乃ち万人をして先づ水を背にして陣せしむ。❻平旦、大将の旗鼓を建て、鼓行して井陘口より出づ。❼趙壁を開き之を撃つ。❽戦ふこと良久し。❾信・耳佯りて鼓旗を棄て、水の上の軍に走る。❿趙果たして壁を空しくして之を逐ふ。⓫水の上の軍皆殊死して戦ふ。⓬趙の軍已に信等を失ひて壁に帰り、赤幟を見て大いに驚き、遂に乱れて遁走す。⓭漢の軍夾撃して、大いに之を破り、陳余を斬り、趙歇を禽

【現代語訳】

❶漢の三年（＝前二〇四年）、（漢の将軍の）韓信・張耳は、兵を率いて趙を攻撃する（ことになった）。❷趙王（の）歇、さらに（趙の将軍の）成安君陳余（たち）がこれ（＝韓信たちの攻撃）を防ぐ（のにあたった）。❸真夜中（になって）、韓信が（兵たちに）命令を伝えて簡単な武装をした騎馬兵二千人を出発させ、一人一人に（漢の旗印である）赤いのぼりを持って、抜け道から（ひそかに）趙軍を見張らせ、注意を与えて言うには、「趙（の軍）は我が軍が敗走するのを見れば、必ずとりで（の守り）を空にして我が軍を追うだろう。❹（そのとき）おまえたちは素早く趙のとりで（の内）に入り、趙の（旗印である）のぼりを抜いて、漢の赤いのぼりを立てよ。」と。❺そこで（韓信たちは）一万人（の兵）にまず川を後ろに陣どらせた。❻夜明け方、（韓信たちは）大将の旗や太鼓を押し立て、太鼓を鳴らして前進し井陘口を出た。❼（漢軍の動きを見て）趙（の軍）はとりでを開いて（漢軍を）攻撃しようとした。❽戦いがしばらく続いた。❾韓信と張耳はいつわって（＝逃げるふりをして）太鼓や旗を捨て、川岸に陣どった軍に

にす。⑭諸将賀し、因りて問ひて曰はく、「兵法に『山陵を右にし倍き、水沢を前にし左にす。』と。⑮今水を背にして勝ちしは何ぞや。」と。⑯信曰はく、「兵法に『之を死地に陥れて而る後に生き、之を亡地に置きて而る後に存す。』と曰はざらんや。」と。⑰諸将皆服す。

向かって走った。⑩趙(の軍)は、(韓信が)思ったとおりにとりでを空にしてこれ(＝韓信たち漢軍)を追ってきた。⑪川岸に陣どった軍はみな(逃げ場もなく)死にものぐるいで戦った。⑫趙の軍はもはや韓信たちをとり逃がしてとりでに帰り、赤いのぼりを見てたいへんに驚き、ついに混乱して逃げ走った。⑬漢の軍は(とりでの中の兵と本隊とで)挟み撃ちして、甚だしくこれ(＝趙軍)を撃破し、(趙の将軍である)陳余を斬り、趙歇を生けどりにした。⑭諸将は祝いを述べ、そこで(韓信に)問いかけて言うには、「兵法に『(戦いで陣をかまえるときは)山や丘は右か背にし、川や沢は前か左にする(のが良いという)。』と(あります)。⑮(しかし、)今回川を背にして勝ったのはどうしてですか。」と。⑯韓信が(答えて)言うには、「兵法では『これ(＝兵)を死の危険のある場所に追い込むとその後も生きて、滅びる危険のある場所に置くとその後も存命する。』と言っていないだろうか、いや、言っている。」と。⑰諸将はみな感服した。

語句の解説

教718 20ページ 教719 240ページ

❸間道 通る人も多くない、わき道のこと。抜け道ともいう。

❸望 ここでは、(敵軍を)見張らせ、の意。「～シメ」の終止形は「～シム(使ム)」で、～させる、という使役の意を表す。

❸戒 注意を与えて。

❸我走 我が軍が敗走する。「走」は「逃」とも書き、逃げる・逃れる、の意。

❸空壁 趙軍のとりでを兵がいない空の状態にして。「空」は、何もない・からにする、の意で、中に何もない状態にすることを表す。

❹若 おまえ。あなた。二人称代名詞。

❺使万人先背水陣 「万人」は、ここでは、一万人(の兵)、の意。「水」は、ここでは川をさす。使役形で「一万人(の兵)に……陣どらせる」と訳す。韓信が一万人の兵に「背水の陣」の体制を取らせたことを表している。

❽良久 「良」には、少し、の意もあるが、ここでは、甚だ・かなり、の意。「久」は、長い時間がかかる、という意。戦いがしばらく続いた様子を示す。

❾伴(いつわリテ)　いつわって。うわべを繕って。韓信や張耳が川のほとりの自軍のもとへ走ったのは趙軍を恐れたからではなく、作戦の一環であったことを表している。趙軍に自分たちを追わせることで、とりでから誘い出し、川のほとりの自軍のほうへ向かわせたのである。

教718 21ページ　教719 241ページ

❿果(はタシテ)　案の定。思ったとおり。

⓬趙軍已失信等(ちょうノぐんすでニうしなヒテしんらヲ)　趙の軍はもはや韓信たちをとり逃がして。「已」は、もはや・もう・すでに、など手遅れの意味を表す。「失(ヒテ)」は、「失(フ)」の対象が「信等(＝韓信たち)」なので、とり逃がして、などの意味となる。

⓬遁走(とんそうス)　逃げ走る。

⓭禽(とりこニス)　とらえる。生けどりにする。「禽」は、生けどり、の意。

⓮賀(がシ)　祝う。祝いを述べる。「賀」は、喜び祝うこと。

⓮因(よリテ)　そこで。すると。

⓮兵法(へいほう)　戦術を記した書物。「山陵を右にし倍き、水沢を前にし左にす」は、兵法書『孫子』の内容を受けている。

⓯背水而勝何也(せニシテみずヲかチシハなんゾや)　川を背にして勝ったのはどうしてか。

＊何也(なんゾや)。＝どうしてか。疑問の意を表す。

⓰不曰『陥之死地……而後存。』乎(ずいハおとしいレテこれヲしちニしかルのちニそんスト)(や)　『これを死地に追い込むと……その後も存命する。』と言っていないだろうか、いや、言っている。

＊不(ざ)～乎(ランや)。＝～ないか、いや、～だ。反語の意を表す。

⓰死地・亡地(しち・ぼうち)　どちらも、とても危険な状態や、死ぬような場所を表す言葉。

⓰而後(しかルのちニ)　その後。「而(ル)」は「然(ル)」とも書き、そうである、という意の動詞「しかり」の連体形。「而後(ルニ)」で、そうした後に・その後、という意味を表す。

1　「陥之死地……而後存」を、韓信はどのような方法で行ったのか。

答　自軍の兵を、それぞれ敵のとりでや、川を背にした逃げ場のない場所に配置し、死にものぐるいで戦うしかない状況に追い込むという方法。

学習の手引き

一　**韓信の作戦を整理し、その意図を説明してみよう。**

解答例　作戦…真夜中に自軍の赤いのぼりを持った二千の兵を趙のとりでに行かせてひそかに趙軍の動きを見張らせる。その後、一万の兵に川を背に陣どらせる。夜明けに趙軍をとりでから誘い出して戦う。その間に空になった趙のとりでの中に二千の兵を入らせ、自軍の赤いのぼりを立てさせる。とりでに戻った趙軍が、漢軍の赤いのぼりが立っているのを見て逃げ出したところを挟み撃ちにする。
意図…自軍の兵に逃げ場がない状況で必死に戦わせることで力を出させることと、敵にわざとすきを見せることで攻撃に向かわせて、その間にとりでを占領したかのように見せて混乱させること。

 「背水の陣」の意味を調べ、韓信の作戦との関連性を説明してみよう。

考え方 「使二……背レ水陣一」（718 二〇・7 719 二四〇・7）という韓信の作戦と、そのようにした理由を答えた「陥二之死地一……而後存」（718 二二・7 719 二四二・7）という部分に注目して考えよう。

解答例 「背水の陣」は、決死の覚悟で事にあたるという意味。韓信は自軍の兵を川を背にして陣どらせ、逃げ場所のない形で戦わせている。逃げ場所がないことが、兵たちの覚悟につながり、良い結果につながると知っていたことが、韓信の言葉から推測できる。

句形

◇書き下し文に直し、太字に注意して、句形のはたらきを書こう。

1 今背水而勝**何也**　（　　　）（　　　）

答 1 今水を背にして勝ちしは何ぞや／疑問

言語活動 韓信の戦略

教718 P.22 教719 P.242

活動の手引き

一 『史記』の「淮陰侯列伝（わいいんこう）」を読んで、韓信が「背水の陣」を考えた背景をまとめてみよう。

考え方 「ウェブ資料」にある『史記』の「淮陰侯列伝」の内容のうち、①の韓信の言葉からうかがえる韓信の人物像、②・③の漢王（劉邦）やその臣下の言動からうかがえる、韓信を恐れつつ、うまく使おうとする様子に注目して、韓信の性格やこのとき置かれていた状況から、「背水の陣」を決行した理由を考えてみよう。

解答例 韓信は強気な姿勢を貫き、戦い方もうまく、戦績をあげていた。そのために主君である漢王（劉邦）に頼られもするが、その強さを恐れられ、疎んじられてもいた。劉邦の命を受けて趙を攻撃することになったのを機に、劉邦に改めて自分の力を認めさせ、今より優位な地位に就くために、自軍をも追い込み敵をあざむくという斬新で鬼気迫る作戦として、「背水の陣」を考えた。

名家の文章

●名家の文章——古文と駢儷文

古代中国の散文には、大きく分けると、**古文**と**駢儷文**とがある。

古文…明快に主張や思想を述べた、内容重視の簡潔な文章。達意(=言いたいことを読者に理解させること)を主眼とする。秦代・漢代(前二二一—二二〇?)以前の経書や諸子百家の文章、および、それらを手本とした唐宋八大家(唐代〈六一八—九〇七〉の韓愈・柳宗元、宋代〈九六〇—一二七九〉の欧陽脩・蘇洵・蘇軾・蘇轍・曽鞏・王安石)の文章などが典型とされる。

駢儷文…対句や韻律などの修辞技巧を重んじた華麗な文章。六朝時代に盛んとなるが、韓愈・柳宗元らの古文復興運動によって衰退。

雑説

韓愈〈昌黎先生文集〉

教718 P.24~P.25　教719 P.244~P.245

【大意】 1　教718 24ページ1~3行　教719 244ページ1~3行

名馬は、馬の鑑定の名人の伯楽がいてはじめて見いだされる。世の中に名馬はいつでもいるが、伯楽はいつもいるとはかぎらない。

【書き下し文】

❶世に伯楽有りて、然る後に千里の馬有り。❷千里の馬は常に有り。❸而れども伯楽は常には有らず。❹故に名馬有りと雖も、祇だ奴隷人の手に辱められ、槽櫪の間に駢死して、千里を以つて称せられざるなり。

【現代語訳】

❶世の中に伯楽(=馬の鑑定の名人)がいて、そこではじめて一日に千里も走る名馬が見いだされる。❷一日に千里も走る名馬はいつでもいる。❸だが、(その馬を見いだす)伯楽はいつもいるとはかぎらない。❹したがって名馬がいたとしても、ただ使用人の手で不当な扱いを受け、馬小屋の中で(駄馬と)首を並べて死んでしまい、一日に千里も走る馬とほめたたえられることはない。

語句の解説 1

教718 24ページ　教719 244ページ

❶**世** 世の中に。

❶**然後** ここでは、そこではじめて・それでやっと、の意。

❸**而** しかし。けれども。ここでは、逆接を表す。

❸**不常有** いつもいるとはかぎらない。

＊不常~。=いつも~とはかぎらない。一部否定の意を表す。

④雖レ有二名馬一　名馬がいたとしても。「雖二～一、―」は、ここでは、～であったとしても、(しかしながら)―、のように訳す。

④祇辱二於奴隷人之手一　ただ使用人の手で不当な扱いを受け。「祇」は、ただ(～だけ)、「辱」は、不当な扱いを受ける、の意。

＊―二於～一。＝～に―られる。受身の意を表す。

④駢二死於槽櫪之間一　馬小屋の中で(駄馬と)首を並べて死んで。「A二於B一」(Aは動詞、Bは名詞)は、「B二(ヲ)Aス」のように読み、「於B」の部分は、動詞Aの場所や対象などを表す。

④不下以二千里一称上也　一日に千里も走る馬とほめたたえられることはない。「称」は、ほめる・たたえる、の意。

【大意】 2　教718 24ページ4～7行　教719 244ページ4～7行

馬を飼う者は、一日に千里も走る名馬だとは知らず、普通の馬と同じような食事しか与えないため、名馬も才能を発揮できない。

【書き下し文】

❶馬の千里なる者は、一食に或いは粟一石を尽くす。❷馬を食ふ者は、其の能の千里なるを知りて食はざるなり。❸是の馬や、千里の能有りと雖も、食飽かざれば、力足らず、才の美外に見はれず。❹且つ常の馬と等しからんと欲するも、得べからず。❺安くんぞ其の能の千里なるを求めんや。

【現代語訳】

❶馬の中で一日に千里も走るようなものは、一度の食事に、あるときは穀物一石も食べ尽くす。❷馬を飼う者は、その(馬の)能力が一日に千里も走るものであることをわかって飼っているのではない。❸この馬は、一日に千里を走る能力があるといっても、十分な食事が与えられなければ、力が足らず、才能のすばらしさが外に現れない。❹そのうえ、(一日に千里走る名馬が)普通の馬と同じようにしようと思っても、うまくできない。❺どうしてその(馬の)能力が一日に千里も走るものであることを望めようか、いや、望めない。

語句の解説 2

教718 24ページ　教719 244ページ

❶馬之千里者　馬の中で一日に千里も走るようなものは。

❶或　ここでは、ことによると・あるときは、の意を表す副詞。

❶尽　ここでは、食べ尽くす、の意。

❷其能千里　その(馬の)能力が一日に千里も走るものであることを。❸の「千里之能」も同じような意味。

❸是馬也　この馬は。「也」は、ここでは、主語を強調して示すはたらき。

❸食不レ飽　食事が足りなければ。十分な食事が与えられなければ。「飽」は、満足する・食べ足りる、の意。

❸才美　才能のすばらしさ。「美」は、美点・すばらしさ、の意。

❹且　そのうえ。さらにまた。

❹欲下与二常馬一等上　普通の馬と同じようにしようと思っても。「常」は、普通・並、の意。「与二～一」は、～と、の意。

④不レ可レ得　うまくできない。一日に千里も走るような名馬は、相応の十分な食料を与えられなければ力を発揮できない、ということを言っている。「得」は、うまくいく、の意。「可」は、直後に動詞を置いて、〜できる、という可能の意を表す。

⑤安求二其能千里一也　どうしてその（馬の）能力が一日に千里も走るものであることを望めようか、いや、望めない。

＊安〜也。＝どうして〜か、いや、〜ない。反語の意を表す。文末には「也」のほか、「哉」「乎」などが置かれることもある。

【大　意】3　教718 24ページ8行〜25ページ4行　教719 244ページ8行〜245ページ4行

（飼い主は）一日に千里を走るような名馬にふさわしい方法を用いず、才能を発揮させることもできず、馬の気持ちも理解できないで、「天下に名馬がいない。」と言っている。名馬がいないのではなく、名馬を見きわめる者がいないのである。

【書き下し文】

①之を策うつに其の道を以つてせず。②之を食ふに其の材を尽くさしむる能はず。③之に鳴けども其の意に通ずる能はず。④策を執りて之に臨みて曰はく、「天下に馬無し。」と。⑤嗚呼、其れ真に馬無きか、其れ真に馬を知らざるか。

【現代語訳】

①これ（＝名馬）をむち打つのにそれにふさわしい方法を用いない。②これ（＝名馬）を飼っているのにその才能を発揮させることができない。③（名馬は）これ（＝飼い主）に（心中を訴えようと）鳴くが、（飼い主は）その（馬の）気持ちをくみとることができない。④むちを手にしてこれ（＝名馬）と向き合って言う、「天下に名馬がいない。」と。⑤ああ、本当に名馬はいないのか、（それとも）本当に優れた馬を見いだせないのか。

語句の解説 3

教718 24ページ　教719 244ページ

1　「策之」「食之」「鳴之」のそれぞれの主語は何か。

答
・「策之」「食之」…馬の飼い主、または馬の飼育係。食馬者。
・「鳴之」…（一日に千里も走る）名馬。千里馬。

②不レ能レ尽二其材一　その才能を発揮させることができない。
「能」は、可能を表す。不可能を表すときは、「不レ能二〜一（〜スルあたハず）」のような形をとる。

教718 25ページ　教719 245ページ

③不レ能レ通二其意一　その（馬の）気持ちをくみとることができない。

④臨レ之　これ（＝名馬）と向き合って。「臨」は、向き合う、の意。

④無レ馬　名馬がいない。ここでの「馬」は、名馬のこと。

⑤嗚呼、其真無レ馬邪　ああ、本当に名馬はいないのか。「其」は、ここでは語調を整える言葉で、特に訳さなくてもよい。

＊嗚呼、〜。＝ああ、〜。感嘆の意を表す。

＊〜邪。＝〜か。疑問の意を表す。「其真不レ知レ馬也」の「〜

也（か）」も、疑問を表す。

2 作者は、「無馬」と「不知馬」のどちらが言いたいのか。

学習の手引き

一 **本文の段落に従って、論の展開を整理しよう。**

考え方 全体がたとえを用いて述べられた文章であることに注意。

解答例 第一段落…名馬は、伯楽がいてはじめて見いだされるものだ。一日に千里を走るような馬も、それを見いだせる伯楽がいなければ、埋もれたままである。
第二段落…満足な食料を与えなければ、名馬といえども一日に千里を走る才能は発揮できない。
第三段落…世に名馬がいないのではなく、名馬を見きわめる人がいないのである。
　最初の第一段落で主旨を述べ、第二段落で主旨に反する現状を述べたのち、最後の第三段落で再び主旨を述べている。

二 **次の語句は、それぞれ何のたとえとなっているか整理し、このようなたとえを用いることで何を述べようとしたのか、説明してみよう。**

1 伯楽　2 千里馬　3 名馬　4 奴隷人
5 槽櫪之間　6 粟　7 食馬者

解答例 1 伯楽…有能な人物を見いだし、ふさわしい地位や待遇で登用し、その能力を十分に発揮させる優れた為政者。

答 「不知馬」。作者は、名馬と伯楽のたとえを用いて、有能な人物を見いだし、ふさわしい待遇で用いることのできる優れた為政者が世の中にいないことを嘆いているのである。

2 千里馬…特に優れた才能のある人物。
3 名馬…「千里馬」に同じ。
4 奴隷人…雇い主。人物の才能を見抜けない、無能な為政者。
5 槽櫪之間…有能な人物にふさわしくない、低い役職。
6 粟…報酬。待遇。　7 食馬者…「奴隷人」に同じ。

句形

◇**書き下し文に直し、太字に注意して、句形のはたらきを書こう。**

1 伯楽**不常**有　（　　）（　　）
2 辱**於**奴隷人之手　（　　）（　　）
3 **安**求其能千里**也**　（　　）（　　）
4 **嗚呼**、其真無馬**邪**　（　　）（　　）

答
1 伯楽は常には有らず／一部否定
2 奴隷人の手に辱められ（辱めらる）／受身
3 安くんぞ其の能の千里なるを求めんや／反語
4 嗚呼、其れ真に馬無きか／感嘆・疑問

黔之驢

柳宗元〔柳先生文集〕

教718 P.26～P.27

P.246～P.247

はじめてろばを見た虎は、ろばの力がわからずに驚き恐れていたが、だんだん慣れていくうちにろばに特異な能力がないと思うようになる。ろばが虎の挑発にのって怒りをおさえられずに蹴ると、虎はろばの技はこれだけだとわかり、ろばを食い殺してしまった。

【大　意】　1　教718 26ページ1～8行　教719 246ページ1～8行

【書き下し文】

❶黔に驢無し。❷好事者有り、船に載せて以つて入る。❸至れば則ち用ゐるべき無く、之を山下に放つ。❹虎之を見るに、尨然として大なる物なり。❺以つて神と為し、林間に蔽れて之を窺ふ。❻稍く出でて之に近づくに、慭慭然として相知る莫し。❼他日、驢一たび鳴く。❽虎大いに駭き、遠く遁れ、以つて且に己を噬まんとすと為し、甚だ恐る。❾然れども往来して之を視るに、異能無き者に覚ゆ。❿益其の声に習れ、又近づきて前後に出づれども、終に敢へて搏たず。⓫稍く近づきて益狎れ、蕩倚し衝冒す。⓬驢怒りに勝へず、之を蹄る。⓭虎因りて喜び、之を計りて曰はく、「技止だ此れのみ。」と。⓮因りて跳踉して大いに㘚え、其の喉を断ち、其の肉を尽くして、乃ち去る。

【現代語訳】

❶黔州には、ろばがいなかった。❷物好きな人がいて、船に（ろばを）載せて（黔州に）入った。❸（黔州に）到着すると（ろばを）役立てることができず、これ（＝ろば）を山のふもとに放した。❹虎がこれ（＝ろば）を見ると、たいへん大きな生き物だった。❺（虎はろばを）神だと思い、林の間にかくれてこれ（＝ろばの様子）をうかがっていた。❻少しずつ（林から）出てこれ（＝ろば）に近づくが、恭しく慎み深い様子で（見ているので）相手（＝ろば）のことがわからない。❼別の日に、ろばが一声鳴いた。❽虎は大変驚いて、遠くに逃げ、今にも（ろばが）自分をかもうとしていると思い、ひどく恐れた。❾しかし行ったり来たりしてこれ（＝ろば）をよく見ると、特異な能力は持っていないものに思える。❿だんだんその声に慣れ、また近づいて（ろばの）前や後ろに姿を出したけれども、結局思い切ってつかみかかることはしなかった。⓫少しずつ（ろばに）近づいてますます慣れ、体をすり寄せたり、ぶつけたりした。⓬ろばは怒りをこらえきれず、これ（＝虎）を蹴った。⓭すると虎は喜び、これ（＝ろばの力）をおしはかって言うには、「技はただこれだけだな。」と。⓮そこで（虎はろばに）跳びかかって大声でほえ、その喉をかみ切り、その肉

…を食べ尽くしたのち、立ち去った。

語句の解説 1

教718 26ページ　教719 246ページ

❸至レバ則チ　(黔州に)到着すると。「〜レバ則チ」の形で、〜すると・〜すれば(そのとき)、などの意を表す。「レバ則」と呼ばれる。

❸無レ可レ用　(ろばを)役立てることができず。

❺以テ為レ神ト　(ろばを)神だと思い。「以レA為レB(Aヲもツテ Bトなス)」は、AをBと思う、の意。A(＝驢)が省略されている。

❻稍　少しずつ。しだいに。

❻莫ニ相知一　相手(＝ろば)のことがわからない。この「相」は、相手、の意で、次にくる動詞(ここでは「知」)の対象を表している。

❼他日　別の日。後日。

❽以為且レ噬レ己　今にも(ろばが)自分をかもうとしていると思い。「且レ〜」は再読文字で「まさニ〜ントす」と読み、今にも〜しようとする・今にも〜しそうだ、の意を表す。

❾往来シテ　行ったり来たりして。

❿益　だんだん。さらに。

❿終不ニ敢搏一　結局思い切ってつかみかかることはしなかった。「不ニ敢〜一(あヘテ〜ず)」は、思い切って〜しない・どうしても〜できない、の意。「敢不ニ〜一(あヘテ〜ざランヤ)」(反語)ではない。

⓫狎レ　慣れ。

⓬不レ勝レ怒　怒りをこらえきれず。「勝」は、こらえる、の意。

⓭因リテ　すると。そこで。

⓭計リテ　おしはかって。考慮して。

⓭技止此耳　技はただこれだけだな。

＊止〜耳。＝ただ〜だけだ。限定の意を表す。

答

1　虎が「喜」んだのは、なぜか。

ろばの攻撃の技が蹴ることだけであり、自分の攻撃力のほうが勝るとわかったから。

【大　意】 2　教718 27ページ1〜3行　教719 247ページ1〜3行

ろばが先に手を出さなければ、獰猛な虎も、ろばの力を恐れてつかまえなかったろうに、こんなことになってしまった。

【書き下し文】

❶噫、形の尨なるや、徳有るに類し、声の宏なるや、能有るに類す。❷向に其の技を出ださざれば、虎猛なりと雖も、疑ひ畏れ、卒に敢へて取らざらん。❸今是くのごとし。❹悲

【現代語訳】

❶ああ、体の大きいものは、徳があるように見え、声の大きいものは、能力があるように見えるのだなあ。❷あのときに(ろばが)自分の技を出さなければ、虎が獰猛であるといっても、(ろばの力を)疑い恐れて、結局(ろばを)思い切ってつかまえはしなかっただろう。

しいかな。

語句の解説 2

教718 27ページ 教719 247ページ

❶*噫(ああ)、〜。 ああ、〜。感嘆の意を表す。「嗚呼(ああ)、〜。」と同様、強く心を動かされたり驚いたりしたときに用いる。

❶形(かたち) ここでは、体、の意。

❶類(るいシ)レ有(あルニ)レ徳(とく) 徳があるように見え。「類」は、ここでは、似ている・〜のように見える、の意。

❷向(さきニ) あのときに。以前。「向」は、過去に起こした行為であることを示す。

…❸今このようになってしまった。❹悲しいことだなあ。

❷卒(ついニ) 結局。

❸今若(いまごとシ)レ是(かクノ) 焉 今このようになってしまった。

2 「若是」とは、どのようなことか。

答 ろばが怒りをおさえきれずに自分の技を見せたために、虎に実力がばれて食べられてしまったこと。

❹*〜夫(かな)。 〜だなあ。感嘆の意を表す。「夫」は助字で、感嘆のほか、疑問・反語の意を表すこともある。

学習の手引き

一 **虎の驢に対する見方は、驢の行動によってどのように変化したか、説明してみよう。**

解答例 ・ろばがはじめて現れたとき…ろばの大きな体に驚き、神だと思って、得体が知れないと恐れる。

・ろばが鳴いたとき…自分をかもうとしていると恐れるが、行き来して見るうち、ろばに特異な能力はないのではと思い、声にも慣れる。少しずつ近づいていき、さらに慣れてくる。

・ろばが蹴ったとき…ろばの技はこれだけで、自分が勝てると喜ぶ。

二 **第一段落の虎と驢の話をふまえて、作者は「向不出其技、虎雖猛、疑畏、卒不敢取。」(718 二七・1 719 二四七・1)にどのような教訓をこめているのか、説明してみよう。**

解答例 強い相手に対しては、相手に挑発されても自分の手のうちを見せてはいけない、という教訓。

句形

◇**書き下し文に直し、太字に注意して、句形のはたらきを書こう。**

1 技**止**此**耳** (　　)(　　)

2 **噫**、形之尨也、類有徳 (　　)(　　)

3 悲**夫** (　　)(　　)

答
1 技止だ此れのみ／限定
2 噫、形の尨なるや、徳有るに類し(類す)／感嘆
3 悲しいかな／感嘆

売油翁

欧陽脩〔欧陽文忠公文集〕

教718 P.28〜P.29　教719 P.248〜P.249

【大　意】　1　教718 28ページ1〜4行　教719 248ページ1〜4行

陳康粛公は弓が上手で、自分でも誇りに思っていた。あるとき弓を射ていると、油売りの老人が長い間見つめて立ち去ろうとしなかった。

【書き下し文】

❶陳康粛公尭咨は射を善くし、当世無双なり。❷公も亦此れを以つて自ら矜る。❸嘗て家圃に射る。❹売油翁有り、担を釈きて立ち、之を睨ること久しくして去らず。❺其の矢を発し十に八・九を中つるを見て、但だ微しく之に頷くのみ。

【現代語訳】

❶陳康粛公尭咨は弓が上手で、当代に並ぶ者がいなかった。❷康粛公もまた、このことを自分で誇りに思っていた。❸あるとき(康粛公は)、家の畑の練習場で矢を射ていた。❹油売りの老人が通りかかり、担いでいた荷物を下に下ろして立ち止まって、これ(＝康粛公が矢を射るところ)を長いことじっと見つめて、立ち去ろうとしなかった。❺(康粛公が)矢を射て、十本のうち八・九本を(的に)当てるのを見て、ただ少しうなずくだけだった。

語句の解説 1

教718 28ページ　教719 248ページ

❶射　ここでは、弓の術・矢を射る技術、の意。

❶当世無双　当代に並ぶ者がいなかった。「無双」は、「ならブ(モノ)なシ」とも読める。比べるものがない・二つとない、の意。

❷以此　このことを。「此」は、前文の内容をさしている。

❷自矜　自分で誇りに思う。自慢する。

❸嘗　あるとき。以前。

❹睨之　これ(＝康粛公が矢を射るところ)をじっと見る。「睨」は、にらむ・のぞき見る、の意。

❺十中八・九　十本のうち八・九本を(的に)当てる。

1　「但微頷之」は、翁のどのような気持ちを表しているか。

答　なかなかの腕前だと、康粛公の弓の術を一応は認める気持ち。

【大　意】　2　教718 28ページ5行〜29ページ3行　教719 248ページ5行〜249ページ3行

康粛公が「わしの弓は正確なものだろう。」と言うと、老人は「大したことではない。熟練しているだけだ。」と言って、ひょうたんを地面に置いて銭で口をふさぎ、その銭をぬらさずに油を注いでみせた。康粛公は笑って老人を許した。

【書き下し文】

❶康粛問ひて曰はく、「汝も亦射を知るか。❷吾が射は亦精ならずや。」と。❸翁曰はく、「他無し。❹但だ手の熟せるのみ。」と。❺康粛忿然として曰はく、「爾安くんぞ敢へて吾が射を軽んずるや。」と。❻翁曰はく、「我が油を酌むを以つて之を知る。」と。❼乃ち一葫蘆を取りて、地に置き、銭を以つて其の口を覆ひ、徐ろに杓を以つて油を酌み之を瀝らす。❽銭孔より入り、而も銭は湿はず。❾因りて曰はく、「我も亦他無し。❿惟だ手の熟せるのみ。」と。⓫康粛笑ひて之を遣る。

⓬此れ荘生の所謂牛を解き輪を斲る者と何ぞ異ならんや。

【現代語訳】

❶康粛公が尋ねて言った、「おまえも弓の術を知っているのか。❷わしの弓はとても正確だろう。」と。❸老人が言うには、「別に大したことではない。❹ただ腕が熟練しているだけですよ。」と。❺康粛公が怒って言うには、「おまえはどうしてわしの弓をあなどるのか。」と。❻老人が言うには、「私は油をくむのでそれがわかるのです。」と。❼そこで(老人は)一つのひょうたんを取り出して、地面に置き、銭でその(＝ひょうたんの)口をふさいで、ゆっくりとひしゃくで油をくんでこれ(＝油)を注いだ。❽(油は)銭の穴から(ひょうたんに)入り、しかも銭はぬれなかった。❾そこで(老人は)言った、「私もまた、別に大したことではない。❿ただ腕が熟練しているだけですよ。」と。⓫康粛公は笑って老人を許した。

⓬このことは、荘子の言う「牛を解体し」「車輪をけずる」ことと、どうして異なっていようか、いや、同じことである。

語句の解説 2

教718 28ページ　教719 248ページ

2　「不亦精乎」とは、どういう意味か。

答　腕前がなんと正確ではなかろうか、とても正確だ、という意味。

❹**但手熟爾**　ただ腕が熟練しているだけだ。「手」は、ここでは、わざ・技能・腕前、の意。

＊但〜爾。＝ただ〜だけだ。限定の意を表す。

❺**安敢軽吾射**　どうしてわしの弓をあなどるのか。

「軽」は、ここでは、あなどる・みくびる、の意。

「安〜」は、どうして〜か、の意で、理由を問う表現。

❻**之**　康粛公の弓の腕前は熟練しているだけだ、ということをさす。

❼**乃**　そこで。ここでは順接。

❼**銭**　金属製の貨幣のこと。

❼**覆其口**　その(＝ひょうたんの)口をふさいで。

❼**徐**　ゆっくり。そろそろ。

❼**瀝之**　これ(＝油)を注いだ。「瀝」は、ここでは、したたる・注ぐ、の意。

❽銭孔（せんこう）　銭の穴。「孔」は、穴、の意。

教718 29ページ　教719 249ページ

❽不レ湿（うるおハず）　ぬれなかった。「湿」は、ここでは、ぬれる、の意。

❾因（よリテ）　そこで。すると。

❿＊惟（ただ）〜爾（のみ）。　ただ〜だけだ。限定の意を表す。

3　「笑」には、康粛公のどのような気持ちが表れているか。

答　老人の油をくむ腕前を見て、筋の通った話だと思い、反論もできず、してやられたと思う気持ち。

⓬何異（なんゾことナランヤ）　どうして異なっていようか、いや、同じことである。老人は単なる技術の習熟を越えた境地の存在を知って、康粛公の弓の腕前にさほど感心しなかったと作者は考えているのだろう。「何（なんゾ）〜（ンヤ）」は、どうして〜か、いや、〜ない、の意で、反語表現。

学習の手引き

一　康粛公が「忿然」（718 二八・6 719 二四八・6）とした理由を説明してみよう。

解答例　康粛公は弓の腕前を「当世無双」と言われ、自分でも誇りに思っていたのに、通りすがりの油売りの老人に「ただ熟練しているだけだ。」と言われ、プライドを傷つけられたので怒ったのである。

二　作者は、この文章によって何を主張していると思われるか。「解牛」（718 二九・3 719 二四九・3）と「斲輪」（718 二九・3 719 二四九・3）をふまえて説明してみよう。

考え方　最後の一文に作者の考えが表されている。

解答例　単なる技術の習熟を越えた境地の存在を主張している。

句形

◇書き下し文に直し、太字に注意して、句形のはたらきを書こう。

1　但手熟**爾**（　　　）（　　　）

2　**惟**手熟**爾**（　　　）（　　　）

答

1　但だ手の熟せるのみ／限定

2　惟だ手の熟せるのみ／限定

言語活動　唐宋八大家について調べる

教718 P.30　教719 P.250

活動の手引き

一　韓愈・柳宗元・欧陽脩の文章と、駢儷文で書かれた李白の「春夜宴二従弟桃花園一序」（718⇨P.100 719『李太白文集』）とを、一句の字数や対句に注意して比較してみよう。

考え方　「春夜宴従弟桃花園序」の白文と書き下し文をあげる。

夫天地者万物之逆旅也
光陰者百代之過客也
（対句）
而浮生若夢

夫（そ）れ天地（てんち）は万物（ばんぶつ）の逆旅（げきりょ）にして
光陰（こういん）は百代（ひゃくだい）の過客（かかく）なり
而（しか）して浮生（ふせい）は夢（ゆめ）のごとし

為歓幾何
古人秉燭夜遊
良有以也
況陽春召我以煙景
大塊仮我以文章
会桃花之芳園
序天倫之楽事
群季俊秀
皆為恵連
吾人詠歌
独慙康楽
高談転清
幽賞未已
開瓊筵以坐花
飛羽觴而酔月
不有佳詠
何伸雅懐
如詩不成
罰依金谷酒数

歓を為すこと幾何ぞ
古人燭を秉りて夜遊ぶ
良に以有るなり
況んや陽春我を召くに煙景を以つてし
大塊我に仮すに文章を以つてするをや
桃花の芳園に会して
天倫の楽事を序す
群季の俊秀は
皆恵連たり
吾人の詠歌は
独り康楽に慙づ
幽賞未だ已まず
高談転た清し
瓊筵を開きて以つて花に坐し
羽觴を飛ばして月に酔ふ
佳詠有らずんば
何ぞ雅懐を伸べん
如し詩成らずんば
罰は金谷の酒数に依らん

二 唐宋八大家の中から一人を選び、その経歴と作品を、図書館や国語便覧などを利用して調べてみよう。

解答例
●韓愈…〈経歴〉七六八―八二四　唐代の文人、政治家。徳宗、憲宗、穆宗に仕え、官は吏部侍郎まで進んだ。装飾的な駢儷文を批判し、実用的な古文への復帰を主張した。〈作品〉『昌黎先生文集』『外集』『遺文』
●柳宗元…〈経歴〉七七三―八一九　唐代の文人、政治家。反宦官派の官僚として朝政改革を志したが挫折。韓愈とともに古文運動を提唱した。〈作品〉『柳先生文集』
●欧陽脩…〈経歴〉一〇〇七―一〇七二　北宋の学者、政治家。仁宗、英宗に仕え、兵部尚書に進んだ。神宗の代に王安石の新法に反対し退官。北宋の新しい文学の基礎を確立した。〈作品〉『欧陽文忠公文集』『新唐書』『新五代史』
●蘇洵…〈経歴〉一〇〇九―一〇六六　北宋の文人。秘書省校書郎になった。政治、歴史、経書などに関する評論も多く書いた。〈作品〉『嘉祐集』(『老泉先生集』)
●蘇軾…〈経歴〉一〇三六―一一〇一　北宋の文人、政治家。蘇洵の子。王安石と合わず地方官を歴任、礼部尚書に進んだ。古文作家として「赤壁賦」などの名作を残した。〈作品〉『東坡志林』
●蘇轍…〈経歴〉一〇三九―一一一二　北宋の文人、政治家。蘇洵の子、蘇軾の弟。王安石に反対し、兄に連座して地方に流された。仏教色の強い文章を書いた。〈作品〉『欒城集』『詩伝』
●曽鞏…〈経歴〉一〇一九―一〇八三　北宋の文人、政治家。地方での善政をうたわれ、神宗に信任され中書舎人に進んだ。緻密な文体の古文作家として名高い。〈作品〉『元豊類藁』
●王安石…〈経歴〉一〇二一―一〇八六　北宋の文人、政治家。神宗のとき宰相となり、新法による急進的な改革を行ったが失敗。文章家・詩人としても優れていた。〈作品〉『臨川集』『唐百家詩選』

項羽と劉邦

●『史記』とは

『史記』は、前漢の歴史家・司馬遷の撰による歴史書で、紀元前九〇年代に成立した(=司馬遷と『史記』→ガイド199ページ)。中国の最初の正史(=中国の、正当と認められた歴史書)で、「本紀」(帝王の歴史)・「表」(年表)・「書」(諸制度の歴史)・「世家」(諸侯の歴史)・「列伝」(主要な個人の伝記や異国の事情を記したもの)によって構成された「紀伝体」という記述様式で書かれている。『史記』が始めた様式で、以後の歴代正史はいずれもこの様式によっている。

『史記』は、中国の伝説上の帝王である黄帝に始まり、五帝、夏、殷、周、秦の各王朝を経て、前漢の武帝の晩年に至るまでの二千数百年を扱った通史である。文学としても優れ、特に列伝は、さまざまな人間像を的確な観察眼でとらえ、生き生きと描き出している。

「鴻門之会」は、『史記』の「項羽本紀」にある故事。秦の始皇帝の死後、各地で反乱が起こり、秦討伐の機運が高まっていた。挙兵した諸軍によって連合軍が組まれ、その盟主として擁立された楚の懐王が、先に関中を占拠した者を王とすると約束したことを受けて、諸将の中でも台頭していた楚の項羽と沛の劉邦とが、その関中の争奪をめぐって会談したときのことを描いている。

「四面楚歌」は、同じ「項羽本紀」にある故事。項羽が漢王となった劉邦に垓下で包囲されたときのことを描いている。故事成語として、敵中に孤立して助けのないことのたとえに使われる。

鴻門之会 〔史記〕

教718 P.32～P.40　教719 P.252～P.260

■項羽、大いに怒る

【大　意】 1　教718 32ページ2～6行　教719 252ページ2～6行

楚軍は函谷関に達したが、関は沛公(=劉邦)の兵が守っていて入ることができない。また、沛公がすでに咸陽を占拠したと聞いて、項羽は怒り、関を攻撃させた。項羽は関中に入り、戯水(=川の名)の西の地に到着した。

【書き下し文】

❶楚軍行秦の地を略定し、函谷関に至る。❷兵有り関を守

【現代語訳】

❶楚軍は進みながら秦の領地を攻略して平定し、函谷関に到着した。❷(ところが沛公の)兵がいて関を守っていて、(関中に)入るこ

り、入るを得ず。❸又沛公已に咸陽を破ると聞き、項羽大いに怒り、当陽君等をして関を撃たしむ。❹項羽遂に入りて、戯西に至る。

とができなかった。❸さらにまた、沛公がすでに咸陽を攻め落としたと聞いて、項羽は激怒し、当陽君らに命じて関を攻撃させた。❹項羽はそのまま(関中に)入り、戯水の西の地に到着した。

語句の解説 1

教718 32ページ　教719 252ページ

❶行　進みながら。

❶略‐定秦地一　秦の領地を攻略して平定し。

❷不レ得レ入　入ることができない。

❸已　すでに。とっくに。

❸使二当陽君等撃一レ関　当陽君らに命じて関を攻撃させた。

「使二―ヲシテ～一(セ)」は、―に～させる、の意。使役を表す。―に命じて～させる、―を遣わして～させる、などとも訳す。

【大　意】　2

教718 32ページ7行～33ページ2行　教719 252ページ7行～253ページ2行

沛公は、まだ項羽と会見できていなかった。沛公の軍政官の曹無傷が、「沛公は関中の王になりたいと思っている。」と項羽に告げたので、項羽は怒って、「沛公の軍を討ち破ってしまおう。」と言った。

【書き下し文】

❶沛公覇上に軍し、未だ項羽と相見ゆるを得ず。❷沛公の左司馬曹無傷人をして項羽に言はしめて曰はく、「沛公関中に王たらんと欲し、子嬰をして相たらしめ、珍宝尽く之を有す。」と。❸項羽大いに怒りて曰はく、「旦日士卒を饗せよ。❹沛公の軍を撃破することを為さん。」と。

【現代語訳】

❶沛公は覇水のほとりに陣を構え、まだ項羽と会見できずにいた。❷沛公の軍政官の曹無傷が、人を遣わして項羽に告げて、「沛公は関中の王になりたいと思って、(秦の始皇帝の孫である)子嬰を大臣にならせて、(秦の)すばらしい宝物はすべて自分のものにしてしまいました。」と言った。❸項羽は大いに怒って、「明朝、兵士たちに酒食をふるまってねぎらえ。❹沛公の軍を攻めて討ち破ろう。」と言った。

語句の解説 2

教718 32ページ　教719 252ページ

❶覇上　覇水のほとり。

❶未レ得下与二項羽一相見上　まだ項羽と会見できずにいた。「未レ～」は再読文字で、まだ～しない、の意を表す。

❷使三人言二於項羽一　人を遣わして項羽に告げて。

❷欲レ王二関中一　関中の王になりたいと思って。

教718 33ページ　教719 253ページ

❷使二子嬰一為レ相　（始皇帝の孫である）子嬰を大臣にならせて。

❷珍宝尽有レ之　すばらしい宝物はすべて自分のものにした。
「珍宝」は、宝物、の意。

1　曹無傷のとった行動の意図は何か。

【大　意】　3　教718 33ページ3〜7行　教719 253ページ3〜7行

項羽の参謀の范増が項羽に、「沛公は以前は財物をほしがり、美女を好んだのに、関中では財物を奪わず、女性も寵愛していない。これは沛公の志が大きいからだ。急いで討ち滅ぼしてしまいなさい。」と言った。

【書き下し文】

❶是の時に当たり、項羽の兵は四十万、新豊の鴻門に在り。❷沛公の兵は十万、覇上に在り。❸范増項羽に説きて曰はく、「沛公山東に居りし時、財貨を貪り、美姫を好めり。❹今関に入りて、財物取る所無く、婦女幸する所無し。❺此れ其の志小に在らず。❻吾人をして其の気を望ましむるに、皆竜虎を為し、五采を成す。❼此れ天子の気なり。❽急ぎ撃ち、失すること勿かれ。」と。

語句の解説 3

教718 33ページ　教719 253ページ

❶当二是時一　そのとき。

❶在二新豊鴻門一　新豊の鴻門に陣取っていた。

❸貪二於財貨一　財貨を欲深くほしがり。「於」は対象を表す置き字

答　項羽の軍が沛公の軍を討ち破ることを予測して沛公を裏切り、勝利した項羽に重用されることを期待したというもの。

❸饗二士卒一　兵士たちに酒食をふるまってねぎらえ。つまり、兵士たちの士気を高めて沛公を攻める準備をしろということである。

❹撃破　攻めて討ち破る。

【現代語訳】

❶そのとき、項羽の軍勢は四十万で、新豊の鴻門に陣取っていた。❷沛公の軍勢は十万で、覇水のほとりに陣取っていた。❸范増が項羽に説いて、「沛公は山東にいたときは、財貨を欲深くほしがり、美女を好んで近づけました。❹今は関中に入ったが、金品を奪うことはなく、女性を寵愛することもありません。❺これは、その（＝沛公の）志が小さくないということです。❻私が人にその（＝沛公から）立ちのぼる気体を望見させてみると、みな竜虎の形をしていて、五色のあやをなしていました。❼これは、天子の気体であります。❽急いで討ち滅ぼし、逃がしてはなりません。」と言った。

で、訓読しない。

❹財物無レ所レ取　金品を奪うことはなく。「所」は動作を名詞化する語。

❹婦女無レ所レ幸　女性を寵愛することはない。

❺此其志不㆑在㆑小　これは、その（＝沛公の）志が小さくないということだ。金品を奪ったり美女を寵愛したりしないのは、民心をとらえ、王になろうとしているからだ、と言っている。

❻令㆔人望㆓其気㆒　人にその（＝沛公から）立ちのぼる気体を望見させてみると。

＊令㆓—㆒〜。＝—に〜させる。使役の意を表す。

❻成㆓五采㆒　五色のあやをなす。五色の美しい模様となっている。

❽勿㆑失　逃がしてはいけない。

＊勿㆓〜㆒。＝〜するな。禁止の意を表す。

答　2

「急撃、勿失。」とは、どのような意味か。

急いで討ち滅ぼし、逃がしてはならない、という意味。つまり、項羽のライバルになりそうな沛公を、今のうちに必ず滅ぼさなければならないと、強調しているのである。

■剣の舞

【大　意】　4　教718 34ページ2〜9行　教719 254ページ2〜9行

翌朝、沛公が来て、項王（＝項羽）と会見して、「私は将軍（＝項羽）と力を合わせて秦を攻めた。今、つまらぬ男が将軍と私を仲たがいさせようとしている。」と言った。

【書き下し文】

❶沛公旦日百余騎を従へ、来たりて項王に見えんとす。❷鴻門に至り、謝して曰はく、「臣将軍と力を勠はせて秦を攻む。❸将軍は河北に戦ひ、臣は河南に戦ふ。❹然れども自ら意はざりき、能く先づ関に入りて秦を破り、復た将軍に此に見ゆることを得んとは。❺今者小人の言有り、将軍をして臣と郤有らしむ。」と。❻項王曰はく、「此れ沛公の左司馬曹無傷之を言ふ。❼然らずんば、籍何を以つて此に至らん。」と。

【現代語訳】

❶沛公は明朝、百余騎の兵を率いて、やって来て項王にお目にかかろうとした。❷鴻門に到着して、（沛公は）陳謝して、「私は将軍と力を合わせて秦を攻めました。❸将軍は河北で戦い、私は河南で戦いました。❹しかしながら、（私が）先に関中に攻め込んで秦を破ることができ、再び将軍にここでお会いできるとは、自分でも思いもよらないことでした。❺今、取るに足りない者の告げ口があり、将軍を私と仲たがいさせようとしています。」と言った。❻項王は、「それは沛公殿の軍政官である曹無傷がそういうことを言ったのだ。❼そうでなければ、この籍がどうしてこんなことをしようか、いや、こんなことはしない。」と言った。

教718 34ページ 教719 254ページ

❷**謝** 陳謝して。沛公が函谷関を兵に封鎖させたり、先に咸陽に攻め込んだりして、項羽を怒らせたことを謝ったのである。

❷**臣** ここでは、自分を謙遜して言う語。

❷**戮力** 力を合わせて。「戮」は、合わせる、の意。

❹**不自意** 自分でも思いもよらないことに。

❹**能** 「能～。」で、～することができる、という可能の意を表す。

❹**得復見将軍於此** 再び将軍にここでお会いできるとは。「得～」は、～できる、の意で、可能を表す。機会に恵まれてできる場合は「得」、能力があってできる場合は「能」を用いる。

❺**今者** 今。「者」は、ここでは、時を表す語に添える接尾語。

❺**小人之言** 取るに足りない者の言葉。「小人」は、徳のない人・つまらない者、の意。

❺**令将軍与臣有郤** 将軍を私と仲たがいさせようとしている。「令」は、使役の意を表す。

❼**不然** そうでなければ。「然」は、曹無傷が項王に告げたことをさす。

❼**何以至此** どうしてこんなことをしようか、いや、こんなことはしない。

＊何以～。＝どうして～しようか、いや、～しない。反語の意を表す。

【大意】 5 教718 34ページ10行～35ページ2行 教719 254ページ10行～255ページ2行

項王は沛公をとどめて、酒宴を開いた。項王、項伯（＝項王の叔父）、亜父（＝范増）が座り、沛公の近くには、張良がひかえていた。范増は項王に何度も目くばせして、沛公を切り殺す許可を求めたが、項王は応じようとしなかった。

【書き下し文】

❶項王即日、因りて沛公を留めて与に飲む。❷項王・項伯は東嚮して坐し、亜父は南嚮して坐す。❸亜父とは范増なり。❹沛公は北嚮して坐し、張良は西嚮して侍す。❺范増数項王に目し、佩ぶる所の玉玦を挙げて、以つて之に示す者三たびす。❻項王黙然として応ぜず。

【現代語訳】

❶項王はその日すぐに、そういうわけで（＝疑いが解けたので）沛公を引きとどめて（酒宴を開き）いっしょに酒をくみ交わした。❷項王と項伯は東を向いて座り、亜父は南を向いて座った。❸亜父というのは、范増のことである。❹沛公は北を向いて座り、張良は西を向いて（沛公の近くに）ひかえている。❺范増はたびたび項王に目くばせして、腰につけた玉玦を取り上げて、（沛公暗殺の決断を迫るために）これ（＝項王）に示すことがたびたびに及んだ。❻項王は黙ったままで、応じようとはしなかった。

語句の解説 5

教718 34ページ 教719 254ページ

❶**即日** その日すぐに。当日。

❶因 そのことによって。そういうわけで。そこで。

❶与飲 いっしょに酒をくみ交わす。「与」は、いっしょに、の意。

3 **「項王」以下の席の位置は、どうなっているか。**

答 項王と項伯は西側の席に、范増は北側に、沛公は南側に、張良は東側に座っている。つまり、沛公と范増は向かい合わせで、張良は沛公の近くに座っている。

❷東嚮坐 東を向いて座り。

❷亜父 父に次いで尊敬する者、の意。なお、「父」は「父親」をさすときは「フ」、「年長者」をさすときは「ホ」と読む。

教718 35ページ 教719 255ページ

❹侍 (目上の人の)そばにひかえる。そば近くかしこまって居る。

❺数目項王 何度も項王に目くばせする。范増は、項王に沛公を切り殺す許可を求めているのである。

❺佩 腰につけた。

4 **「黙然不応。」の項王の気持ちはどのようなものか。**

答 沛公からの説明を聞いて、沛公への疑いは晴れたとして、沛公を殺す気がなくなり、范増の催促に応じる必要はないと考えている、というもの。

【大意】 6 教718 35ページ3〜11行 教719 255ページ3〜11行

范増は項荘(=項王の従弟)を呼び、剣舞にかこつけて沛公を殺すように命じた。項荘は舞い始めたが、意図を察した項伯が沛公を守るようにして舞ったので、沛公を討つことができなかった。

【書き下し文】

❶范増起ち、出でて項荘を召し、謂ひて曰はく、「君王人と為り忍びず。❷若入り、前みて寿を為せ。❸寿畢はらば、請ひて剣を以つて舞ひ、因りて沛公を坐に撃ちて之を殺せ。❹不者ずんば、若が属皆且に虜とする所と為らんとす。」と。❺荘則ち入りて寿を為す。❻寿畢はりて曰はく、「君王沛公と飲む。❼軍中以つて楽を為す無し。❽請ふ剣を以つて舞はん。」と。❾項王曰はく、「諾。」と。❿項荘剣を抜き起ちて舞ふ。⓫項伯も亦剣を抜き起ちて舞ひ、常に身を以つて沛公を翼蔽

【現代語訳】

❶(項王の態度にいら立った)范増は席を立ち、(宴席の外に)出て項荘を呼んで、「わが君はお人柄から(沛公をだまし討ちにする)残酷なことができない。❷おまえは(宴席に)入り、(沛公の)前に進み出て、杯を勧めて長寿を祝え。❸祝いが終わったら、願い出て剣を持って舞い、それにかこつけて沛公を宴座で襲って殺せ。❹そうしなければ、おまえの身内の者は、みな今にも(沛公の)捕虜にされてしまうだろう。」と言った。❺項荘はそこで(宴席に)入り、長寿を祝った。❻祝い終わって(項荘は)、「わが君は沛公とお飲みになっていらっしゃいます。❼(しかし)陣中のこととてお慰めする音楽がありません。❽どうか剣を持って舞うことをお許しください。」と言っ

す。⑫荘撃つを得ず。

た。⑨項王は、「よかろう。」と言った。⑩項荘は剣を抜き、立ち上がって舞った。⑪（意図を察した）項伯もまた剣を抜いて、立ち上がって舞い、絶えず自分の体で親鳥が翼でひなをかばうように沛公をかばった。⑫（そのために）項荘は（沛公を）討つことができなかった。

語句の解説 6

教718 35ページ　教719 255ページ

❶**出**　（宴席の外に）出て。❷の「入」は（宴席に）入り、の意。

❶**召二項荘一**　項荘を呼んで。

❶**君王**　君主。ここでは、項王をさす。

❶**為レ人不レ忍**　人柄から（沛公をだまし討ちにする）残酷なことができない。「為レ人」は、人柄・性格、の意。「不レ忍」は、人に悪を加えることに耐えられない、という意。

❷**前**　（沛公の）前に進み出て。

❸**畢**　終わったら。

❸**請以レ剣舞**　願い出て剣を持って舞い。

❹**不者、～**　（もし）そうしなければ、～。仮定の意を表す。

❹**且レ為レ所レ虜**　今にも（沛公の）捕虜にされてしまうだろう。「且レ～」は再読文字で、今にも～しようとする・今にも～しそうだ、の意を表す。

❼**楽**　音楽。

❾**諾**　よし。よろしい。承知する、という意を表す語。

❿**起舞**　立ち上がって舞った。剣舞をしながら、その剣で沛公を切り殺してしまおうというのである。

⓫**常**　つねに。いつも。絶えず。

⓬**不レ得レ撃**　討つことができなかった。「不レ得レ～」は、～することができない、の意。

■**樊噲、頭髪上指す**（樊噲、頭髪が逆立つ）

【大　意】　7　教718 36ページ2～6行　教719 256ページ2～6行

沛公の身を危ぶんだ張良が陣営の門に来て、沛公の護衛である樊噲に状況を話すと、樊噲はすぐに剣を身につけ、盾をかかえて陣営の門から入ろうとした。番兵が止めようとすると、樊噲は番兵を突き倒した。

【書き下し文】

❶是に於いて張良軍門に至り、樊噲を見る。❷樊噲曰はく、

【現代語訳】

❶そこで張良は陣営の門に到着して、（沛公の護衛の）樊噲に会った。❷樊噲は、「今日の（会談の）様子はいかがですか。」と言った。

「今日の事何如。」と。❸良曰はく、「甚だ急なり。❹今者項荘剣を抜きて舞ふ。❺其の意常に沛公に在るなり。」と。❻噲曰はく、「此れ迫れり。❼臣請ふ、入りて之と命を同じくせん。」と。❽噲即ち剣を帯び盾を擁して軍門に入る。❾交戟の衛士、止めて内れざらんと欲す。❿樊噲其の盾を側てて、以つて衛士を撞きて地に仆す。

語句の解説 7

教718 36ページ　教719 256ページ

❶於是 そこで。このときにあたって。項荘が剣舞を始め、沛公が危険な状態になったので、ということ。

❶軍門 陣営の門のこと。

❷今日之事 今日の(会談の)様子。現在の状況。

❷*~何如。 ~はどんなか。疑問の意を表す。

❺其意常在沛公也 項荘の意図はいつも沛公にあるのだ。すなわち、沛公を殺そうとずっとねらっているということ。

❻此迫矣 これは切迫している。もう一刻の猶予もない。「矣」は、ここでは断定の意を表す置き字で、読まない。

❸張良は、「非常に差し迫った状況だ。❹今、項荘が剣を抜いて舞っている。❺その(＝項荘の)意図はずっと沛公(を殺すこと)にあるのだ。」と言った。❻樊噲は、「これは一刻の猶予もならない。❼私に、どうか宴席に入らせ、沛公と生死をともにさせてください。」と言った。❽樊噲はただちに剣を身につけ、盾をかかえて陣営の門に入った。❾(陣営の門を守っている)戟を左右から十文字に交えている番兵は、(樊噲を)とどめて入れまいとした。❿樊噲は、その盾を斜めに立てて構え、それで番兵を突いて地面の上になぎ倒した。

答 5 **「甚急。」「此迫矣。」という短文の表現は、どのような効果をあげているか。**

状況がきわめて切迫していることを表す効果。

❼請、入与之同命 どうか宴席に入らせ、沛公と生死をともにさせてください。「請」には、①どうか~してください、と相手にある行為を依頼する場合と、②どうか~させてください、と相手に自分の行為の許可を求める場合とがある。ここでは②。

❽即 そこで。ただちに。

❽帯剣 剣を身につけ。「帯」は、腰にさげる・身につける、の意。

❾欲止不内 (樊噲を)とどめて入れまいとした。

❿撞 突いて。

【大　意】 8　教718 36ページ7行~37ページ1行　教719 256ページ7行~257ページ1行

樊噲は宴席に入り、項王をにらみつけた。項王が誰なのか尋ねると、張良が紹介した。項王は樊噲を「壮士である。」と褒め、酒と肉を与えた。樊噲は立ったまま酒を飲み、肉を食べた。

【書き下し文】

❶噲遂に入り、帷を披きて西嚮して立ち、目を瞋らして項王を視る。❷頭髪上指し、目眦尽く裂く。❸項王剣を按じて跽きて曰はく、「客何為る者ぞ。」と。❹張良曰はく、「沛公の参乗、樊噲といふ者なり。」と。❺項王曰はく、「壮士なり。❻之に卮酒を賜へ。」と。❼則ち斗卮酒を与ふ。❽噲拝謝して起ち、立ちながらにして之を飲む。❾項王曰はく、「之に彘肩を賜へ。」と。❿則ち一生彘肩を与ふ。⓫樊噲其の盾を地に覆せ、彘肩を上に加へ、剣を抜き、切りて之を啗ふ。

【現代語訳】

❶樊噲はそのまま(宴席に)入り、とばりを開いて西を向いて立ち、目をかっとむいて項王をじっと見た。❷頭髪は逆立ち、まなじりは裂けんばかりだった。❸項王は剣のつかに手をかけ膝をついて身構えて、「おまえはいったい何者か。」と言った。❹張良は、「沛公の護衛の添え乗りである、樊噲という者です。」と言った。❺項王は、「勇ましい男だ。❻彼に大杯に注いだ酒を与えよ。」と言った。❼そこで、(樊噲に)一斗入りの大杯に注いだ酒を与えた。❽樊噲はつつしんで礼をして立ち上がり、立ったままでこれ(=酒)を飲んだ。❾項王は、「彼に豚の肩の肉を与えよ。」と言った。❿そこで、一塊の生の豚の肩の肉を与えた。⓫樊噲は、自分の盾を地に伏せ、豚の肩肉をその上に置き、剣を抜いて、切り取ってこれを食った。

語句の解説 8

教718 36ページ　教719 256ページ

❶**披帷**　とばりを開いて。

❶**瞋目**　目をいっぱいに見開いて。目をかっとむいて。「瞋」は、怒って目をむく・目を見張る、の意。

❷**頭髪上指**　頭髪は上の方をさし。頭髪は逆立ち。

❷**目眦尽裂**　まなじりは裂けんばかりだった。「尽」は「裂」の程度を強調するはたらきをしている。

❸**客何為者**　おまえは何者か。「客」は、外来者・訪問者、の意。

＊何為～。＝どういう～か。疑問の意を表す。

❺**壮士**　血気盛んな男性。勇ましい男。

❽**拝謝起**　つつしんで礼をして立ち上がり。「拝謝」は、つつしんでお礼を申し上げる、の意。

❽**立而飲之**　立ったままでこれ(=酒)を飲む。

教718 37ページ　教719 257ページ

⓫**加彘肩上**　豚の肩の肉をその上(=盾の上)に置き。「加」は、のせる・置く、の意。

⓫**啗**　くらう。食う。むさぼり食う。「啗」は「啖」と同字。

6　**「覆其盾於地、……切而啗之。」の表現は、どのような効果をあげているか。**

答　極限的な緊張を強いられる場面でも、堂々と酒を飲み、肉を食べている様子から、樊噲の豪胆さを際立たせ、項羽に対する示威行動としての効果もあげている。

【大意】 9　教718 37ページ2～11行　教719 257ページ2～11行

項王が感心してもっと酒を勧めると、樊噲は、秦王の残忍貪欲だったこと、楚の懐王が「最初に秦を破って咸陽に入城した者を王にする。」と約束したことを語った。そして、沛公が秦を破って咸陽に入っていながら、何にも手をつけずに項王の到着を待っていたことを述べ、項王に抗議した。項王は答えることができず、しばらくして沛公は便所に行き、樊噲を呼んでそのまま宴席を出た。

【書き下し文】

❶項王曰はく、「壮士なり。❷能く復た飲むか。」と。❸樊噲曰はく、「臣死すら且つ避けず。❹卮酒安くんぞ辞するに足らんや。❺夫れ秦王虎狼の心有り。❻人を殺すこと挙ぐる能はざるがごとく、人を刑すること勝へざるを恐るるがごとし。❼天下皆之に叛く。❽懐王諸将と約して曰はく、『先に秦を破りて咸陽に入る者、之に王とせん。』と。❾今、沛公先に秦を破りて咸陽に入る。❿毫毛も敢へて近づくる所有らず。⓫宮室を封閉し、還りて覇上に軍し、以つて大王の来たるを待てり。⓬故らに将を遣はし関を守らしめしは、他盗の出入と非常とに備へしなり。⓭労苦して功高きこと此くのごときに、未だ封侯の賞有らず。⓮而も細説を聴きて、有功の人を誅せんと欲す。⓯此れ亡秦の続きなるのみ。⓰窃かに大王の為に取らざるなり。」と。⓱項王未だ以つて応ふる有らず。⓲曰はく、「坐せよ。」と。⓳樊噲良に従ひて坐す。⓴坐すること須臾にして、沛公起ちて厠に如き、因りて樊噲を招きて出

【現代語訳】

❶項王は、「(本当に)勇ましい男だ。❷もっと飲めるか。」と言った。❸樊噲は、「私は死でさえ避けはしません。❹どうして大杯の酒を断ったりしましょうか、いや、断りなどしません。❺そもそも秦王は、虎や狼のように残忍な心の持ち主でした。❻人を殺すことは、あまり多くて、数え切れないほどですし、人を処刑することは、あまり多くて、し残しがないかと心配するほどでした。❼(そのため)天下の人々はみなこれ(＝秦王)に背いたのです。❽(そこで楚の)懐王は、諸将と約束して、『最初に秦を討ち破って咸陽に入った者は、その地の王にしよう。』と言ったのです。❾現在、沛公は最初に秦を討ち破って咸陽に入っております。❿(しかしながら沛公は)ほんのわずかなものにも決して近づこうとはしておりません。⓫宮殿の部屋は閉じて封印し、軍を返して覇水のほとりに陣して、大王(＝項王)のおいでをお待ちしていたのです。⓬わざと将兵を派遣して函谷関を守らせたのは、よそから来る盗賊の出入りと、非常事態に備えたためです。⓭(このように沛公が)大変な苦労を重ねて、高い功績をあげたことは以上のとおりですが、いまだに諸侯に封ずるというほうびはございません。⓮それどころか、(大王は)つまらぬ者の言うことを信じて、功績のある人を誅殺なさろうとしています。⓯これでは滅んだ秦の二の舞になるばかりです。⓰はばかりながら、

づ。

語句の解説 9

教718 37ページ 教719 257ページ

②能復飲乎 もっと飲めるか。「能」は可能、「乎」は疑問の意。

③④死且不レ避。卮酒安足レ辞。 死でさえ避けはしない。どうして大杯の酒を断ることがあろうか、いや、断ることはない。

＊〜且—。安…。＝〜でさえ—である。どうして…か、いや、…ない。抑揚の意を表す。

⑤夫 そもそも。いったい。文頭に置かれる、言いはじめの語。

⑤虎狼之心 虎や狼のような心。凶暴で残忍な心のたとえ。

⑥刑レ人如レ恐レ不レ勝 人を処刑することは、あまり多くて、し残しがないかと心配するほどだ。法治主義の徹底した秦では、厳しすぎる刑罰が民衆を苦しめた。

⑦天下皆叛レ之 天下の人々はみなこれ（＝秦王）に背いた。

⑩不二敢有一レ所レ近 決して近づこうとはしない。「不二敢〜一」は、進んで〜しない・決して〜しない、の意。

⑪封二閉宮室一 宮殿の部屋は閉じて封印し。「封閉」は、閉じる・閉じこめる、の意。

⑪大王 項王のことをさす。

⑫故 故意に。わざと。わざとする。

⑫他盗 よそから来る盗賊。

大王には賛同いたしかねます。」と言った。⑰項王は、いまだに答えることができなかった。⑱（項王は、）「座れ。」と言った。⑲樊噲は張良のそばに座った。⑳座ってからしばらくすると、沛公は立ち上がって便所に行き、そのついでに樊噲を呼んで出ていった。

⑫出入 行き来。出入り。

⑫非常 異常な出来事。非常事態。

⑬功高 功績が大きいこと。高い功績をあげたこと。

⑬封侯之賞 土地を与えて諸侯に封ずるほうび。

7 「細説」とは、どのような内容か。

答 沛公が関中の王になりたいと思って、子嬰を大臣にならせ、秦の宝物を自分のものにしている、という内容。

⑭誅 罪を責めて殺すこと。

⑭有功之人 功績のある人。

⑮亡秦之続耳 滅んだ秦の二の舞である。「続」はここでは、二の舞・同じこと、の意。「耳」は、〜ばかり・〜にすぎない、の意。

⑯為二大王一不レ取也 大王には賛同できない。「為」は、ここでは、〜に対して、という対象の意を表す。

8 「未有以応。」の項王の気持ちはどのようなものか。

答 樊噲の理路整然とした話に圧倒され、反論することもできず、対応に困っている、というもの。

⑲従レ良坐 張良のそばに座った。「従」は、ここでは、寄り添

う・近づく、の意。

⓴坐須臾 座ってからしばらくすると。

■沛公、虎口を脱す（沛公は危機を脱した）

【大　意】 10 教718 38ページ2～5行 教719 258ページ2～5行

沛公が樊噲に、「別れの挨拶をしていないが、このままでよいだろうか。」ときくと、樊噲は、「大事を行うときは、つまらない礼など問題にしないものだ。」と言った。そこで、沛公たちは脱出した。

【書き下し文】

❶沛公已に出づ。❷項王都尉陳平をして沛公を召さしむ。❸沛公曰はく、「今者、出づるに未だ辞せざるなり。❹之を為すこと奈何。」と。❺樊噲曰はく、「大行は細謹を顧みず、大礼は小譲を辞せず。❻如今、人は方に刀俎たり、我は魚肉たり。❼何ぞ辞することを為さん。」と。❽是に於いて遂に去る。

【現代語訳】

❶沛公はすでに(宴席を)出た。❷項王は、軍事をつかさどる官の陳平に沛公を呼びに行かせた。❸沛公は、「今、出てくるときに、別れの挨拶をしていない。❹どうしたらよいだろうか。」と言った。❺樊噲は、「大事を行うときには、ささいな慎みなど問題にしませんし、重大な礼を行うときには、小さな譲り合いにはこだわりません。❻今、向こう(＝項王)はちょうど包丁とまな板であり、我々は(料理される)魚肉です。❼どうして別れの挨拶をすることがありましょうか、いや、することはありません。」と言った。❽そこで(沛公は)そのまま立ち去った。

語句の解説 10

教718 38ページ 教719 258ページ

❶已出 すでに(宴席を)出た。

❸出未辞也 出てくるときに、別れの挨拶をしていない。

❹為之奈何 どうしたらよいだろうか。

＊奈何。＝どうしようか。疑問の意を表す。

❺大礼不辞小譲 重大な礼を行うときには、小さな譲り合いにはこだわらない。「大礼」は、大きな礼・重要な礼式、の意。「小譲」は、小さな譲り合い、の意。

❻如今 ただいま。今まさに。

❻方 ちょうど。まさに。

9 「刀俎」「魚肉」は、何の比喩か。

答 「刀俎」は料理する者の比喩で、ここではいつでも沛公を殺すことのできる項王たち、「魚肉」は料理される者の比喩で、ここでは沛公たちの比喩である。

❼**何辞為** どうして別れの挨拶をすることがあろうか、いや、することはない。

「何〜」は、どうして〜か、いや、〜ない、という反語の意を表す。

❽**於レ是** そこで。こうして。

【大意】 11 教718 38ページ6〜8行 教719 258ページ6〜8行

沛公は、張良をあとに残し、項王におわびを申し上げさせることにした。そして、自分が渡せなかった土産の品を献上するように頼んだ。

【書き下し文】

❶乃ち張良をして留まり謝せしむ。❷良問ひて曰はく、「大王来たるとき、何をか操れる。」と。❸曰はく、「我白璧一双を持し、項王に献ぜんと欲し、玉斗一双をば、亜父に与へんと欲せしも、其の怒りに会ひて、敢へて献ぜず。❹公我が為に之を献ぜよ。」と。❺張良曰はく、「謹みて諾す。」と。

【現代語訳】

❶そこで(沛公は)張良をあとに残して(項王に)謝罪させることにした。❷張良は(沛公に)問うて、「大王(=沛公)は、いらっしゃったとき、何を(土産として)持ってきましたか。」と言った。❸(沛公は、)「私は白璧(=白玉の平らで丸い宝石)一対を持参して項王に献上し、玉斗(=玉で作ったひしゃく)一対を、亜父(=范増)に与えようと思っていたが、彼ら(=項王と亜父)の怒りにあったので、無理には献上できなかった。❹貴公が私のためにこれら(の品)を献上してくれ。」と言った。❺張良は、「謹んで承知いたしました。」と言った。

語句の解説 11

教718 38ページ 教719 258ページ

❶**令二張良留謝一** 張良をあとに残して(項王に)謝罪させることにした。「令」は、使役を表す。

❷**何操** 何を(土産として)持ってきたか。

＊何〜。=何を〜か。疑問の意を表す。

❸**会二其怒一** 彼ら(=項王や亜父)の怒りにあったので。

❸**不二敢献一** 無理には献上できなかった。

「不二敢〜一」は、進んで〜しない・無理には〜しない、の意。

❹**為レ我献レ之** 私のために、これら(の品)を献上してくれ。

❺**諾** 承知する。

【大意】 12 教718 38ページ9行〜39ページ2行 教719 258ページ9行〜259ページ2行

沛公は、車と馬に乗った兵を残して脱出し、四人の護衛を連れて近道を通って逃げのびた。沛公は出発に当たって、「私が陣に到着するころ、宴席に戻れ。」と張良に言い残した。

【書き下し文】

❶是の時に当たり、項王の軍は鴻門の下に在り、沛公の軍は覇上に在り、相去ること四十里なり。❷沛公則ち車騎を置き、身を脱して独り騎し、樊噲・夏侯嬰・靳彊・紀信等四人の剣盾を持して歩走するものと、驪山の下より、芷陽に道して間行す。❸沛公張良に謂ひて曰はく、「此の道より吾が軍に至る、二十里に過ぎざるのみ。❹我の軍中に至るを度り、公乃ち入れ。」と。

【現代語訳】

❶このとき、項王の軍は鴻門の城下におり、沛公の軍は覇水のほとりにいて、その距離は四十里を隔てていた。❷沛公はそこで、車と馬に乗った兵を残し、脱出して一人だけ馬に乗り、樊噲・夏侯嬰・靳彊・紀信ら四人の、剣と盾を持って自分の足で走る者とともに、驪山のふもとから、芷陽経由でこっそりと近道を通っ(て逃げのび)た。❸(出発前に)沛公は張良に告げて、「この道を通ってわが軍の陣に到着するまでは、わずか二十里にすぎない。❹私が陣に到着するころをおしはかって、貴公は(もとの宴席に)入れ。」と言った。

語句の解説 12

教718 38ページ　教719 258ページ

❶**相去** 二者の距離。「去」は、距離や時間がへだたる、の意。

❷**車騎** 車と馬。また、それに乗った人。

❷**脱レ身** 危険な状態から脱け出して。脱出して。

❷**歩走** 自分の足で走る者。

教718 39ページ　教719 259ページ

❸**不レ過二二十里一耳** わずか二十里にすぎない。「耳」は、〜だけ・〜にすぎない、の意。限定・強意を表す。

❹**度** 計算して。おしはかって。

【大　意】 13　教718 39ページ3〜10行　教719 259ページ3〜10行

沛公は自分の陣に着いた。あとに残った張良は宴席に入り、項王ら主従に沛公が挨拶できずに去ったことをわびて、土産の品を献上した。項王は受け取ったが、范増は玉斗を剣で破壊し、沛公を取り逃がしたことを嘆いた。沛公は自陣に着くとすぐに、曹無傷を処刑した。

【書き下し文】

❶沛公已に去り、間びて軍中に至る。❷張良入りて謝して曰はく、「沛公桮杓に勝へず、辞する能はず。❸謹みて臣良をして白璧一双を奉じ、再拝して大王の足下に献じ、玉斗一双

【現代語訳】

❶沛公はすでに去り、こっそりと自分の陣中に到着した。❷(あとに残った)張良は(宴席に)入っておわびして、「沛公は、これ以上は酒を飲めず、別れのご挨拶もできません。❸(そこで沛公は)謹んでこの私め良に、白璧一対をささげ、再拝して大王(＝項王)の足も

をば、再拝して大将軍の足下に奉ぜしむ。」と。❹項王曰はく、「沛公安くにか在る。」と。❺良曰はく、「大王之を督過するに意有りと聞き、身を脱して独り去れり。❻已に軍に至らん。」と。❼項王則ち璧を受け、之を坐上に置く。❽亜父玉斗を受け、之を地に置き、剣を抜き撞きて之を破りて曰はく、「唉、豎子、与に謀るに足らず。❾項王の天下を奪ふ者は、必ず沛公ならん。❿吾が属今に之が虜と為らん。」と。⓫沛公軍に至り、立ちどころに曹無傷を誅殺す。

語句の解説 13

教718 39ページ　教719 259ページ

❶間　ひそかに。こっそりと。人目に触れず。

❶軍中　軍営または軍隊の中。陣中。

❷不レ勝二～一　～にたえない。～できない。

❷不レ能レ辞　別れの挨拶をすることができない。「不レ能二～一」は、～できない、の意で、不可能を表す。

❸再拝　二度おじぎをすること。敬意や謝意の深さを表すしぐさ。

❸足下　相手の足もと。自分を卑下し、相手を敬うときに用いる語。

❹安在　どこにいるのか。

*安～。＝どこに～か。疑問の意を表す。

❺聞二大王有レ意三督二過之一　大王に(沛公の)過ちをとがめる考えがあると聞いて。「意」は、ここでは、考え、の意。

とに献上させ、玉斗一対を、再拝して大将軍(＝范増)の足もとに献上させることにいたしました。」と言った。❹項王は、「沛公はどこにおられるのか。」と言った。❺張良は、「大王に(沛公の)過ちをとがめるお考えがあると聞いて、(たいへん恐れて)抜け出して一人で去りました。❻もはやご自分の陣に着いたでしょう。」と言った。❼項王は、そこで白璧を受け取り、これを座席のかたわらに置いた。❽亜父(＝范増)は、玉斗を受け取り、これを地面の上に置いて、剣を抜いて突き壊して、「ああ、青二才め、ともにはかりごとをするに足りない。❾項王の天下を奪い取る者は、必ず沛公に違いないだろう。❿わが一族は、今に沛公の捕虜になるだろうよ。」と言った。⓫沛公は、自分の陣に着くと、ただちに曹無傷を処刑した。

10　**答**

「項王則受璧……撞而破之」における項王と范増の気持ちは、それぞれどのようなものか。

項王は、受け取った白璧を黙って座席のかたわらに置いた。つまり、沛公が逃げてしまったことをやむをえないとあきらめており、事の重大さに全く気づいていない。一方范増は、受け取った玉斗を突き壊し、沛公を取り逃がしたことに激しく憤り、くやしがっている。

❽*唉、～。　ああ、～。嘆きうらむ声で、感嘆の意を表す。

❽不レ足二与謀一　ともにはかりごとをするに足りない。

❿吾属　わが身内。わが一族。

⓫立　たちどころに。ただちに。すぐさま。

⓫誅殺　罪を責めて殺す。処刑する。

学習の手引き

一 **小見出しに従って、各場面の展開を整理しよう。**

解答例 ○「項羽、大いに怒る」

・楚軍は函谷関まで来たが、沛公の兵が守っていて入れなかった。
・沛公がすでに咸陽を占拠したと聞いて、項羽は大いに怒った。
・沛公の軍政官の曹無傷は、沛公が天下を取る野心を持っていると項羽に告げた。
・項羽の参謀の范増も、早く沛公を討つよう進言した。

○「剣の舞」

・沛公は鴻門に来て、項王(＝項羽)に謝罪した。
・項王は沛公をとどめて酒宴を開いた。
・范増は項荘に、剣舞にかこつけて沛公を殺せと命じた。
・項伯も剣を抜き沛公を守ったので、項荘は沛公を殺せなかった。

○「樊噲、頭髪上指す」

・張良は、沛公の護衛の樊噲に、沛公の危機を伝えた。
・樊噲は激怒し、宴席に入って項王をにらみつけた。
・項王は、張良の説明を聞いて、樊噲を壮士であると褒めて、大杯の酒や豚肉を与えた。樊噲は豪胆に酒を飲み、肉を食べた。
・樊噲が沛公の行為を弁護すると、項王は反論できなかった。
・沛公は便所に立ち、そのまま宴席を去った。

○「沛公、虎口を脱す」

・沛公は別れの挨拶をしなかったことを気にしたが、樊噲はその必要はないと説いた。
・張良は残って、項王主従に謝し、白璧と玉斗を献上した。
・范増はくやしがり、玉斗を突き壊した。
・沛公は無事自陣に着き、すぐに曹無傷を処刑した。

二 **「項羽、大いに怒る」について、項羽の二度の怒りの理由を、それぞれ説明してみよう。**

解答例 一度目の怒りの理由は、先に咸陽に入った沛公が函谷関を封鎖して項羽が関中に入るのを阻んだこと。二度目の怒りの理由は、沛公が関中の王となろうとして、子嬰を大臣にし、秦の宝物を自分の物にしたと聞いたこと。

三 **「剣の舞」について、「范増起、出召項荘」(718 三五・3 719 三五・3)のときの范増の気持ちを説明してみよう。**

解答例 沛公を殺害する機会を逃すわけにはいかないと焦る気持ち。

四 **「樊噲、頭髪上指す」について、樊噲が項王を説得するために述べた言葉の内容をまとめてみよう。**

考え方 今までの荒々しい動作から一転、論理的に述べている。

解答例 沛公は、懐王との約束どおり秦を破って咸陽に入ったあと、宮中のものには何一つ手をつけずに項王の到着まで警護に徹していた。しかし、項王は有功の人に恩賞を与えるどころか小物の言葉を信じて沛公を殺そうとしている。これでは亡国の秦と同じである。

五 **「沛公、虎口を脱す」について、「謹諾。」(718 三八・8 719 三八・8)と言ったときの張良の心中を説明してみよう。**

解答例 沛公を脱出させたことを怒った項王と范増に殺される覚悟

をする一方で、項伯がかばってくれることも期待している。

六 **項王と沛公の人柄が表れている箇所を抜き出し、対比してみよう。**

解答例 〈項王〉

・「大怒」（718 三二・4 719 二五二・4、718 三三・1 719 二五三・1）→怒りやすい。

・「沛公左司馬……何以至此」（718 三四・8 719 二五四・8）→単純で信じやすい。

・「黙然不応」（718 三五・2 719 二五五・2）「為人不忍」（718 三五・3 719 二五五・3）→優柔不断でお人好し。

・「沛公安在」（718 三九・6 719 二五九・6）・「受璧置之坐上」（718 三九・7 719 二五九・7）→情勢を判断する力が鈍い。

〈沛公〉

・「来見項王。至鴻門、謝曰〜」（718 三四・2 719 二五四・2）

・「沛公起如厠、因招樊噲出」（718 三七・11 719 二五七・11）

→情勢を判断する力があり、臨機応変に立ち回れる。

・「為之奈何」（718 三八・3 719 二五八・3）→面子（めんつ）にこだわらず、臣下の意見を聞く。

・「沛公至軍、立誅殺曹無傷」（718 三九・10 719 二五九・10）

→決断力があり、必要ならば非情になれる。

七 **項王と沛公それぞれの周囲の人物について、行動（役割）と性格をまとめてみよう。**

解答例 〈項王方〉

・范増…項王の参謀であり、項王のために最大の敵・沛公の誅殺を謀るが、項王の決断力のなさのため失敗。くやしさに玉斗を突き壊し、項王への失望をにじませる。やや一人よがりなところもある人物。

・項伯…項王の叔父だが、恩人である張良のために沛公を守ろうとする。恩義に厚いが公私の区別がつかないとも言える人物。

・項荘…項王の従弟で、項王のために、剣舞にかこつけて沛公を殺そうとするが、項伯や樊噲のために失敗する。任務に忠実な人物。

〈沛公方〉

・樊噲…沛公の護衛で、沛公の危機に激怒し、沛公を命がけで守る。武勇に優れているが、同時に弁舌も巧みで説得力がある人物。

・張良…沛公の参謀であり、沈着冷静な判断力で、首尾よく沛公を脱出させる。宴席に残り、沛公の代わりに項王主従に贈り物を献上する難しい役割を、見事に果たした人物。

句形

◇**書き下し文に直し、太字に注意して、句形のはたらきを書こう。**

1 吾**令**人望其気
（　　　　）（　　　　）

2 **勿**失（
（　　　　）（　　　　）

3 **何以**至此
（　　　　）（　　　　）

4 今日之事**何如**
（　　　　）（　　　　）

5 客**何為**者
（　　　　）（　　　　）

6 臣死**且**不避。卮酒**安**足辞
（　　　　）（　　　　）

7　為之奈何　（　　）（　　）

8　何操　（　　）（　　）

9　沛公安在　（　　）（　　）

10　唉、豎子、不足与謀　（　　）（　　）

答

1　吾人をして其の気を望ましむ(るに)／使役
2　失すること勿かれ／禁止　3　何を以つて此に至らん／反語
4　今日の事何如／疑問　5　客何為る者ぞ／疑問
6　臣死すら且つ避けず。卮酒安くんぞ辞するに足らんや／抑揚
7　之を為すこと奈何／疑問　8　何をか操れる／疑問
9　沛公安くにか在る／疑問
10　唉、豎子、与に謀るに足らず／感嘆

四面楚歌

〔史記〕

教718 P.41〜P.45　教719 P.261〜P.265

■時　利あらず(時勢は有利でない)

【大　意】　1　教718 42ページ2〜4行　教719 262ページ2〜4行

項王の軍は垓下の城に立てこもり、漢軍と諸侯の軍の連合軍は、幾重にも城を包囲していた。夜になって、漢軍がみな楚の歌を歌っているのを聞き、項王は、漢はもうすっかり楚を手に入れたのだと思った。

【書き下し文】

❶項王の軍垓下に壁す。❷兵少なく食尽く。❸漢軍及び諸侯の兵、之を囲むこと数重なり。❹夜漢軍の四面皆楚歌するを聞き、項王乃ち大いに驚きて曰はく、「漢皆已に楚を得たるか。❺是れ何ぞ楚人の多きや。」と。

【現代語訳】

❶項王の軍は、垓下の城の中に立てこもった。❷兵の数は少なく、食糧は底をついていた。❸漢軍と諸侯の兵(の連合軍)は、これ(＝垓下の城)を幾重にも包囲していた。❹夜、四方を囲んでいる漢軍がみな楚の地方の歌を歌っているのを聞いて、項王はそこで非常に驚いて、「漢はすでに楚をすべて占領してしまったのか。❺(漢軍の中に)なんと楚の国の人の多いことだなあ。」と言った。

語句の解説　1

教718 42ページ　教719 262ページ

❸数重　幾重にも重なること。

1　「四面皆楚歌」とは、どのような意味か。

答　城を囲んだ漢軍が、みな楚の歌を歌っているという意味。味方であるはずの楚軍の兵の多くが漢軍に降伏していると考えられるということで、「四面楚歌」は、敵中に孤立して助けがないこと、周囲が敵や反対者ばかりで味方がないことという意味を表す。

❹**項王乃大驚**　項王はそこで非常に驚いて。「乃」は、順接、逆接の両方の意味をもつ助字。ここでは順接で、そこで、の意を表す。

❹**漢皆已得楚乎**　漢はすでに楚をすべて占領してしまったのか。

❺**何楚人之多也**　なんと楚の国の人の多いことだなあ。

＊何～也。＝なんと～なことだなあ。感嘆の意を表す。

【大　意】　2　教718 42ページ5行～43ページ6行　教719 262ページ5行～263ページ6行

項王は、とばりの中で宴会を開いた。項王は、虞美人と名馬騅をよんだ歌を作り、数回歌った。項王も側近も泣いた。

【書き下し文】

❶項王則ち夜起きて帳中に飲む。❷美人有り、名は虞。❸常に幸せられて従ふ。❹駿馬あり、名は騅。❺常に之に騎す。❻是に於いて項王乃ち悲歌忼慨し、自ら詩を為りて曰はく、
❼力山を抜き気世を蓋ふ
❽時利あらず騅逝かず
❾騅の逝かざる奈何すべき
❿虞や虞や若を奈何せんと
⓫歌ふこと数闋、美人之に和す。⓬項王泣数行下る。⓭左右皆泣き、能く仰ぎ視るもの莫し。

【現代語訳】

❶項王はそこで夜起きて、とばりの中で酒宴を開いた。❷美人がいて、名を虞といった。❸（虞美人は）いつも寵愛されて（項王の）そばにいた。❹名馬がいて、名を騅といった。❺（項王は）いつもこれ（＝騅）に乗っていた。❻そこで項王は悲しげに歌い、憤り嘆き、自分でこのような詩を作って歌った。
❼（わが）力は山を引き抜き、気力は世を圧倒する
❽（しかし）時勢はわれに有利でなく、騅は進まない
❾騅が進まないのをどうすればよいのか、いや、どうしようもない
❿虞よ虞よ、おまえをどうしようか
⓫歌うこと数回、虞美人も項王の詩に応えて歌った。⓬項王の頰を、いくすじかの涙が伝い落ちた。⓭側近たちもみな泣き、（項王を）仰ぎ見ることができる者はいなかった。

語句の解説 2

教718 42ページ　教719 262ページ

❸**幸従**　寵愛されてそばにいた。

❹**騅**　名馬の名前だが、一般に葦毛の馬をいう。

答 2　「詩」には、項王のどのような心情がこめられているか。

自分の力は山を引き抜くほど強く、気力は世を圧倒するほどなのに、時勢に恵まれず、どうしようもないのだという、自分が天下の覇者になれないことへの憤り、嘆きとともに、愛する虞を案じる気持ちがこめられている。

教718 43ページ　教719 263ページ

❾可㆓奈何㆒　どうすればよいのか、いや、どうしようもない。

「奈何」は、ここでは、反語の意。

❿奈㆑若何　おまえをどうしようか。「奈何」で「いかん」と読む。

＊奈㆑～何。＝～をどうしようか。疑問・反語の意を表す。

⓫美人和㆑之　このときの虞美人の歌の意味は、「漢軍はもはや楚の地を占領し、四方は楚の歌を歌う声に満ちている。項王様も気力が尽き、私もどうして生きていられようか。」である。

⓭莫㆓能仰視㆒　仰ぎ見ることができる者はいなかった。

「莫㆓能～㆒」は、～できる人がいない・誰もできない、の意。

■項王の最期

【大　意】　3　教718 44ページ2～10行　教719 264ページ2～10行

項王が東に進み、烏江のほとりに着くと、宿場の長は船を出す用意をして、江東の王になるよう勧めた。項王は天が自分を滅ぼすのだと言って船を断り、宿場の長に愛馬を与えた。

【書き下し文】

❶是に於いて項王乃ち東のかた烏江を渡らんと欲す。❷烏江の亭長、船を檥して待つ。❸項王に謂ひて曰はく、「江東小なりと雖も、地は方千里、衆は数十万人、亦王たるに足るなり。❹願はくは大王急ぎ渡れ。❺今独り臣のみ船有り。❻漢軍至るも、以つて渡る無し。」と。❼項王笑ひて曰はく、「天の我を亡ぼすに、我何ぞ渡ることを為さん。❽且つ籍は江東の子弟八千人と、江を渡りて西す。❾今一人の還るもの無し。❿縦ひ江東の父兄憐れみて我を王とすとも、我何の面目あり

【現代語訳】

❶そこで項王は東へ進み、烏江を渡ろうとした。❷烏江の宿場の長は、船を出す用意をして待っていた。❸（宿場の長は）項王に告げて、「江東は小さくはありますが、土地は千里四方、民衆は数十万で、また王となるだけの価値がある地です。❹どうか大王、急いでお渡りください。❺今、私だけが船を持っています。❻漢軍が来ても、渡る手立てがありません（＝船がなければ渡ることはできません）。」と言った。❼項王は笑って、「天が私を滅ぼそうとしているのに、私はどうして渡ったりなどしようか、いや、渡ったりなどしない。❽そのうえこの籍は江東の若者八千人と、この長江を渡って西に進んだ。❾今、一人も帰る者がない。❿たとえ江東の親兄弟が

て之に見えん。⓫縦ひ彼言はずとも、籍独り心に愧ぢざらんや。」と。⓬乃ち亭長に謂ひて曰はく、「吾公の長者たるを知る。⓭吾此の馬に騎すること五歳、当たる所敵無し。⓮嘗て一日に行くこと千里なり。⓯之を殺すに忍びず。⓰以つて公に賜はん。」と。

気の毒に思って私を王にしてくれたとしても、この籍は何の面目があってこれ(=江東の親兄弟)に会うことができようか、いや、会うことはできない。⓫たとえ彼らが何も言わなくても、この籍は心中に恥じ入らずにいられようか、いや、恥じ入らずにはいられない。」と言った。⓬そこで(項王は)宿場の長に告げて、「私はあなたが徳の高い人であることを知っている。⓭私はこの馬に五年間乗ってきたが、あたるところ敵なしだった。⓮(この馬は)かつて一日に千里走ったこともあった。⓯この馬を殺すのは堪えがたい。⓰だからあなたに与えよう。」と言った。

語句の解説 3

教718 44ページ　教719 264ページ

❶**於是**　そこで。そのときに。

❸**方千里**　千里四方。

❸**足王**　王となるだけの価値がある。

❹**願大王急渡**　どうか大王、急いでお渡りください。「願〜」は、願望を述べるときに使い、ここでは、どうか〜してください、の意。

❺**独臣有船**　私だけが船を持っています。「独」は、限定の意を表す。

❻**無以渡**　渡る手立てがない。

3　「笑」には、項王のどのような心情がこめられているか。

答　ここまで必死で逃げ、応戦してきたが、亭長の考えを聞いているうちに我に返り、思わず笑みが浮かんだのだろう。死ぬことが天命であると諦め、覚悟を決めた、落ちついた心情がうかがわれる。また、このあとの言葉からわかるように、自分の失敗(不運)を恥じる自嘲の気持ちも含まれていると思われる。

❼**我何渡為**　私はどうして渡ったりなどするだろうか、いや、渡ったりなどしない。「何〜」は、どうして〜か、いや、〜ない、という反語の意を表す。

❽**且**　さらに。そのうえ。

❿**縦江東父兄憐而王我**　たとえ江東の親兄弟が気の毒に思って私を王にしてくれたとしても。
＊縦〜、＝たとえ〜であっても、の意。仮定を表す。

❿**我何面目見之**　私は何の面目があってこれ(=江東の親兄

弟)に会うことができようか、いや、会うことはできない。「何〜」は、反語の意を表す。

⓫独不レ愧ニ於心一乎　心中に恥じ入らずにいられようか、いや、恥じ入らずにはいられない。

＊独〜乎。＝どうして〜か、いや、〜ない。反語の意を表す。

⓭五歳　五年。「歳」は、ここでは、一年、の意。

⓭所レ当無レ敵　あたるところ敵なしだった。どこで戦っても負けることはなかった、ということ。

⓯不レ忍レ殺レ之　この馬を殺すのは堪えがたい。「之」は、項羽の愛馬の「騅」をさす。

⓰以賜レ公　だからあなたに与えよう。「以」は、ここでは順接の意を表す。

【大意】4　教718 44ページ11行〜45ページ4行　教719 264ページ11行〜265ページ4行

項王は漢軍と戦い、一人で数百人を殺した。漢の騎兵隊長は昔なじみだったが、味方に項王を指さして教えた。項王は、「おまえに恩恵を施してやろう。」と言って、刀で自ら首をはねて死んだ。

【書き下し文】

❶乃ち騎をして皆馬を下りて歩行せしめ、短兵を持して接戦す。❷独り項王の殺す所の漢軍、数百人なり。❸項王の身も亦十余創を被る。❹顧みるに漢の騎司馬呂馬童を見たり。❺曰はく、「若は吾が故人に非ずや。」と。❻馬童之に面し、王翳に指して曰はく、「此れ項王なり。」と。❼項王乃ち曰はく、「吾聞く、漢我が頭を千金・邑万戸に購ふと。❽吾若の為に徳せん。」と。❾乃ち自刎して死す。

【現代語訳】

❶そして(項王は)騎兵にみな馬から降りて歩かせ、刀・剣などの短い武器を持って接近して戦った。❷項王一人だけで殺した漢軍の兵は、数百人になった。❸項王の身もまた十余りの傷を負った。❹振り返ると漢の騎兵隊長の呂馬童が見えた。❺(項王は、)「おまえは私の昔なじみではないか。」と言った。❻馬童はこれ(＝項王)から顔を背けて、王翳に(項王を)さし示して、「これが項王だ。」と言った。❼項王はそこで、「私は、漢がわが首を、大金や一万戸の町の賞をかけて求めていると聞いている。❽私はおまえのために恩恵を施してやろう。」と言った。❾そこで(項王は)自ら首をはねて死んだ。

語句の解説 4

教718 44ページ　教719 264ページ

❶令ニ騎皆下レ馬歩行一　騎兵にみな馬から降りて歩かせ。

「令ニ――〜一」は、――に〜させる、という使役の意を表す。

❶接戦　近づいて戦う。敵と入りまじって戦う。「接戦」には、互角の戦い、の意もある。

教718 45ページ　教719 265ページ

❸被二十余創一（こうむルじゅうよそうヲ）　十余りの傷を負った。「創」は、傷・切り傷、の意。
❹顧（かえりミルニ）　振り返ると。
❺＊非二～一乎（あらズ～ニや）。　～ではないか。疑問の意を表す。

4　「面」したときの呂馬童の気持ちは、どのようなものか。

学習の手引き

一　「四面皆楚歌」（718 四三・3 719 二六三・3）を聞いた項王が「驚」いた理由を説明してみよう。

考え方　項王軍を取り囲んでいる漢軍から項王の故郷である楚の歌が聞こえてくるということは何を意味するかを考えてみよう。

解答例　自分の故郷である楚の人々だけは最後まで味方してくれると信じていたのに、多くが漢軍に降伏してしまっていて、信頼を裏切られたと思ったから。

二　烏江での亭長とのやりとりから、項王のどのような心境がうかがえるか、説明してみよう。

考え方　亭長の親切な言葉を聞いた項王の気持ちを考えてみよう。

解答例　・天が我を滅ぼそうとしているのだという、諦めの気持ち。
・江東の若者八千人を死なせておきながら自分一人だけ生きて帰るなど、江東の親兄弟に顔向けできないという自らを恥じる気持ち。

三　項王の人間性が最もよく表現されている部分を取り上げて「鴻門之会」における項王像と比較し、その違いは何によるものなのか、説明してみよう。

答　昔なじみの項王を討とうとしていることを恥に思う気持ちと、それでも討たなければならないことをつらく思う気持ち。

❻指二王翳一（しめシテおうえいニ）　王翳に（項王を）さし示して。
❼千金（せんきん）　大金。
❾自刎（じふんシテ）　自ら首をはねて。「刎」は、首を切る・自分で自分の首を切る、の意。中国の武将の自害の方法である。

解答例　〈人間性が表現されている部分〉
・最後の酒宴の場面で、「虞よ虞よおまえをどうしようか」と、愛する虞美人に何もしてやれないことをくやしがっている。
・烏江の亭長の親切な申し出を受けても、「天が私を滅ぼそうとしているのだ。」として辞退する。また、「江東の親兄弟が私を王にしてくれたとしても、どうして顔を合わせることができようか。」と、江東の若者をたくさん死なせたことに対して強い責任を感じている。
・「この馬を殺すのは堪えがたい。」と言って、愛馬騅を亭長に与えている。
・最期の場面で、昔なじみの呂馬童に対してうらみ言一つも言わず、「おまえのために恩恵を施してやろう。」と言って、自分の首を与えるために自刎する。

〈「鴻門之会」における項王像との対比〉
「鴻門之会」では、短気な激情家で、決断力に欠ける人物として、欠点が多く描かれている。一方、「四面楚歌」では、武勇に優れた武将であると同時に、天命を悟り、こまやかな愛情や優しさを持ち、義理に厚く人情にもろい人物として、長所を中心に描かれている。
　この描かれ方の違いは、項羽の揺れ動きの激しい性格によるものと考えられる。項羽の自負心が強く情にもろい人柄が、長所短所いずれの方面にも大きく発現したのである。

句形

◇**書き下し文に直し、太字に注意して、句形のはたらきを書こう。**

1 **何**楚人之多**也**
（　　）（　　）

2 **奈**若**何**
（　　）（　　）

3 **縦**江東父兄憐而王我
（　　）（　　）

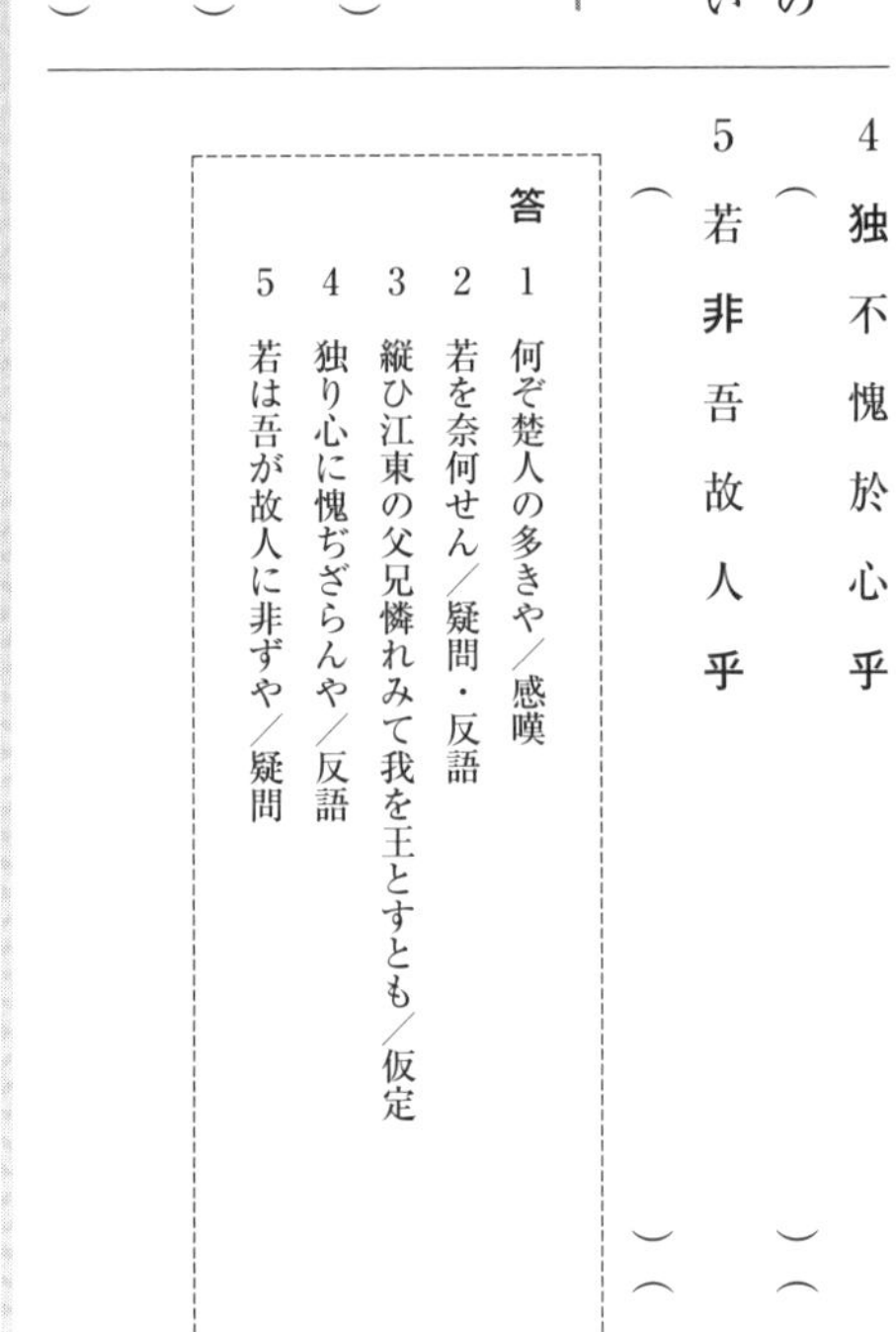

4 **独**不愧於心**乎**
（　　）（　　）

5 若**非**吾故人**乎**
（　　）（　　）

答
1 何ぞ楚人の多きや／感嘆
2 若を奈何せん／疑問・反語
3 縦ひ江東の父兄憐れみて我を王とすとも／仮定
4 独り心に愧ぢざらんや／反語
5 若は吾が故人に非ずや／疑問

言語活動　劉邦の人物像

教718 P.46　教719 P.266

活動の手引き

一 **「高祖本紀」を読んで、そこから読み取れる劉邦の性格についてまとめてみよう。**

考え方 「ウェブ資料」の「高祖本紀」①に、「劉邦の人となり」として「思いやりが深くて人をいつくしみ、施しを好み、心が広く細かいことにこだわらなかった。常に度量が大きかった」とある。また、②には、「儒者」が「沛公」（＝劉邦）に面会したとき、無礼な態度を改めるよう進言したところ、劉邦は即座に改めて謝ったとある。さらに、③からは、覇上（＝秦の都の咸陽に近い所）に軍を進めた際、降伏している秦王を殺さなかったことや、臣下に諫められて、秦の宝物・財物の入った倉庫を盗まれないよう封印したこと、秦の苛酷な法に苦しめられていた人々に対し、人を殺した者や傷つけた者、盗みをした者を罰するという法だけを決めて、安心して生活するように言い、喜んだ人々が差し出した酒食も受け取らなかったことがわかる。これらのことから、劉邦の性格をまとめてみよう。

解答例 思いやりが深く、敵にも寛大に対処し、人々が豊かに暮らせることを願って厳しい政策はとらない。心が広く細かいことにこだわらず、目下の者からの助言も素直に聞き入れる柔軟性がある。

漢詩の鑑賞

● 漢詩(近体詩)の形式と技法

漢詩には、大きく分けて古体詩(→ガイド155ページ)と近体詩がある。文学が栄えた唐代(六一八—九〇七)には、句数や韻律など、近体詩の形式面の約束事が完成され、多くの詩人が誕生した。近体詩には、以下の代表的な形式がある。

絶句…四句からなる詩。一句が五字の五言絶句と、一句が七字の七言絶句がある。五言絶句は第二句(承句)と第四句(結句)の末尾に、七言絶句は第一句(起句)・第二句(承句)・第四句(結句)の末尾に押韻するのが原則。

律詩…八句からなる詩。一句が五字の五言律詩と、一句が七字の七言律詩がある。第一・二句を首聯、第三・四句を頷聯、第五・六句を頸聯、第七・八句を尾聯といい、第三句と第四句、第五句と第六句には対句を用いる。また、五言律詩は偶数句末に、七言律詩は第一句と偶数句末に押韻するのが原則。

・**起承転結**…漢詩の代表的な構成法。絶句は、第一句を起句、第二句を承句、第三句を転句、第四句を結句とする。律詩は、聯(二句一組)で起承転結の構成をとる。

・**押韻**…きまった位置に同じ韻の語を用いて、響きやリズムを美しくする表現技法。

・**対句**…文法的構造が同じで、文字や言葉の意味・性質が対照的になっている二つの句を並べる表現技法。

○唐代の代表的な詩人

・**李白**…盛唐の詩人。豪放、自由奔放な作風で、「詩仙」と呼ばれる。

・**杜甫**…盛唐の詩人。緻密な作風で、「詩聖」と呼ばれる。

・**王維**…盛唐の詩人。山水画にも優れ、「詩仏」と呼ばれる。

・**白居易**…中唐の詩人。平易明快な作風。

絶句　独坐敬亭山　李白(李太白集)

教718 P.48　教719 P.268

● 主題　教718 48ページ2〜4行　教719 268ページ2〜4行

どっしりとした敬亭山と心静かに向き合い、自然と一体となる作者の姿。

● 五言絶句　韻 閑・山

【書き下し文】

○独り敬亭山に坐す

【現代語訳】

○独り敬亭山に座る

❶多くの鳥が高く飛び立って、一羽もいなくなり

❶衆鳥高く飛びて尽き
❷孤雲独り去つて閑かなり
❸相看て両に厭はざるは
❹只だ敬亭山有るのみ

❷(空に浮かんでいた)離れ雲も流れ去って、静けさが残った。
❸お互いに見つめ合って双方が見飽きることのないものは
❹ただ一つ、敬亭山があるだけだ。

語句の解説

教718 48ページ　教719 268ページ

❶**衆鳥**　多くの鳥。「衆」は、数が多いことを表す。

❷**孤雲**　離れ雲。
起句と承句は対句で、「衆鳥」と「孤雲」が対比されている。

❸**相看**　お互いに見つめ合って。「相」は、互いに・ともに、の意。「看」は、見る・注意して見る、の意。作者と敬亭山がお互いに見つめ合っているのである。

❸**両不レ厭**　双方が見飽きることのないものは。「厭」は、飽きる・いやがる、の意。「両」は、ここでは、作者も敬亭山も双方が、ということ。

❹**只有二敬亭山一**　ただ敬亭山があるだけだ。
＊只〜。＝ただ〜だけだ。限定の意を表す。

絶句　秋風引

劉禹錫〔劉夢得文集〕

教718 P.48　教719 P.268

●**主題**　**教718 48ページ5〜7行　教719 268ページ5〜7行**

一人故郷を離れ、寂しい秋の訪れを身にしみて敏感に感じ取る作者の孤独な姿。

●五言絶句　韻　群・聞

【書き下し文】

○秋風の引
❶何れの処より秋風至る
❷蕭蕭として雁群を送る
❸朝来庭樹に入りて

【現代語訳】

○秋風の歌曲
❶秋の風はどこから吹いてくるのだろうか。
❷サーサーと音を立てて雁の群れを送ってくる。
❸朝、(風は)庭の樹木の中に入ってきて
❹ひとりぼっちの旅人(の私)は、(その風の音を)誰よりも先に聞いた。

④孤客最も先に聞く
…

語句の解説

教718 48ページ 教719 268ページ

○引 「楽府」という歌曲の一種。

①何処 秋風至 秋の風はどこから吹いてくるのだろうか。

＊何処～。＝どこから～か。疑問の意を表す。「何所～。」も同じ意味。

②雁群 雁の群れ。

③入庭樹 庭の樹木の中に入ってきて。主語は「秋風」。

④孤客 ひとりぼっちの旅人。

「客」は、旅人・故郷を離れて住む人、の意。作者自身をさす。

この詩は、作者が左遷されて、一人地方官として赴任していたときのものといわれている。

絶句 九月九日憶山東兄弟 王維〔王右丞集〕

教718 P.49 教719 P.269

●主題 教718 49ページ1～4行 教719 269ページ1～4行

重陽の節句に一人遠い地でかみしめる弟たちへの愛。

●七言絶句

韻 親・人（原則は起句も押韻するが、ここはしていない。）

【書き下し文】

○九月九日 山東の兄弟を憶ふ

①独り異郷に在りて異客と為る

②佳節に逢ふ毎に倍親を思ふ

③遥かに知る 兄弟 高きに登る処

④遍く茱萸を挿して一人を少くを

【現代語訳】

○九月九日（重陽の節句）に山東の兄弟を思う

①（私は）独り異郷の地にいて旅人となっている。

②節句を迎えるごとにますます親兄弟のことが思われる。

③遥かに思う、兄弟たちが山に登るとき、

④みなそろって（髪に）茱萸を挿しているが、（私）一人が欠けている様子を。

語句の解説

教718 49ページ 教719 269ページ

①異郷 よその土地。ここでは、故郷山東を遠く離れた都長安のことをさす。

①異客 旅人。異郷にいる人。作者自身をさす。

❷佳節　節句。めでたい日。

❷倍思親　ますます親兄弟のことが思われる。「倍」は、ふだんの日に増してますます、ということ。ここでの「親」は、親だけでなく、肉親、身内、親兄弟をさす。

❸遥知　「知」は、結句の「……少一人」までかかっている。

❸登高処　山に登るとき。重陽の節句の行事で山に登るのである。「処」は、ここでは、～するとき・折、の意。

❹遍　全員で。みなで。「遍」は、すべて・全部、の意。第一句の「独」と呼応している。

❹挿茱萸　（髪に）茱萸（＝かわはじかみ）を挿して。

❹少一人　一人だけがいない。一人が欠けている。「少」は、ここでは、あるべきものが不足する、という意味。

1　**「一人」とは、誰をさすか。**

答　一人長安にいる作者（王維）。

絶句　磧中作　岑参〔岑嘉州詩〕

教718 P.49　教719 P.269

●**主題**　教718 49ページ5～8行　教719 269ページ5～8行

辺境の広大な砂漠で感じる、言い知れぬ寂しさと不安。

●七言絶句　韻　天・円・煙

【書き下し文】

○磧中の作

❶馬を走らせて　西来　天に到らんと欲す

❷家を辞してより月の両回円なるを見る

❸今夜は知らず　何れの処にか宿せん

❹平沙万里　人煙絶ゆ

【現代語訳】

○砂漠の中で作る

❶馬を西に走らせて天に到達しそうになる。

❷家を出てから月が二回満月になるのを見た。

❸今夜はどこに泊まるかわからない。

❹一万里にわたる平坦な広い砂原には、人家から立ち上る煙はまったく見えない。

語句の解説

教718 49ページ　教719 269ページ

❶西来　西へ進むこと。岑参は、幕僚として実績を積むため、都長安の西方、安西に赴任した。「磧中作」は、このときよまれた詩の一つ。なお、このような辺境地帯の風土や自然をうたった詩の

ことを「辺塞詩（へんさいし）」という。

❶**欲レ到レ天**（ほっスいたラントてんニ）　天に到達しそうになる。天に届きそうに感じるほど、果てしなく砂漠が広がっているのである。「欲」には、①〜したい、②〜しそうになる、の意があるが、ここでは②の意。

❷**辞レ家**（じシテヨリいえヲ）　家を出てから。

❷**見二月　両回円一**（みルつきノりょうかいまどかナルヲ）　月が二回満月になるのを見た。二か月がたっていることを示す。「円」は、丸い形である様子をいう。起句（❶）は砂漠の空間の広がり、承句（❷）は砂漠の時間の広がりを表している。

❸**何　処　宿**（いずレノところニカしゅくセン）　どこに泊まるか。
＊何　処（いずレノところニカ）〜。＝どこに〜か。疑問の意を表す。

❹**万里**（ばんり）　一万里。きわめて広大である様子をたとえて言っている。なお、現在の中国での一里は、約五百メートル。

❹**絶二人煙一**（たユじんえん）　人家から立ち上る煙はまったく見えない。「絶」は、まったくない、の意。「人煙」は、炊事の煙などの、人家から立ち上る煙のこと。

学習の手引き

一　「独坐敬亭山」詩の転句の意味するところを説明してみよう。

考え方　起句・承句（第一句・第二句）と、転句・結句（第三句・第四句）との対比から考えよう。

解答例　時とともにうつろうものの中に、ただ一つ敬亭山のみが変わらないことを転句で提示し、作者と自然との対話をきわだたせている。

二　「秋風引」詩の「孤客」は、なぜ「秋風至」を「最先聞」のか、説明してみよう。

考え方　「孤客」の意味を押さえ、心情を想像しよう。

解答例　「孤客」は、たった一人遠い地にいて孤独をかみしめ、小さな変化にも敏感になっているために、周囲に悲しさや寂しさをもたらす秋の訪れもいちはやく感じ取るから。

三　「九月九日……」詩に描かれた山東の兄弟たちの様子を説明してみよう。

考え方　転句（第三句）、結句（第四句）から、情景や兄弟の心情を思い浮かべよう。

解答例　重陽の節句の行事で、兄弟たちは髪に茱萸を挿して山に登りほがらかに笑い合っていたが、ふと長兄の王維がいないことをあらためて思い、兄は遠い都の地でどうしているだろう、としばらくの間、遊ぶのをやめて、兄のことを思っている。

四　「磧中作」詩によまれている自然の特徴を説明してみよう。

考え方　題の「磧中（＝砂漠の中）」、起句・承句の「欲レ到レ天二」「見二月両回円一」や、結句の「平沙万里絶二人煙一」などから、広大な砂漠を想像しよう。

解答例　どこまでも果てしなく広がる砂漠が、月の光に照らされ白く光っている。人の気配はまったくなく、いつ終わるとも知れない砂漠は、この世とは思えないほどである。

句形

◇書き下し文に直し、太字に注意して、句形のはたらきを書こう。

1 **只**有敬亭山
（　　　　）（　　　　）

2 **何処**秋風至
（　　　　）（　　　　）

3 今夜不知**何処**宿
（　　　　）（　　　　）

答
1 只だ敬亭山有るのみ／限定
2 何れの処より秋風至る／疑問
3 今夜は知らず何れの処にか宿せん／疑問

律詩　除夜寄弟妹　白居易〔白氏文集〕

教718 P.50　教719 P.270

●主題　教718 50ページ2〜6行　教719 270ページ2〜6行

旅先で迎えた大みそかの夜、故郷に住む弟や妹に寄せる作者の思い。

●五言律詩　韻　生・情・正・成

【書き下し文】

○除夜　弟妹に寄す
❶時に感じて弟妹を思へば
❷寐ねられずして百憂生ず
❸万里　経年の別れ
❹孤灯　此の夜の情
❺病容　旧日に非ず
❻帰思　新正に逼る
❼早晩　重ねて歓会せん

【現代語訳】

○大みそかの夜に弟と妹に送る
❶大みそかの夜にしみじみと故郷の弟妹のことを思うと、
❷寝つかれず多くの心配事が湧いてくる。
❸はるかに遠い地での数年の別れ、
❹ぽつんとわびしい灯火を前にしての今宵の哀れ。
❺病気でやつれた（私の）容貌は昔日の面影はなく、
❻故郷に帰りたい思いが新しい年のはじめに迫る。
❼いつの日か再び楽しくうちとけて集まろう。
❽（私は）旅にあって故郷を遠く離れているが、（おまえたちは）それぞれ大人になっているだろう（なっていてほしい）。

❽羈離(きり)　各長成す(おのおのちょうせい)

…

語句の解説

教718 50ページ　教719 270ページ

1 「時」とは、いつをさすか。

答 時節のことであり、ここでは大みそかの夜をさす。

❷**不レ寐**(ずシテいネラレ)　寝つかれず。「寐」は、眠る・寝る、の意。
❸**万里**(ばんり)　一万里。非常に遠いことや長い距離をたとえた表現。
❹**孤灯**(ことう)　ぽつんとわびしい灯火。「孤」は、一つ・単独、という意。
❺**病容非ニ旧日一**(びょうようあらズきゅうじつニ)　病気でやつれた（私の）容貌は昔日の面影はなく、「旧日」は、昔日・過ぎ去った日、の意。「非ニ～一」は、～ではない、という否定の意を表す。この「非」は、主語と、述語である名詞の関係を否定している。
❻**逼**(せまル)　迫る。
❼**重**(かさネテ)　再び。あらためて。
❼**歓会**(かんかいセン)　楽しくうちとけて集まろう。「歓」には、楽しんで喜ぶ・うちとける、という意味がある。
❽**各**(おのおの)　それぞれ。
❽**長成**(ちょうせいス)　大人になる。成人する。

律詩　江村

杜甫(とほ)〔杜工部集〕

教718 P.50～P.51　教719 P.270～P.271

●**主題**　教718 50ページ7行～51ページ6行　教719 270ページ7行～271ページ6行

世俗的な価値観を脱却し、在るがままに自足し、穏やかな農村暮らしをよしとする作者の思い。

●七言律詩　韻　流・幽・鷗・鉤・求

【書き下し文】

○江村(こうそん)
❶清江(せいこう)　一曲(いっきょく)　村(むら)を抱(いだ)きて流(なが)る
❷長夏(ちょうか)　江村(こうそん)　事事(じじ)幽(しず)かなり
❸自(おの)づから去(さ)り自(おの)づから来(き)たる堂上(どうじょう)の燕(つばめ)
❹相親(あいした)しみ相近(あいちか)づく　水中(すいちゅう)の鷗(かもめ)

【現代語訳】

○浣花渓(かんかけい)のほとりの村
❶澄んだ川の流れが（弓形のように）ひと曲がりして、村を抱きかかえるように（湾曲して）流れている。
❷日の長い夏に、川沿いの村はすべてが奥深くもの静かである。
❸（まわりにかかわりなく）自在に行ったり来たりする、屋敷の中の燕。
❹（すっかり私に）慣れ親しんで近づいてくる、川の上を泳ぐ鷗。

❺老妻は紙に画きて碁局を為り
❻稚子は針を敲きて釣鉤を作る
❼多病　須つ所は惟だ薬物のみ
❽微軀　此の外に更に何をか求めん

語句の解説

教718 50ページ　教719 270ページ

❶**清江**　澄んだ川の流れ。「江」には、①長江(揚子江)、②大きな河川、の意味があるが、ここは②で、浣花渓をさしている。

❶**抱レ村流**　村を抱きかかえるように(湾曲して)流れている。

❷**幽**　奥深くもの静かである。

2　**「幽」かな状態は、どこにどのように表れているか。**

答　燕の自在に飛び交うところや鷗の親しげに近づくところ、妻が紙に碁盤を描くところや子が針をたたいて釣り針を作るところといった日常の中に平和で穏やかなものとして表れている。

❸**自**　自在に。

❸**堂上**　屋敷の中。「堂」は、高い建物の前方の大広間・表座敷、をさす。

教718 51ページ　教719 271ページ

❹**相親**　(私に)慣れ親しんで。「相」は、鷗が相手(私＝杜甫)に対して、ということを表す。

❺老いた妻は紙に(線を)描いて碁盤を作り、
❻幼いわが子は縫い針をたたいて曲げて釣り針を作っている。
❼病気がちな私に必要なものはただ薬だけだ。
❽つまらない自分には、このほかに何を求める必要があろうか、いや、何も求める必要はない。

❹**水中**　川の上。川の水面下ではない。

❺**画レ紙**　紙に描いて。「画」は、絵や図を描く、という意。

❻**稚子**　幼子。幼児。ここでは、杜甫の子をさしている。

❼**所レ須**　必要なものは。「須」は、必要とする、の意。「所」はここでは、もの、の意。「所」には、動詞(句)の前に置き、体言化するはたらきがある。ここでは、動詞の対象を表している。

❼**惟薬物**　ただ薬だけだ。「薬物」は、漢方薬、の意。杜甫は成都では薬草を栽培し服用していた。

＊惟～。＝ただ～だけだ。限定の意を表す。

3　**「此」は、何をさすか。**

答　病気がちな作者のための漢方薬。また、それと浣花渓のほとりの村での、穏やかな日々の暮らし。

❽**何求**　何を求める必要があろうか、いや、何も求める必要はない。

＊何～。＝何を～か、いや、何も～ない。文末の「ン」は、文頭の疑問詞とともに用いて、反語を表す文を形成する。

学習の手引き

一　「除夜寄弟妹」詩の各聯に表れた心情をまとめ、作者の心がどのように動いているか、説明してみよう。

考え方　各聯に表れた作者の心情を確認する。

解答例　・首聯…大みそかの夜に、故郷の弟や妹のことを心配する。

・頷聯…遠く離れ長い間の別れによって、孤独感に陥り悲哀を味わう。

・頸聯…病気によって、また新年を迎えるにあたって、はやく帰郷したい思いを激しく感じる。

・尾聯…弟や妹に再会する楽しみと、立派に成長した姿を思い描く。

二　「江村」詩の「微軀此外更何求」には、作者のどのような気持ちがこめられているか、説明してみよう。

考え方　詩の題「江村」を中心に、詩全体から心情を把握しよう。

解答例　穏やかで自足的な農村の暮らしを描写することによって、名声・地位・財産などの世俗的な価値観を脱却し、自己を保全しようとする気持ちがこめられている。

句形

◇書き下し文に直し、太字に注意して、句形のはたらきを書こう。

1　多病所須**惟**薬物

（　　　　）（　　）

2　微軀此外更**何**求

（　　　　）（　　）

答

1　多病須つ所は惟だ薬物のみ／限定

2　微軀此の外に更に何をか求めん／反語

言語活動　漢詩の字句や構成を考える

教718 P.52～P.53　教719 P.272～P.273

活動の手引き

一　「一片□心在玉壺」と「人生識□憂患始」の□に入れる漢字一字を考え、その字を選んだ理由も併せて、それぞれ発表し合おう。

考え方　「一片□心在玉壺」は、何が壺に入っていると表現すると、取り残された気持ちを伝えられるか考えよう。この詩は王昌齢の「芙蓉楼にて辛漸を送る」という詩の結句である。前の三句は、

寒雨連江夜入呉　冷たい雨が長江に降り、夜に呉に着く
平明送客楚山孤　明け方旅立つ友を送ると楚の山がぽつんと見える
洛陽親友如相問　洛陽の親友がもし(私のことを)尋ねたら

とあり、これに続けて「一つの□のような心が白玉の壺の中にあるようだ(と答えてほしい)」となる。王昌齢は「一片冰心在玉壺」と「冰(=氷)」を入れ、「清らかな澄み切った心」と表現しながら寂しさも感じさせている。左遷されても清らかでいることを表すために「氷」となっているが、自分なりの寂しさを表現する言葉を探してみよう。

「人生識□憂患始」は、何を知ると憂いや患いが始まるのかを考える。これは蘇軾(蘇東坡)の「石蒼舒醉墨堂」という詩の冒頭である。草書家の石蒼舒へ送った詩で、石蒼舒は醉墨堂と名付けた書斎を建てていた。全二十四句。五句までは次の通り。

人生識字憂患始　人生、字を知ることは憂患の始めだ
姓名麤記可以休　姓名が書ければそれでいい
何用草書誇神速　草書が速く書けても自慢にならない
開巻惝怳令人愁　巻を開いても何が書いてあるかわからず人を愁えさす
我嘗好之毎自笑　自分も書を好むので自分でも笑う

草書家への詩だからか「字」が入っているが、何を知ると憂いや患いが始まるのか、自分なりに考えてみよう。

活動の手引き

一　A～Dの句を、「起承転結」の構成となるように並び替え、その理由を、詩の内容をもとに説明してみよう。

考え方　杜牧の「山行」という詩である。

解答例　C→A→D→B　理由…初めに秋の山にいることを示し、山頂の人家を見たあと、車を停めて林を見て、葉の赤さに感動したことを詠む。紅葉への感動が詩の中心と考えたので、結句にした。

二　「夜雪」詩の結句を考え、そのような内容にした理由も併せて発表し合おう。

考え方　雪が重いというのは、雪がたくさん降ったことをさしている。外が明るいので雪が降ったのはわかるが、雪がたくさん降ったことは何を知ればわかるか考える。これは白居易の作で、もとの詩では竹が折れた音を聞いたという結句となっている。漢文の文法は深く考えず、自分の想像する情景を伝えられる内容を考えよう。

不出門（もんをいでず）

菅原道真〔菅家後集〕

教718 P.54　教719 P.274

●主題　教718 54ページ1～6行　教719 274ページ1～6行

左遷されて流されて以来、身の置き所もなく謹慎する作者の悲痛な思い。

●七言律詩　韻　荊・情・声・迎・行

【書き下し文】

○門を出でず

❶一たび謫落せられて柴荊に在りてより
❷万死兢兢たり　跼蹐の情
❸都府楼は纔かに瓦の色を看
❹観音寺は只だ鐘の声をのみ聴く
❺中懐は好し逐はん　孤雲の去るを
❻外物は相逢はん　満月の迎ふるに
❼此の地　身の撿繫せらるること無しと雖も
❽何為れぞ寸歩も門を出でて行かんや

【現代語訳】

○門を出ない

❶(私は)一度官職を落として流されて粗末な住居に住んで以来、
❷万死に値する重い罪に恐れおののき、身をかがめ、ぬき足さし足で歩むような気持ちだ。
❸都督府の大門の高楼はやっと瓦の色を見ることができるが、
❹観世音寺はただ鐘の音を聴くだけである。
❺胸中の思いは、さあ、離れ雲が流れ去るような静かな境地を求めよう、
❻外側の世界に対しては、満月のように円満な心で接しよう。
❼この土地では手を縛られてつながれることはないけれども、
❽(謹慎の身であれば、)どうしてきわめて近い距離でも門を出て行くことができようか、いや、行くことはできない。

語句の解説

教718 54ページ　教719 274ページ

❶従　～から。名詞などの前に置かれ、続く語が起点であることを示すはたらきをする語。
❷万死　何度も死ぬほどの重い罪、の意。
❸纔　わずかに。やっと。
❹只聴鐘声　ただ鐘の音を聴くだけである。「只～」は、ただ～だけだ、の意で、限定を表す。
❺逐孤雲去　離れ雲が流れ去るのを追って行く。静かな境地を求める気持ちを表現している。「孤雲」は、離れ雲のこと。
❻相逢満月迎　満月のように円満な心で接しよう。不満の気

持ちを表さないようにしているということ。

❼**雖** ～けれども。逆接の確定条件を表す。

❽**何為寸歩出門行** どうしてきわめて近い距離でも門を出て行くことができようか、いや、行くことはできない。

＊何為～。＝どうして～か、いや、～ない。反語の意を表す。

冬夜読書 菅茶山〔黄葉夕陽邨舎詩〕

教718 P.54～P.55 教719 P.274～P.275

●**主題** 教718 54ページ7行～55ページ2行 教719 274ページ7行～275ページ2行

心静かに読書をして、古人を友とする喜び。

●七言絶句 韻 深・沈・心

【書き下し文】

○冬夜の読書

❶雪は山堂を擁して樹影深く

❷檐鈴動かず　夜沈沈

❸閑かに乱帙を収めて疑義を思ふ

❹一穂の青灯　万古の心

【現代語訳】

○冬夜の読書

❶雪は山の草庵を取り囲み、樹木の影は深く、

❷軒につるした風鈴は動かず、夜はしんしんとふけていく。

❸帙から出して散らかした書物を静かに片付けながら、意味のよくわからない箇所を考えている。

❹一穂の青いともしびが、遠い昔の人の心を照らし出す。

語句の解説

教718 54ページ 教719 274ページ

❶**擁** 抱きかかえて。うずめて。ここでは、雪が山の小さな草庵を取り囲むように積もっている様子を表している。

❷**沈沈** 夜のふける様子を表す言葉。

1 第一・二句は、どのような情景を表しているか。

答

・第一句…冬の夜、山中にある小さな草庵をうずめるように降り積もった雪と、周囲に黒々と茂る樹木。モノトーンの静かな風景を描いている。

・第二句…風がないので軒につるされたままの風鈴も動かず、冬の夜がただしんしんとふけていく。静かな冬の夜の情景が描かれている。

教718 55ページ 教719 275ページ

❸閑　静かに。ここでは、「静」と同じ意。

❹一穂青灯　穂のような形をした、ともしびの青いほのお。「一穂」は、一本の穂のような形をしたものの形容。

❹万古心　遠い昔の人の心。「万古」は、大昔、の意。ここでは、遠い昔の聖賢、すなわち作者が読んでいる書物の著者の心のことをさす。

送夏目漱石之伊予

正岡子規〔漢詩稿〕

教718 P.55　教719 P.275

●主　題　教718 55ページ3〜7行　教719 275ページ3〜7行

遠方に旅立つ友への惜別と激励。

●五言律詩　韻　寒・瀾・難・残

【書き下し文】

○夏目漱石の伊予に之くを送る

❶去けよ　三千里

❷君を送れば暮寒生ず

❸空中に大岳懸かり

❹海末に長瀾起こる

❺僻地　交遊少に

❻狡児　教化難からん

❼清明　再会を期す

❽後るる莫かれ　晩花の残なはるるに

【現代語訳】

○夏目漱石が伊予に行くのを見送る

❶行きなさい、三千里のかなたへ。

❷君を送ると寂しくなり、夕暮れの寒さが身にしみる。

❸大空には壮大な富士山が懸かり、

❹海の果てには大波がわき起こるだろう。

❺（伊予のような）僻地には、心おきなく遊べる友人もほとんどいないし、

❻（学校の）いたずらっ子は、教えるのが難しかろう。

❼清明節のころの春休みにはまた会おう。

❽どうか遅れないように帰って来てほしい、遅咲きの桜が散ってしまうといけないから。

語句の解説

教718 55ページ　教719 275ページ

❶去矣　行きなさい。この「矣」は、命令の意を表す置き字。

2　「生暮寒」には、どのような気持ちがこめられているか。

答

友人を送る寂しい気持ち。それが夕暮れの寒さとともに身にしみて、いっそうたえがたいのである。

❸**空中懸二大岳一** 大空には壮大な富士山が懸かり。「大岳」は、ここでは、富士山のこと。東京から伊予への旅の途中の風景。

❹**海末起二長瀾一** 海の果てには大波がわき起こるだろう。「長瀾」は、大波。これも旅の途中の風景。

学習の手引き

一 「不出門」詩の、左遷された作者の心情について、説明してみよう。

考え方 住居の門も出ずに、ひたすら謹慎している作者の気持ちを考えてみる。作者は藤原氏の讒言によって流されたのであって、実際には罪はないのだが、かぶせられた罪の重さにおののいている。

解答例 ・罪の重さに恐れおののき、ひっそりと生きている。

・外出もしないほど、ひたすらに謹慎の意を深く表そうとしている。

二 「冬夜読書」詩の、結句に表れた心情について、説明してみよう。

考え方 「一穂の青灯」が照らし出す「万古の心」とは、遠い昔の人の心だが、それは永遠に変わらない心である。

解答例 静かな冬の夜、読書をして、今も変わらず、永遠に変わることがないであろう「万古の心」にふれ、いにしえの文人たちと対話できる深い満足感が表されている。

三 「送夏目漱石之伊予」詩から、漱石を送る作者の思いが表れた表現を指摘し、そこから読み取れる心情を説明してみよう。

❺**交遊** ここでは、交際する友人、の意。

❻**教化** 教えて感化する、の意。

❼**期二再会一** 再び会うことを約束する。「期」は、約束する、の意。

❽**莫レ後** 遅れるな。

＊莫二～一。＝～するな。禁止の意を表す。

❽**晩花** 遅く咲く花。ここでは特に、桜の花をさす。

・第一句「去矣」…強い励まし。

・第二句「生二暮寒一」…別れの寂しさ。

・第三句「大岳」・第四句「長瀾」…長旅へのあこがれ。

・第五句「僻地」・第六句「狡児」…多難への思いやり。

・第七句「期二再会一」…再会への期待。

・第八句「莫レ後」…再会への願い。

句形

◇書き下し文に直し、太字に注意して、句形のはたらきを書こう。

1 **何為**寸歩出門行 （　　　　）（　　　　）

2 **莫**後晩花残 （　　　　）（　　　　）

答
1 何為れぞ寸歩も門を出でて行かんや／反語
2 後るる莫かれ晩花の残なはるるに／禁止

言語活動　菅原道真と白居易

教718 P.56　教719 P.276

活動の手引き

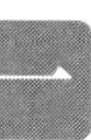
菅原道真の「不出門」詩と白居易の「香炉峰下……」詩とを比較して、次のことを説明してみよう。

1　左遷地での生活の様子は、それぞれどのように描写されているか。

2　同じ左遷された身ではあるが、詩に表現された両者の心境はどのように異なるか。

考え方　1　「ウェブ資料」に白居易の「香炉峰下に新たに山居をトし草堂初めて成り偶東壁に題す」詩が全文ある。これと、教科書の「不出門」を読んで左遷地での生活の様子をそれぞれまとめる。

2　教科書の「不出門」と「ウェブ資料」の「香炉峰下……」を読み比べ、それぞれどのような心境を表現しているか、対比しながら読み取る。「不出門」は特に二句目「万死兢兢たり跼蹐の情」、八句目「何為れぞ寸歩も門を出でて行かんや」から道真の心境が感じ取れる。自分がかぶせられてしまった万死に値する罪に恐れおののき、身をかがめてぬき足さし足で歩むような堂々と歩けない気持ちと、門を出ることを自ら禁じるくらい暗い心持ちで生活していることがうかがえる。「香炉峰下……」では、六句目「司馬は仍ほ老いを送るの官為り」、七句目「心泰く身寧きは是れ帰する処」から白居易の心情が感じられる。家こそ粗末で、都である長安から離れた寂しい場所に住んでいるが、寒くもなく、寺の鐘を聞き、雪を見ることに楽しみを見いだしている。老後にふさわしい司馬という仕事で、都にいるよりも心身ともに安らかでいられる本来の帰るべき場所に来たと今の境遇を喜び、その地で楽しむ気持ちが読み取れる。本当の気持ちがどうだったのかはわからないが、それぞれの詩からは、道真は罪の重さにおののき身をつつしもうという心情、白居易は暮らしをのんびり楽しむ心情が読み取れる。

解答例　1　「不出門」…罪を科された身なので、粗末な住居に住み、外に対しては円満な心で接することを心がけつつ、家の門の外には出ず、都督府の大門の高楼は瓦の色を見るだけで登らず、観世音寺は鐘の音を聴くだけで参ることもしないという様子が述べられ、ひっそりと寂しい暮らしを感じさせるように描写されている。

「香炉峰下……」…粗末な家だが、よく眠れ、寒さも感じない。遺愛寺の鐘が寝たまま聞け、香炉峰の雪も眺められる。世俗から離れ、老後を過ごすのにふさわしい仕事を得て、心安らかにいられる本来の帰るべき場所にいると、老後の穏やかさを描写している。

2　菅原道真は左遷されたことをつらく思い、罪の重さから生活を楽しむことはできないという心境を表現しているが、白居易は左遷されたことを好機と捉え、左遷地で楽しもうとする心境が表現されている。

不思議な世界

志怪小説と伝奇小説

古代中国の小説には、後漢末期から六朝時代に短編の説話集として多く編まれた、「志怪小説」というものがある。民間伝説、幽霊や神仙、夢や死後の世界、動植物の超自然現象などの内容からなる。「織女」「売レ鬼ヲ」「蟻王」の出典『捜神記』は東晋の干宝作、「買粉児」の出典『幽明録』は宋の劉義慶作で、志怪小説の代表的作品である。唐代には、「伝奇小説」というものが登場する。意識的に創作された作品で、世の中の怪異、男女の恋、豪傑の活躍などの内容からなる。以降も志怪小説、伝奇小説は作られ続け、「酒虫」の出典『聊斎志異』は、清の蒲松齢作で、志怪小説風の短編と、伝奇小説風のやや長めの話とが収録されている。

これらの作品を通して、古代中国人の発想のおもしろさを味わうとともに、日本文化に与えた影響を考えることや、日本の昔話や伝説と読み比べて、その違いを考えることができるだろう。

織女〔捜神記〕

教718 P.58～P.59　教719 P.278～P.279

【大　意】　1　教718 58ページ1～3行　教719 278ページ1～3行

漢の董永は幼いころに母を亡くし、父と畑仕事をしていたが、やがて父も亡くなった。自分を奴隷として売った金で父の葬式をした。董永を買った主人は、彼の行為を知り一万貫の銭を与えて家に帰してくれた。

【書き下し文】

❶漢の董永は、千乗の人なり。❷少くして偏孤、父と居り、力を田畝に肆くし、鹿車もて載せて自ら随ふ。❸父亡するも以つて葬る無し。❹乃ち自ら売りて奴と為り、以つて喪事に供す。❺主人其の賢なるを知り、銭一万を与へて、之を遣る。

【現代語訳】

❶漢の董永は、千乗の人である。❷子供の頃に母を亡くし、父と(町に)住んで、畑仕事に精を出し、小さな手押し車に(父を)乗せて自分はつき従う。❸(そのうちに)父も亡くなったが葬式をすることができない。❹そこで自分(の身)を売って奴隷となり、(その金を)葬式(の費用)に当てた。❺(董永を買った)主人はそれ(＝董永)が徳行の優れた者であることを知り、一万貫の銭を与えて、これ(＝董永)を家に帰した。

語句の解説 1

教718 58ページ　教719 278ページ

❹**自売為レ奴**　董永が自分を奴隷として売ったことを表す。
❹**供二喪事一**　葬式の費用として当てる。
❺**主人**　董永が奴隷として仕えた家の主。
❺**銭一万**　一万貫の銭。「貫」はお金の単位。

1　「無以葬」とはどういう意味か。

答　死んだ父の葬式をすることができない（ほど、困窮していた）という意味。

【大　意】 2　教718 58ページ4行〜59ページ4行　教719 278ページ4行〜279ページ4行

董永は喪を済ませ、務めを果たすため主人の家に帰ろうとした。道中で出会った女が「妻にしてほしい」と言ったので、共に主人の家に行った。主人は働く必要はないと言うが、董永は「ご恩返しがしたい」と言った。主人は董永の妻が機織りができると聞き、百疋の絹を織ってもらえればよいと言った。董永の妻は十日で織り上げた。主人の家を出ると、妻は、自分は天上の織女であなたの孝行を知った天帝様に命じられてきたのだと言い、姿を消した。

【書き下し文】

❶永三年の喪を行ひ、畢はるや、主人に還り、其の奴職に供せんと欲す。❷道に一婦人に逢ふ。❸曰はく、「願はくは子の妻と為らん。」と。❹遂に之と倶にす。❺主人永に謂ひて曰はく、「銭を以つて君に与ふ。」と。❻永曰はく、「君の恵みを蒙り、父の喪収蔵す。❼永小人なりと雖も、必ず勤めに服し力を致し、以つて厚徳に報いんと欲す。」と。❽主曰はく、「婦人何をか能くする。」と。❾永曰はく、「能く織る。」と。❿主曰はく、「必ず爾らば、但だ君の婦をして我が為に縑百疋を織らしめよ。」と。

【現代語訳】

❶董永は（家に帰り、父の）喪に三年間服し、（喪が）終わると、主人（の家）に帰り、その（＝自分の）奴隷の仕事を果たそうとした。❷（そのとき）道で一人の女性に出会った。❸（その女性が董永に）言うことには、「どうかあなたの妻にしてほしい。」と。❹そうして（董永は）これ（＝その女）と連れだって（主人の家へ）行った。❺主人が董永に言うには、「（あの）銭はあなたにあげたのです。」と。❻董永が言うことには、「ご主人のお恵みをいただいて、父親の葬礼を終えることができました。❼わたくし永は身分の低い者ではありますが、きっと勤めに従事して力を尽くし、そうして（ご主人様の）大きな徳に報いようと思っています。」と。❽主人が言うには、「奥さんは何ができますか。」と。❾董永が言うには、「機織りができます。」と。❿主人が言うには、「きっとそうであるならば、

⓫是に於いて永の妻主人の家の為に織り、十日にして畢はる。⓬女門を出で、永に謂ひて曰はく、「我は天の織女なり。⓭君の至孝なるに縁りて、天帝我をして君を助け債を償はしむるのみ。」と。⓮語げ畢はり、空を凌ぎて去り、在る所を知らず。

ただあなたの奥さんに私のために絹百疋を織らせてください。」と。⓫そこで董永の妻は主人の家のために(絹百疋を)織り、十日で織り上げた。⓬妻は(主人の家の)門を出てから、董永に向かって言うには、「わたくしは天上の織女です。⓭あなたのこのうえない孝行によって、天帝様がわたくしにあなたの助けとなり、借りたお金を返させるようにお命じになったのです。」と。⓮(天上の織女は)語り終わり、空に舞い上がって去り、(姿が)見えなくなってしまった。

語句の解説 2

教718 58ページ 教719 278ページ

❹**遂** そうして。そのまま。その結果。

❼**小人** 成人が自分のことを「身分の低い者」「徳の低い者」など謙遜の意でこのように言うことがある。ここでは、董永が自分を「奴」(=身分が低く、下男として使われる者)であるとしてこのように言っている。

❽**何能** 何ができるか。「何ヲカ」は疑問形。「能クスル」は、〜できる、の意。

＊何〜。 =何を〜か。疑問の意を表す。

❿**必爾者** きっとそうであるならば。董永が言うように董永の妻が機織りができるのならば、という意味。

＊必爾者、 =きっとそうであるならば、の意。仮定を表す。

❿**但令君婦為我織縑百疋** ただあなたの奥さんに私のために絹百疋を織らせてください。

＊但〜。 =ただ〜。限定の意を表す。

教718 59ページ 教719 279ページ

2 「償債」とはどういう意味か。

答 「償」は、つぐなう・返す、「債」は、人に貸した金銭、の意。「償債」で、借金を返す、の意。ここでは、董永が主人から受けた厚意への返礼として、董永の代わりに織女が主人の絹百疋を織ってさしあげたこと。

⓭**耳** ここでは、断定の意味を表す。

⓮**凌空而去、不知所在** 空に舞い上がって去り、見えなくなってしまった。「不知所在」は直訳すると、いる所を知らない、となるが、ここでは「天上の織女」の行動を表すので、姿が見えなくなってしまった、などと訳すとわかりやすい。

学習の手引き

一 董永はどのような人物として描かれているか、説明してみよう。

解答例 董永は父親を大切にし、また、自分に対して温かく接してくれた主人への恩を忘れずに、その恩を返そうと努める、思いやりの深い人物として描かれている。

二 織女が「願為子妻。」（718 五八・5 719 二七八・5）と言って董永の妻になったのはなぜか、説明してみよう。

解答例 天帝の命令で、董永の身近にいて、董永が主人から受け取った金の返済を手助けするため。

三 この話にはどのような意味がこめられているか、説明してみよう。

考え方 董永を中心に登場人物の考えや行動を読み取り、その結果を押さえよう。

解答例 自分の父親を大切にして、その供養も行い、自分を助けてくれる人々を心から尊重して暮らしていくことが、自分の幸せにもつながるといった意味。

句形

◇書き下し文に直し、太字に注意して、句形のはたらきを書こう。

1 婦 人 **何 能**
（　　　　）（　　　　）

2 **必 爾** 者
（　　　　）（　　　　）

3 **但 令** 君 婦 為 我 織 縑 百 疋
（　　　　）（　　　　）

答
1 婦人何をか能くする／疑問
2 必ず爾らば／仮定
3 但だ君の婦をして我が為に縑百疋を織らしめよ／限定

売鬼 〔捜神記〕

教718 P.60〜P.61　教719 P.280〜P.281

【大意】 1

教718 60ページ1行〜61ページ4行　教719 280ページ1行〜281ページ4行

幽霊に出くわした宋定伯は、自分も幽霊だと幽霊をだました。幽霊といっしょに宛市に向かう道中、幽霊に背負われたときや川を渡ったときに幽霊ではないのではと怪しまれたが、幽霊になったばかりだからだとだまし続けた。また、幽霊の恐れ嫌うものは人間の唾だということも聞き出した。

【書き下し文】

❶南陽の宋定伯、年少き時、夜行きて鬼に逢ふ。❷之に問ふに、鬼言ふ、「我は是れ鬼なり。」と。❸鬼問ふ、「汝は復た誰ぞ。」と。❹定伯之を誑きて言ふ、「我も亦鬼なり。」と。❺鬼問ふ、「何れの所に至らんと欲するか。」と。❻答へて曰はく、「宛市に至らんと欲す。」と。❼鬼言ふ、「我も亦宛市に至らんと欲す。」と。❽遂に行くこと数里なり。❾鬼言ふ、「歩行太だ遅し。❿共に逓ひに相担ふべし。⓫何如。」と。⓬定伯曰はく、「大いに善し。」と。⓭鬼便ち先づ定伯を担ふこと数里なり。⓮鬼言ふ、「卿太だ重し。⓯将た鬼に非ずや。」と。⓰定伯言ふ、「我は新鬼なり。⓱故に身重きのみ。」と。⓲定伯因りて復た鬼を担ふに、鬼略重さ無し。⓳是くのごときこと再三なり。⓴定伯復た言ふ、「我は新鬼なれば、何の畏忌す

【現代語訳】

❶南陽の宋定伯は、若いころ、夜歩いていて幽霊に出くわした。❷これ（＝幽霊）に尋ねると、幽霊は言った、「私は幽霊だ。」と。❸幽霊は尋ねた、「おまえはいったい誰か。」と。❹定伯はこれ（＝幽霊）をだまして言った、「私もまた幽霊だ。」と。❺幽霊が尋ねた、「どこに行こうとしているのか。」と。❻（定伯は）答えて言った、「宛市に行こうとしている。」と。❼幽霊が言った、「私もまた宛市に行こうとしている。」と。❽そのまま数里（いっしょに）歩いた。❾幽霊が言った、「（おまえは）歩くのがとても遅い。❿いっしょに交互に互いを背負うのがよい。⓫どうであろうか。」と。⓬定伯が言うには、「たいそうよい（考えだ）。」と。⓭幽霊はすぐに最初に定伯を数里背負った。⓮幽霊が言った、「あなたはとても重い。⓯もしかしたら幽霊でないのではないのか。」と。⓰定伯が言った、「私は幽霊になったばかりだ。⓱だから体が重いのだ。」と。⓲定伯がそこで今度は幽霊を背負うと、幽霊はほとんど体重がなかった。⓳このようなことが何度も繰り返された。⓴定伯が再び言った、「私は幽霊になったばかりなので、（幽霊に）どのようなおそれて忌みはばかる

る所有るかを知らず。」と。㉑鬼答へて言ふ、「惟だ人の唾を喜ばざるのみ。」と。㉒是に於いて共に行き、道に水に遇ふ。㉓定伯鬼をして先に渡らしむ。㉔之を聴くに、了然として声音無し。㉕定伯自ら渡れば、漕漼として声を作す。㉖鬼復た言ふ、「何を以つて声有るか。」と。㉗定伯曰はく、「新たに死して、水を渡るを習はざるが故のみ。㉘吾を怪しむこと勿かれ。」と。

ものがあるのかを知らない。」と。㉑幽霊が答えて言った、「ただ人間の唾を好まないだけだ(＝恐れ嫌うのは人間の唾だけだ)。」と。㉒こうして(定伯と幽霊は)いっしょに歩いて行き、途中で川に行き当たった。㉓定伯は幽霊に先に(川を)渡らせた。㉔これ(＝川を渡る音)を聞くと、全く音がしない。㉕定伯が自分で(川を)渡ると、ざぶざぶと音を立てた。㉖幽霊が再び言った、「どうして音がするのか。」と。㉗定伯は言った、「死んだばかりで、川を渡るのに慣れていないからというだけだ。㉘私を怪しむな。」と。

語句の解説 1

教718 60ページ　教719 280ページ

❸**汝 復 誰**　おまえはいったい誰か。「汝」は、おまえ・きみ、の意。二人称の代名詞。「復」は、そもそも・いったい、の意。ここでは、強意を表したり、語調を整えたりする用法。「～誰」は、～は誰か、の意で、疑問を表す。

❺**欲レ至二何所一**　どこに行こうとしているのか。「何所」は、場所を問う疑問を表す。

❽**遂**　そのまま。その結果。

❿**可二共遞相担一**　いっしょに交互に互いを背負うのがよい。「可レ～」は、ここでは、～(する)のがよい、の意。

⓫**＊何如。**　どうであろうか。疑問の意を表す。

⓭**便**　すぐに。接続詞。

⓯**将非レ鬼也**　もしかしたら幽霊でないのではないのか。
＊非二～一也。＝～でないのではないか。否定・疑問の意を表す。

答 1　「将非鬼也」とはどういう意味か。

もしかしたら幽霊でないのではないか。「鬼」は、幽霊なら体重は軽いはずなのに、定伯を背負うととても重かったため、本当に幽霊なのかどうか疑った、という意味。

⓱**故身重耳**　だから体が重いのだ。「鬼」を納得させるための、定伯の巧みな嘘である。「故」は、だから・したがって、の意で、理由を表す。「～耳」は、ここでは断定を表す。～だ、の意。

⓳**如レ是**　このようなこと。「如レ～」は、～のようだ、の意。「如」は「若」と同じで、比況の意を表す。

⓴**不レ知レ有三何所二畏忌一**　(幽霊に)どのようなおそれて忌みはばかるものがあるのかを知らない。「所レ～」は、～するもの・～すること、の意。
＊何～。＝どのような～。疑問の意を表す。

㉑惟不レ喜二人唾一　ただ人間の唾を好まないだけだ。
＊惟〜。＝ただ〜だけだ。限定の意を表す。

教718 61ページ　教719 281ページ

㉒於レ是　こうして。そこで。
㉓定伯令二鬼先渡一　定伯は幽霊に先に渡らせた。「令二〜一」は、〜に—させる、の意で、使役を表す。
㉖何以有レ声　どうして音がするのか。「鬼」は、幽霊なら川を渡るとき音は立てないはずなので、定伯が音を立てたことを不思議がったのである。
＊何以〜。＝どうして〜か。疑問の意を表す。
㉘勿レ怪レ吾也　私を怪しむな。「也」は、断定の語気を表す置き字で、読まない。
＊勿〜。＝〜するな。禁止の意を表す。

【大　意】　2　教718 61ページ5〜9行　教719 281ページ5〜9行

宛市の直前で、幽霊を背負って捕まえた定伯は、宛市に入って羊に化けた幽霊を売り、唾をかけて銭を手に入れた。

【書き下し文】

❶行きて宛市に至らんと欲す。❷定伯便ち鬼を担ひて肩上に著け、急に之を執らふ。❸鬼大いに呼びて、声咋咋然として、下ろさんことを索むるも、復た之を聴かず。❹径ちに宛市の中に至り、下ろして地に著くれば、化して一羊と為る。❺便ち之を売る。❻其の変化せんことを恐れ、之に唾す。❼銭千五百を得て、乃ち去る。❽当時石崇言へる有り、「定伯鬼を売りて、銭千五を得たり。」と。

【現代語訳】

❶歩いて宛市に到着しようとしていた。❷定伯はすぐに幽霊を担いで肩の上に乗せ、しっかりとこれ(＝幽霊)を捕まえた。❸幽霊は大声で叫び、キイキイという金切り声を発して、下ろすように求めたが、(定伯は)二度とはこれ(＝幽霊の頼み)を聞かなかった。❹まっすぐに宛市の中に到着し、(幽霊を肩から)下ろして地面に置くと、(幽霊は)化けて一頭の羊になった。❺(定伯は)すぐにこれ(＝幽霊が化けた羊)を売った。❻それ(＝羊)が(後でまた)化けるようなことを恐れ、これ(＝幽霊が化けた羊)に唾をかけた。❼(定伯は)銭千五百貫を手に入れて、そこで立ち去った。❽当時石崇が評して言った、「定伯は幽霊を売って、銭千五百貫を得た。」と。

語句の解説 2

2　「欲」は、この場合どういう意味か。

答　いまにも〜しようとする、という意味。ここでは、状態を表す。

❸索レ下、不二復聴一レ之　下ろすように求めたが、二度とは

これを聞かなかった。定伯に捕らえられて肩に担がれた幽霊が、下ろすように頼んだが、定伯は無視したのである。「之」は幽霊の「下ろしてくれ」という頼みをさす。「不$_{ニ}$復^{タ}～$_{一}$」は、二度とは～しない、の意で、一部否定を表す。

❼乃（すなわチ）　そこで。接続詞。

学習の手引き

一　この話に記されている「鬼」の特徴をまとめてみよう。

解答例　外見は人間と似ているが、歩くのがとても速い。体重はほとんどなく、川を渡るとき、音を立てない。人間の言葉を単純に信じ、だまされる。羊に化けることができるが、人間の唾には太刀打ちできない。

二　宋定伯が「鬼」を売ることができた理由を説明してみよう。

考え方　この話に登場する幽霊は、「人間が怖がり恐れるもの」という一般的な幽霊と全く異なること、この話を簡潔にまとめると、「人間が幽霊をだました話」となることをふまえて考える。言葉巧みに幽霊をだまし続けた定伯のずる賢さと、定伯の言葉をそのまま信じ込んで、最後には捕まえられ、売られてしまった幽霊のおろかさとの対比に、この話のおもしろさがあるといえよう。

解答例　定伯には、言葉巧みに「鬼」をだまし続けて、「鬼」のおそれて忌みはばかるものを聞き出し、最後には捕まえて、羊になった「鬼」に唾をかけるという抜け目のない賢さがあったため。また、「鬼」が、定伯の言葉をそのまま信じ込み、自らの弱点を明かしてしまうなど、素直で疑うことを知らなかったため。

句形

◇書き下し文に直し、太字に注意して、句形のはたらきを書こう。

1 **何如**（　　）（　　）（　　）
2 将**非**鬼也（　　）（　　）（　　）
3 不知有**何**所畏忌（　　）（　　）（　　）
4 **惟**不喜人唾（　　）（　　）（　　）
5 **何以**有声（　　）（　　）（　　）
6 **勿**怪吾也（　　）（　　）（　　）

答
1 何如／疑問
2 将た鬼に非ずや／否定・疑問
3 何の畏忌する所有るかを知らず／疑問
4 惟だ人の唾を喜ばざるのみ／限定
5 何を以つて声有るか／疑問
6 吾を怪しむこと勿かれ／禁止

蟻王〔捜神記〕

教718 P.62～P.63　教719 P.282～P.283

【大意】 1　教718 62ページ1～8行　教719 282ページ1～8行

呉の董昭之は、船に乗って川を渡るときに、川の中央で一匹の蟻が短い蘆の茎の上を行き来して、たいそう慌てているのを見た。蟻が死ぬのを恐れていると思った昭之は、船に拾いあげようとしたが、船にいた人々は、害毒をもつ虫だから殺すべきだと言った。昭之は蟻を哀れみ、縄を蘆につないで船に結びつけ、岸に着いたときに蟻は川から出ることができた。その夜、昭之は夢の中で、黒い服を着て百人ほどを引き連れた人物が、自分は蟻の王だと名乗り、救ってもらった感謝を述べ、困難なことがあれば知らせてくれと告げるのを聞いた。

【書き下し文】

❶呉の富陽県の董昭之、嘗て船に乗り銭塘江を過ぐ。❷中央に一蟻有りて一の短蘆に著くを見る。❸一頭に走りて廻り、復た一頭に向かひ、甚だ惶遽す。❹昭之曰はく、「此れ死を畏るるなり。」と。❺取りて船に著けんと欲す。❻船中の人罵る、「此れは是れ毒螫の物なり。❼長ぜしむべからず。❽我当に蹹みて之を殺すべし。」と。❾昭意に甚だ此の蟻を憐れみ、因りて縄を以つて蘆に繋ぎ船に著く。❿船岸に至り、蟻出づるを得たり。⓫其の夜、一人を夢む。⓬烏衣にして、百許の人を従へて来たり謝して云ふ、「僕は是れ蟻中の王なり。⓭慎まずして江に堕ち、君の済ひ活かすに慚づ。⓮若し急難有らば、当に告

【現代語訳】

❶呉の富陽県の董昭之(という人)が、あるとき船に乗って銭塘江を渡っていた。❷(すると)川の中ほどに一匹の蟻がいて一つの短い蘆の茎にとりついているのを見た。❸(その蟻は蘆の)一方の端まで歩いて行くと方向転換し、また一方の端に行き、たいそう恐れ慌てている。❹昭之が言うには、「これ(＝蟻の様子)は死ぬのを怖がっているのだな。」と。❺(昭之は蟻を)手に取って船へ拾いあげようとした。❻(すると)船の中にいた人は悪口を言って、「これ(＝蟻)こそまさしく害毒をもつ虫だ。❼生かしておいてはならない。❽私がきっと踏み殺してやる。」と。❾昭之は心中でとてもこの蟻をかわいそうに思い、そこで縄を(その)蘆につないで船に結びつけた。❿(それで)船が岸に着いたとき、蟻は(川から)出ることができた。⓫その夜、(昭之は)一人の人を夢に見た。⓬黒い服を着て、百人ほどの人を引き連れて来て感謝の言葉を述べて言うには、「わたくしは蟻の王でございます。⓭気をつけることをせず川の中に落ち、あなたにお救いいただいて面目なく思います。⓮もし差し迫った困

げ語らるべし。」と。

……

難がございましたら、きっと(わたくしに)お知らせください。」と。

語句の解説 1

教718 62ページ 教719 282ページ

❷**見有一蟻著一短蘆** 一匹の蟻がいて一つの短い蘆の茎についているのを見た。昭之と蟻王との出会いを示している。

❸**走一頭廻、復向一頭** (蘆の)一方の端まで歩いて行くと、方向転換し、また一方の端に行き。蟻がどうしてよいかわからず、蘆の茎の上を動き回る様子を表している。

❺**欲取著船** (蟻を)手に取って船へ拾いあげようとした。「欲」は、ここでは、～しようとする、の意。

❻**此是** これこそ。「此」は指示代名詞、「是」は、ここでは副詞的に用いられ強調を表す用法。これはまさしく・これこそ、の意。

❼**不可長** 生かしておいてはならない。「不可」は「べカラず」と読み、～してはいけない、の意を表す。

❽**我当蹍殺之** 私がきっと踏み殺してやる。「当～」は再読文字で、ここでは当然・義務を表し、当然～すべきである、という意味。

⓬**従百許人来** 百人ほどの人を引き連れて来た。夢の中に現れた人物が高貴な人であることを表している。

⓬**僕** 自分のことを謙遜して言う言葉。蟻の世界では王であるが、自分を助けてくれた昭之に対して、敬意を示している。

⓮**若有急難** もし差し迫った困難があったならば、の意。

＊若～、＝もし～ならば、の意。仮定を表す。

答 1

「惝君済活。」とは、どういう意味か。

蟻の王という立場でありながら、自分の不注意で川に落ちてしまい、昭之に救われ、生かされていることが面目ないという意味。

【大意】 2 教718 63ページ1～8行 教719 283ページ1～8行

それから十余年後、昭之は覚えもないのに盗賊の首領だとされて捕まった。そのとき、昭之は蟻王を思い出し、どうやって自分の危急を知らせたらよいかと考えたが、共に投獄されていた者が、その方法を話してくれた。そのとおりにすると、夜、黒い服の人が夢に現れ、余杭の山中に逃げること、やがて大赦の命が出ることなどを教えてくれた。目が覚めると、手足の械を蟻がかみ切ってくれていて、すぐ脱出でき、余杭の山中に逃げ込むことができた。やがて、大赦によって罪を免じられた。

【書き下し文】

❶十余年を歴て、時に在る所に劫盗あり。❷昭之横に録し

……

【現代語訳】

❶(それから)十年余り過ぎて、そのときに(昭之が)居る所に強盗

て劫主と為し、獄に余杭に繫がる。❸昭之忽ち思ふ、蟻王夢に緩急あらば当に告ぐべしといふも、今何れの処にか之を告げんと。❹結念の際、同に禁ぜらるる者之を問ふ。❺昭之具に実を以つて告ぐ。❻其の人曰はく、「但だ両三の蟻を取り、掌中に著けて、之に語げんのみ。」と。❼昭之其の言のごとくす。

❽夜果たして烏衣の人を夢む。❾云ふ、「急ぎ余杭の山中に投ずべし。❿天下既に乱れ、赦令あること久しからざるなり。」と。⓫是に於いて便ち覚むるに、蟻械を嚙みて已に尽く。⓬因りて獄を出づるを得、江を過ぎて、余杭の山に投ず。⓭旋いで赦に遇ひ、免るるを得たり。

が現れた。❷昭之は罪もないのに捕まえられて盗賊の首領として、余杭の牢獄につながれた。❸昭之はすぐに思った、蟻王が夢で危急のことがあったらきっと知らせてほしいと言ったが、今どこにこれ(＝自分の状況)を告げたらよいのだろうかと。❹(昭之が)考え込んでいると、いっしょに投獄されている者がこれ(＝昭之の様子)を尋ねた。❺昭之は詳しくありのままを話した。❻その(＝昭之に問うた)人が言うには、「ただ二、三匹の蟻を捕まえて、手のひらの中において、これ(＝蟻たち)に話すだけです。」と。❼昭之はその(者の)言葉どおりにした。

❽(すると)夜本当に黒い服の人を夢に見た。❾(その黒い服の人が)言うには、「急いで余杭の山中に逃げ込むのがよい。❿国中がすでに乱れ、大赦の命が出るのも遠いことではない。」と。⓫ここですぐに目が覚めると、蟻が(昭之の手足にはめられていた)械をかみ切って、もはや(昭之を自由にし)終えていた。⓬そこで牢獄を出ることができて、川を渡って、余杭の山に逃げ込んだ。⓭ほどなく大赦となり、(罪を)免じられた。

語句の解説 2

教718 63ページ　教719 283ページ

❷被横録為劫主、繫獄余杭 罪もないのに捕まえられて盗賊の首領とされ、余杭の監獄につながれた。「被」は、ここでは「る」と読み、受身の意を表す。

＊被～。＝～される。受身を表す。

❸何処告之 どこにこれを告げたらよいのだろうか。昭之は蟻王に自分の状況を知らせたいが、どこに知らせたらよいかわからずにいるのである。

＊何処～。＝どこに～か。疑問を表す。

❺昭之具以実告 昭之は詳しくありのままを話した。「具」は、詳しく・もれなく、の意。「実」は「じつ」と読むときは、本当のこと・真心、の意を表す。昭之は自分と同じように投獄されていた人に問われて、本当のことを説明したのである。

❻但取両三蟻、著掌中、語之 ただ二、三匹の蟻を捕

まえて、手のひらの中において、これに話すだけだ。

＊但～。＝ただ～だけだ。限定を表す。

⑩**赦令**（しゃれい）　大赦の命。国にめでたいことがあったときなどに、広く罪人の刑を減らすことをさす。ここでは、「天下既乱」とあるように、政権交代などによって発せられたものと考えられる。

⑪**於是便覚**（おイテここニすなわチさムル）　ここですぐに目が覚めた。昭之は夢で蟻王が「赦令不久也」まで語ったところで目が覚め、自分がすでに自由の身であることを知るのである。「於是」は、ここで・このときに、の意。

答2　「已尽。」とは、何がどうなったというのか。

昭之の手足にはめられていた械が、蟻たちによってかみ切られ、すでに昭之の手足が自由になっていた、ということ。

学習の手引き

一　**第一段落から、董昭之の人物像を整理しよう。**

考え方　「此畏死也」（718 六三・3　719 八二・3）という言葉や「意甚憐此蟻」（718 同・4　719 同・4）に注目して考えよう。

解答例　小さな蟻一匹の行動も見逃さず、その命を助けるために、できる限りの工夫をするという、思いやり深く細やかな対応ができる人物。

二　**この話の中で「夢」はどのようなはたらきをしているか、説明してみよう。**

考え方　昭之の見た夢の中で蟻王が姿を現し、話しかけていることに注目しよう。

解答例　本来は言葉を交わすことのない、人である昭之と蟻の王が、夢の中ではお互いの気持ちをわかり合い、助け合おうとしていることから、夢はすべての生きるものの心をつなぐ場としてのはたらきをしていると考えられる。

句形

◇書き下し文に直し、太字に注意して、句形のはたらきを書こう。

1　**若**有急難　（　　）（　　）

2　**被**横録為劫主、繋獄余杭　（　　）（　　）

3　**何処**告之　（　　）（　　）

4　**但**取両三蟻、著掌中、語之　（　　）（　　）

答
1　若し急難有らば／仮定
2　横に録して劫主と為し、獄に余杭に繋がる／受身
3　何れの処にか之を告げん／疑問
4　但だ両三の蟻を取り、掌中に著けて、之に語げんのみ／限定

買粉児 〔幽明録〕

教718 P.64〜P.65

教719 P.284〜P.285

【大意】 1 教718 64ページ1行〜65ページ1行 教719 284ページ1行〜285ページ1行

ある裕福な家に一人の男子がいて、とてもかわいがられ気ままに育っていた。その男が市に行き、一人のきれいな女がおしろいを売っているのを見て好きになったが、毎日おしろいを買うだけで、親しく口をきくこともできなかった。しばらくして、女もこの男の行動に気づき、「おしろいを買って、誰にあげるのですか。」と聞いた。男は女を深く思っているけれど伝えられなくて、毎日来て姿を見ているだけなのだと打ち明けた。女は心を動かされ、逢い引きを約束した。約束の夜、女が男のもとを訪れると、男は自分の願いがかなった喜びで感極まり死んでしまった。女は驚いて逃げ出し、帰ってしまった。

【書き下し文】

❶人家の甚だ富める有り。❷止だ一男のみ有りて、寵恣常に過ぐ。❸市に游び、一女子を見る。❹美麗にして胡粉を売る。❺之を愛するも、自ら達するに由無し。❻乃ち粉を買ふに託して、日に市に往く。❼粉を得れば便ち去り、初めより言ふ所無し。❽積むこと漸く久しくして、女深く之を疑ふ。❾明日復た来たる。❿問ひて曰はく、「君此の粉を買ひて、将に何れに施さんと欲するか。」と。⓫答へて曰はく、「意に相愛楽するも、敢へて自ら達せず。⓬然れども恒に相見んと欲す。⓭故に此れに仮りて以つて姿を観るのみ。」と。⓮女悵然として感ずる有り。⓯遂に相許すに私を以つてし、尅するに明夕を以つてす。⓰其の夜、堂屋に安寝し、以つて女の来た

【現代語訳】

❶ある人の家でとても豊かな家があった。❷ただ一人息子だけがいて、いつもかわいがり気ままにさせていた。❸(この男があるとき、物売りの多い)市へ気ままに出かけ、一人の女を見かけた。❹たいへんに美しい女でおしろいを売っていた。❺(男は)これ(＝この女)を愛する(ようになった)が、自分から(その気持ちを)伝える方法を知らなかった。❻そこで(男は)おしろいを買うのを口実にして、毎日市へ行った。❼おしろいを(買って)手に入れるとすぐに帰り、(その女とは)初めから話すこともしない。❽(そういう日々を)積み重ねることが次第に長くなって、女は深くこれ(＝男の行動)を疑った。❾次の日(男は)また(女の店に)来た。❿(女が男に)問いかけて言うには、「あなたはこのおしろいを買って、誰にあげようとなさっているのですか。」と。⓫(男が)答えて言うには、「心の中で互いに愛し合い楽しむも、思い切って自分で伝えることができない。⓬そうではあるけれどもいつもお顔を見たいと願うのです。⓭だか

るを俟つ。⑰薄暮に果たして到る。⑱男其の悦びに勝へずして、臂を把りて曰はく、「宿願始めて此に伸ぶ。」と。⑲歓踊して遂に死す。⑳女惶懼して、所以を知らず。㉑因りて遁れ去り、明に粉店に還る。

らこれ（＝おしろいを買うこと）にかこつけてそれで（あなたの）姿を見るだけなのです。」と。⑭女は痛ましく思い心に感じるものがあった。⑮とうとうお互いに（逢い引きを）承諾してひそかに会うことにし、約束するのに明日の晩ということにした。⑯その（＝約束の）夜、（男は）家の部屋で心楽しく横になり、女の来るのを待っていた。⑰夕暮れになって思ったとおり（女は）やってきた。⑱男はその（＝女が来てくれた）喜びを我慢できずに、（女の）腕を取って言うことには、「長い間の願いがはじめてここに繰り広げられる。」と。⑲（男は）喜んで躍り上がり、そのまま死んでしまった。⑳女は恐れて、わけもわからない。㉑そこで（その場を）逃げ去り、明け方に店に帰った。

語句の解説 1

教718 64ページ　教719 284ページ

❷止 有二 一男一　ただ一人息子だけがいて。

＊止～。＝ただ～。限定の意を表す。「たダ～ノミ」と呼応することも多い。

❺由　方法・てだて、などの意。

❺達　ここでは、気持ちを伝える、の意。

1　「無由自達」はどういう意味か。

答　自分から気持ちを伝える方法を知らなかった。

❽女深 疑レ之　女は深くこれを疑った。男性が使うはずのないおしろいを毎日買いに来ることや、一言も話さないことが不自然だったのである。

❿将 欲二 何 施一　誰に与えようとするのか。「将」は再読文字で「まさニ～ントす」と読み、①（今にも）～しそうだ（推量）、②（すぐに）～しようとする（意志）、の意を表す。ここでは「欲ス」があるため、再読されない。「将欲二～一」も再読文字「将」と同じく、～しようとする、の意。

＊何～。＝どこに～か。「いずレニ」と読む場合、場所を問う疑問の意を表す。ここでは、誰に～か、の意で訳す。

⓫不二敢 自 達一　思い切って自分で伝えることができない。自分から伝える勇気がない。

⓭仮　かこつけて。

⓮女悵然 有レ感　女は男の一途な気持ちを知り、痛ましく思っ

たが、自分も男に対して何らかの感情を覚え始めたのである。

⓰**安寝**　安らかに寝る。ここでは、楽しみにして横になる、という意。

⓲**不レ勝**　耐えられない。我慢することができない。

⓳**歓踊遂死**　喜んで躍り上がり、そのまま死んでしまった。願いがかなった喜びで感極まり、死んでしまったということ。

【大意】 2　教718 65ページ2～10行　教719 285ページ2～10行

翌朝、息子が起きてこないのを不思議に思い、父母が見に行くと、息子は死んでいた。死んだ息子を棺おけに収めるとき、百個以上のおしろいを見つけ、母親は息子の死と関係があると考えた。市に行っておしろいを買い集め、例の女にたどり着いた。女は男の両親にありのままを語ったが信じてもらえず、息子を殺した者として役所に訴えられた。女は、命は惜しまないが、男の遺骸の前で悲しませて欲しいと頼み、男の遺骸をなでながら語りかけると、男は突然に生き返った。二人は夫婦となり、子孫も繁栄した。

【書き下し文】

❶食時に至り、父母男の起きざるを怪しむ。❷往きて視れば、已に死せり。❸殯斂を就すに当たり、篋笥の中を発き、百余裹の胡粉、大小一積するを見る。❹其の母曰はく、「吾が児を殺す者は、必ず此の粉なり。」と。❺市に入り遍く胡粉を買ひ、此の女に次る。❻之を比ぶるに、手跡先のごとし。❼遂に執らへて女に問ひて曰はく、「何ぞ我が児を殺すか。」と。❽女聞きて嗚咽し、具に実を以つて陳ぶ。❾父母信ぜず。❿遂に以つて官に訴ふ。⓫女曰はく、「妾豈に復た死を恡しまんや。⓬乞ふ一たび尸に臨み哀を尽くさん。」と。⓭県令許す。⓮径ちに往きて之を撫で、慟哭して曰はく、「不幸にして此れを致す。⓯若し死して魂にして霊あらば、復た何ぞ恨まんや。」

【現代語訳】

❶食事の時間になり、(男の)父母は息子が起きてこないのをおかしいと思った。❷(部屋へ)行って見ると、(男は)すでに死んでいた。❸(男の)死体を棺おけに収めるにあたり、竹で作ったかごの中を開き、百余りの包みのおしろいが、大小全部まとめて積み上げてあるのを見た。❹その(＝男の)母が言うには、「私の子を殺したものは、きっとこのおしろいである。」と。❺市に行きすべてのおしろいを買い、この(＝男が愛した)女にたどり着いた。❻これ(＝店のおしろい)を比べると、包み方が前(＝息子の部屋で見たもの)と同じであった。❼そのまま捕まえて女に問うて言うには、「どうして私の息子を殺したのか。」と。❽女は(男の母の言葉を)聞いて声を詰まらせながら泣き、細かに真心をこめて申し述べた。❾(しかし)男の父母は信じなかった。❿すぐに役所に訴え出た。⓫女が言うことには、「私はどうして再び死を恐れるでしょうか、いや、恐れません。⓬お願いします、一度死んだ人に対面し悲しみの気持ちを伝えさせてください。」と。⓭県の長官は(女の申し出を)許した。⓮(女は)

と。⑯男豁然として更生し、具に情状を説く。⑰遂に夫婦と為り、子孫繁茂す。

すぐさま行ってこれ(＝男の遺骸)をなで、声を上げて激しく泣いて言うことには、「不幸にしてこういうことになりました。⑮もし死後、魂に霊力があるならば、またどうして嘆くでしょうか、いや、嘆くことはございません。」と。⑯(そのとき)男は突然生き返り、詳しくこうなった事情を話した。⑰こうして(二人は)夫婦となり、子孫は栄えた。

語句の解説 2

教718 65ページ　教719 285ページ

❻手跡　ここでは、おしろいの粉を入れた包みの包み方などをさす。通常は、手で書いた文字や筆跡を言うことが多い。

2　「手跡如先」とは、何がどのようだというのか。

答　女の店のおしろいの包み方が、死んだ男の部屋にあったものと同じだということ。

❼何殺我児　どうして私の息子を殺したのか。

＊何～。＝どうして～か。疑問の意を表す。

❽女聞嗚咽、具以実陳　女は男の母の言葉を聞いて声を詰まらせながら泣き、細かに真心をこめて申し述べた。女は起こったことを正直に打ち明けたのである。

⓫妾豈復恡死　私はどうして再び死を恐れるだろうか、いや、恐れない。「妾」は、男の父母に対して、女が自分をへりくだって言う言葉。男が亡くなった今、自分は死を恐れてはいないと決意を述べている。

＊豈～。＝どうして～か、いや、～ない。反語の意を表す。

⓮径　すぐさま。まっすぐに、の意もある。

⓮不幸致此　不幸にしてこういうことになった。言葉どおりに訳すとこのようになるが、死んでしまったあなたとこうして会うことになってしまった、という女の深い悲しみがこめられている。

⓯若死魂而霊、復何恨哉　もし死後、魂に霊力があるならば、またどうして嘆くだろうか、いや、嘆くことはない。死後も霊となって男に会えるのなら、再び嘆いたりはしない、という意味。

＊若～、＝もし～ならば、の意。仮定を表す。

＊何～哉。＝どうして～か、いや、～ない。反語の意を表す。

3　女はなぜ「復何恨哉」と言ったのか。

答　霊となって男に会えるなら、二度と再び嘆いたりはしないと言うことで、自分の思いが真実であることを伝えるため。

学習の手引き

一　男女の心情を整理し、男が生き返る奇跡が起こった理由を説明してみよう。

考え方　男女の仲が、どう変化したかをたどろう。

解答例　・男は女に深く心を奪われていたが、女は男性には必要のないおしろいを毎日買いに来る男を不思議に思っていた。
・女が男に理由を尋ねたのがきっかけで、男は自分の気持ちを告げることができ、女の心も動いていった。
・二人はある夜に男の家で会ったが、男は喜びのあまり死んでしまい、女は恐ろしくなって帰ってしまった。
・男の母に訴えられた女は、死んだ男のもとへ行くと言い、遺骸をなでて思いを告げわびたところ、男は生き返り、二人は結ばれた。
↓男が生き返ったのは、女への深い愛情があったことと、それに心動かされた女も男への気持ちを深めていき、二人の思いが一つになったためだと考えられる。

句形

◇書き下し文に直し、太字に注意して、句形のはたらきを書こう。

1　**止**有一男　（　　）（　　）
2　将欲**何**施　（　　）（　　）
3　**何**殺我児　（　　）（　　）
4　**豈**復憖死　（　　）（　　）
5　**若**死魂而霊　（　　）（　　）
6　復**何**恨**哉**　（　　）（　　）

答
1　止だ一男のみ有り(て)／限定
2　将に何れに施さんと欲するか／疑問
3　何ぞ我が児を殺すか／疑問
4　豈に復た死を憖しまんや／反語
5　若し死して魂にして霊あらば／仮定
6　復た何ぞ恨まんや／反語

酒虫

〔聊斎志異〕

教718 P.66〜P.68 教719 P.286〜P.288

【大意】 1 教718 66ページ1行〜68ページ2行 教719 286ページ1行〜288ページ2行

劉氏は、太っていて酒を好み、一人でかめ一杯の酒を飲み尽くすほどだった。広い田を持ち、酒の材料となるキビを育て、家はたいそう豊かだったので、いくら飲んでも困ることはなかった。ある僧が劉を見て「奇病にかかっている。」と言った。劉は否定したが、僧は「酒を飲んでも酔わないのではないか。」と尋ね、劉が認めると、「それは酒虫のせいだ。」と言う。劉は驚き、僧に治療を頼んだ。僧は劉を日の当たる所でうつ伏せにし、手足を縛り、顔の先にうまい酒を入れた器を置いた。劉は時間がたつと喉が渇き酒を飲みたくてたまらなくなった。そのとき喉の奥がかゆくなり、吐き出すと何かが出てすぐ酒の中に落ちた。三寸ほどの赤い肉のようなもので泳ぐ魚のように動き、口も目もついていた。劉は驚いて僧に感謝し、金を渡そうとしたが、僧は受け取らず、その虫を望んだ。その虫は酒の精で、これを入れて酒を造ると良い酒になると言い、そのとおりだった。劉はそれから酒を敵のように憎んだが、体は痩せていき、家も貧しくなって、食料にも困るようになった。

【書き下し文】

❶長山の劉氏は、体肥え飲むを嗜む。❷独り酌む毎に、輒ち一甕を尽くす。❸負郭の田三百畝、輒ち半ばは黍を種うるも、家は豪富なれば、飲むを以つて累ひと為さざるなり。❹一番僧之を見て、其の身に異疾有りと謂ふ。❺劉答へて言ふ、「無し。」と。❻僧曰はく、「君飲みて嘗て酔はざるや否や。」と。❼曰はく、「之有り。」と。❽曰はく、「此れ酒虫なり。」と。❾劉愕然として、便ち医療を求む。❿曰はく、「易きのみ。」と。⓫問ふ、「何の薬をか需ゐる。」と。⓬倶に須ゐ

【現代語訳】

❶長山に住む劉氏(という人物)は、体が太っていて酒を飲むことを好んだ。❷一人で酒を飲むたびに、いつも一つのかめを飲み尽くした。❸都市を取り囲む城郭の近くの田は三百畝(とたいそう広く)、いつもその半分ほどは(酒の材料にする)キビを植えているが、家がたいへん富んでいるので、(毎日酒を)飲むことで(暮らしに)困ることはなかった。❹ある異民族の僧侶がこれ(＝劉の様子)を見て、その体は奇病にかかっていると言った。❺劉が答えて言うには、「(そんなことは)ない。」と。❻僧が言うには、「あなたは(酒を)飲んでこれまでに酔わなかったかどうか(＝酔わなかったのではないか)。」と。❼(劉が)言うには、「それはある(＝そのとおりだ)。」と。❽(僧が)言うには、

ずと言ふ。⑬但だ日中に於いて俯臥せしめ、手足を縶ぎ、首を去ること半尺許、良醞一器を置く。⑭時を移して、燥渇し、飲まんことを思ひて極みと為る。⑮酒香鼻に入り、饞火上ること熾んにして、飲むを得ざるに苦しむ。⑯忽ち咽中の暴かに癢きを覚え、哇として物の出づる有り、直ちに酒中に堕つ。⑰縛を解かしめて之を視るに、赤肉にして長さ三寸許、蠕動すること游魚のごとく、口眼悉く備はる。⑱劉驚き謝し、酬ゆるに金を以ってするも、受けず、但だ其の虫を乞ふ。⑲問ふ、「将に何にか用ゐんとする。」と。⑳曰はく、「此れ酒の精なり。㉑甕中に水を貯へ、虫を入れて之を攪せば、即ち佳醸と成る。」と。㉒劉之を試みしむれば、果たして然り。

㉓劉是れより酒を悪むこと仇のごとし。㉔体漸く痩せ、家も亦日に貧し。㉕後に飲食も給する能はざるに至る。

「それは酒虫（のせい）だ。」と。⑨劉はたいそう驚き、（その僧に）すぐ治療を求めた。⑩（僧が）言うには、「たやすいことだ。」と。⑪（劉が）尋ねるには、「どんな薬を使うのですか。」と。⑫（僧は、薬は）何も用いないと言う。⑬ただ日中（＝日の当たるところ）に（劉を）うつ伏せにして、手足を縛り、首から半尺ほど離れた所に、うまい酒を入れた器を置いただけだった。⑭時間がたって、（劉は）喉が渇き、（酒を）飲むことばかり考えて極限となった。⑮酒の香りが鼻に入り、（酒を飲みたいと思う気持ちが）激しい炎のように盛んに燃え上がり、（その酒を）飲めないことに苦しんだ。⑯（すると）突然喉の中に急なかゆみを感じ、吐き出すと何かが出てきて、すぐに酒の中に落ちた。⑰手足の縛りを解かせてこれ（＝今自分の喉から出たもの）を見ると、赤い肉で長さは三寸ほど、うごめく様子は泳ぐ魚のようであって、口や目はすべて備わっている。⑱劉は驚き（自分の身体の中の悪い物が出たと思い、僧に）礼を言い、（そのはたらきに）報いるためお金を差し出したが、（僧は）受け取らず、ただその虫を求めた。⑲（劉が）尋ねるには、「（虫を）何に用いようとなさるのですか。」と。⑳（僧が）言うには、「これは酒の精だ。㉑かめの中に水を蓄えておいて、（この）虫を入れてこれ（＝水）をかき混ぜると、すぐによい酒となる。」と。㉒劉が（僧に）これ（＝かめの中に水を入れて虫を入れ、かき混ぜること）を試させてみると、そのとおり（良い酒）であった。

㉓劉はこのときから酒を憎む様子が敵に対するようであった。㉔体はだんだん痩せ、家もまた日に日に貧しくなった。㉕後には飲食も十分にできないようになった。

語句の解説 1

教718 66ページ 教719 286ページ

❷❸輒 二箇所ともここでは、いつも、の意。

❸不㆓以㆑飲為㆒㆑累也 飲むことで困ることはなかった。酒代がかさんでも暮らしに困ることはなかったということ。家が富んでいるためである。

❻君飲嘗不㆑酔否 あなたは(酒を)飲んでこれまでに酔わなかったかどうか。「君」は、劉への呼びかけ。僧が酒好きの劉に、酒を飲んで酔わないことはあるかと問うている。いくら飲んでも酔わないのではないか、という意味ともとれる。

＊不㆑～否。＝～ないかどうか。「～否」は疑問形の特殊な形で、「～ヤいなヤ」と読み、～かどうか、の意になる。

1 「有之。」とは、どういう意味か。

答 酒を飲んでも酔わないことがある、という意味。(酒をいくら飲んでも酔わない、という意味。)

⑫倶言㆑不㆑須 何も用いないと言う。「倶に」は、すべて・みな、の意。ここでは僧が劉に、どんな薬を使うのかときかれ、すべて使わないと答えている。

⑬令㆘於㆓日中㆒俯臥㆖ 日中に(劉を)うつ伏せにして。

＊令㆓～㆒。＝～させる。使役の意を表す。

⑬去㆑首半尺許、置㆓良醞一器㆒ 首から半尺ほど離れた所に、うまい酒を入れた器を置いた。僧は、このようにして劉の中の酒虫をおびき出そうとしている。

教718 67ページ 教719 287ページ

2 「物」とは何をさすか。

答 劉の体の中にいた酒虫(＝酒の精)。

⑱酬以㆑金 (そのはたらきに)報いるためお金を差し出した。劉は僧にお礼として金を支払おうとしたのである。

⑲将㆓何用㆒ 何に用いようとするのか。「将㆓～㆒」は再読文字で、ここでは、(すぐに)～しようとする、の意。

＊何～。＝何に～。疑問の意を表す。

㉒劉使㆑試㆑之 劉がこれを(僧に)試させてみると。劉は、かめの中に水を蓄え、酒虫(＝酒の精)を入れてかき混ぜるとよい酒となるという僧の言葉を聞いて、実際に試させている。

＊使㆓～㆒。＝～させる。使役の意を表す。

㉒果然 そのとおりであった。「果たして」は、思ったとおり、の意。「然り」は、そのとおり・そうである、の意。

3 「果然」とは、どういうことか。

答 劉が僧に酒虫(＝酒の精)を入れて造らせた酒は、僧の言うとおり良い酒だったということ。

教718 68ページ 教719 288ページ

㉓悪㆑酒如㆑仇 劉が酒虫(＝酒の精)を見てからというもの、酒を自分の敵のように憎むようになったことを表す。

㉕飲食至レ不レ能レ給　飲食も十分にできないようになった。
＊不レ能レ～。＝～できない。「能」は「あた(フ)」と読み、～できる、の意。「不」に返るので、「能はず」と否定の意となる。

【大　意】　2　教718 68ページ3～5行　教719 288ページ3～5行

不思議なことを記録する者が言うには、「劉は一日に一石の酒を飲んでも、財産をなくすことはなかった。一斗の酒も飲まなくても、貧しくなってしまった。飲食はもともと一生の量が決まっているのだろうか。ある人が言うには、『虫は劉にとっては福であって、劉の病気ではなかった。僧は劉を愚かな者だと見て、術を用いたのだ。』と。そのとおりかどうか。」と。

【書き下し文】

❶異史氏曰はく、「日に一石を尽くすも、其の富を損なふ無し。❷一斗も飲まざるも、適だ以つて貧しきを益すのみ。❸豈に飲啄固より数有るか。❹或るひと言ふ、『虫は是れ劉の福にして、劉の病に非ず。❺僧之を愚として以つて其の術を成す。』と。❻然るや否や。」と。

【現代語訳】

❶異史氏(＝不思議なことを記録する者)が言うには、「(劉は)一日に(酒)一石を飲み干しても、その財産を無くすことはなかった。❷(酒を)一斗も飲まなくても、ただ貧しさを増すだけだった。❸飲食というのはもとより(人が)一生に飲む酒の量というものがあるのだろうか。❹ある人が言うには、『虫は劉の福であって、劉の病気ではない。❺僧はこれ(＝劉)を愚かな者だとしてそういう術を行ったのだ。』と。❻そのとおりであろうかどうか。」と。

語句の解説 2

教718 68ページ　教719 288ページ

❷適以益レ貧　ただ貧しさを増すだけだ。
＊適～。＝ただ～だけだ。限定の意を表す。

❸豈飲啄固有レ数乎　飲食というのはもとより(人が)一生に飲む酒の量というものがあるのだろうか。
＊豈～乎。＝～か。疑問の意を表す。

❻然歟否歟　そのとおりであろうかどうか。
＊～歟否歟。＝～かどうか。疑問の意を表す。

学習の手引き

一　番僧が酒虫を退治した方法について、順を追って整理しよう。

解答例　日の当たるところに劉をうつ伏せにして手足を縛り、顔の近くにうまい酒を入れた器を置く。→劉の喉が渇き、酒を飲みたくてたまらない状態にさせ、苦しめる。→酒虫が劉から吐き出される。

二　番僧に会う前と後で、劉氏の考え方はどのように変わったか、説明してみよう。

考え方　冒頭で示された劉氏の様子（718 六六・1～3 719 三六六・1～3）と、後半の劉氏の様子（718 六六・1～2 719 三六六・1～2）に注目しよう。

解答例　○僧に会う前…酒をたくさん飲むことを好んでいて、体は太っていたが、家は豊かであり、暮らしに困ることはなかった。
○僧に会った後…酒の中には酒虫というものがいることを知り、その気味の悪さも知って、酒を憎み、敵のように思うようになった。

三　異史氏が指摘している二つの点をまとめてみよう。

考え方　異史氏の言葉が述べられている、最後の三行の内容に注目して、異史氏の考えをつかもう。

解答例　・劉は酒を多く飲んでも、そのために富を失うことはなかったし、酒を少ししか飲まなくても、貧しくなってしまった。人の一生の酒量は決まっているのだろうか。
・僧が虫と言っているものは、劉にとって本当は福にあたるもので病ではないのだが、僧は劉を愚かな人間と思って、虫を手に入れるためのはかりごとをしたのだ、という考えは当たっているかどうかわからない。

句形

◇書き下し文に直し、太字に注意して、句形のはたらきを書こう。

1　君飲嘗**不**酔**否**　（　　）（　　）
2　**令**於日中俯臥　（　　）（　　）
3　将**何**用　（　　）（　　）
4　劉**使**試之　（　　）（　　）
5　飲食至**不**能給　（　　）（　　）
6　**適**以益貧　（　　）（　　）
7　**豈**飲啄固有数**乎**　（　　）（　　）
8　然**歟否歟**　（　　）（　　）

答
1　君飲みて嘗て酔はざるや否や／疑問
2　日中に於いて俯臥せしめ／使役
3　将に何にか用ゐんとする／疑問
4　劉之を試みしむれば／使役
5　飲食も給する能はざるに至る／否定
6　適だ以つて貧しきを益すのみ／限定
7　豈に飲啄固より数有るか／疑問
8　然るや否や／疑問

言語活動

読み比べる・酒虫

芥川龍之介

教718 P.69～P.71

P.289～P.291

活動の手引き

一 芥川が出した三つの答えの根拠を原文に求めるとしたらどの部分に相当するか、指摘してみよう。

解答例 ○第一の答えの根拠…異史氏が引用した「或」の言葉に、「虫是劉之福、非劉之病。僧愚之以成其術。」（718 六八・4 719 二八八・4）とある。

○第二の答えの根拠…「毎独酌、輒尽一甕。」（718 六六・1 719 二八六・1）とあるように劉の酒量は明らかに多く体に悪いはずであるため、酒虫を追い出さなかったら劉は死んだであろうと考えられる。「体漸痩、家亦日貧。（後飲食至不能給。）」（718 六八・1 719 二八八・1）という状態であっても、生きているだけむしろ「幸福」だったと言える。

○第三の答えの根拠…劉は「体肥」（718 六六・1 719 二八六・1）「毎独酌、輒尽一甕。」という状態でも、「家豪富」で「不以飲為累」（718 同・2 719 同・2）と支障なく暮らしていたが、酒虫を追い出してから「体漸痩、家亦日貧。（後飲食至不能給。）」と健康や家産を失っている。酒虫は劉そのものであり、酒虫とともに劉自身がなくなったも同然と言える。

二 劉氏にとって酒虫はどのような意味を持つのか。異史氏や芥川の考えも参考にして話し合ってみよう。

考え方 異史氏の考えは、酒虫は本来、劉にとっての福であって病ではなかったのに、僧の言動にのせられて追い出してしまったことによって、劉は家産や健康を失ってしまった、というもの。

芥川の考えは、一つ目は異史氏とほぼ同じであるが、二つ目は、酒虫は劉の病であり、これを追い出したことでさらに悪い事態になることを避けられた、というもの。そして三つ目は、酒虫は劉そのものであり、酒虫を追い出したことで酒が飲めなくなった劉は、もはや劉ではない、というもの。これらの考えをもとに、話し合ってみよう。

諸家の思想

●儒家・道家・法家の思想

諸子百家の思想のうち、今日まで最も大きな影響を与え親しまれているのは孔子や孟子の儒家の思想であるが、儒家に対立する代表的な思想として、無為自然を重んじる道家、法律を重んじる法家がある。これらは互いに対立しながら、各々の思想を深めていった。

儒家…仁の実現を目ざし、礼を重んじる思想。徳治主義を説く。孔子を始祖とし、ほかに性善説の孟子、性悪説の荀子などがいる。

道家…世間の常識にとらわれず、無為自然に大道に従って生きることを説く。儒家の思想を人為的であるとして批判した。老子を始祖とし、ほかに荘子・列子などがいる。

法家…君主の権力は絶対とし、法律と刑罰で統治する法治主義を説く。韓非子が大成した。

言語活動

読み比べる・論語と老子

森三樹三郎

教718 P.73〜P.76　教719 P.293〜P.296

活動の手引き

一 【資料B】の『論語』では、なぜ「孝弟」をもとにした「仁」が主張されていると考えられるか。【資料A】の内容をふまえて説明してみよう。

考え方 【資料A】によると、「孔子は、この乱世をもたらした根本的な原因が、力による政治にあることを発見した」（718 七三・上9 719 三九三・上9）とあり、「乱世に平和をもたらすためには、力による政治を否定し、道徳による政治を実行する以外にはない」（718 同・上13 719 同・上13）と考えていたことがわかる。この「道徳」とは「家族道徳」（718 同・下7 719 同・下7）であり、「天子は父であり、諸侯はその子弟であるという血の意識」（718 同・下10 719 同・下10）が家族制度を基本とした封建制を支えていたので、孔子は「家族道徳を復興」（718 七四・上1 719 三九四・上1）させることで、封建制の時代のように平和になると考えたのだ。「孝弟」（718 七五・上3 719 三九五・上3）は「親や年長者をよく敬」（718 同・上9 719 同・上9）うことであり、「仁の根本」（718 同・上15 719 同・上15）だと【資料B】の口語訳にある。力による政治では、力のある者が上に立つので、力を示すために戦乱が起き、勝者が上に立つことになるが、親や年長者、それに見立てた主君を敬う家族道徳、つまり孝弟が人に備わっていれば、力による戦乱を起こし、主君を倒そうという考えにはならないので、平和になると考えた。このように力を認めるのではなく、親や年長者、主君を敬うことで平和になるという考えをまとめる。

解答例 孔子は力による政治が乱世をもたらすと考えたので、強い力を持つ者が上に立つことを認めるのではなく、親や年長者を敬って、相手を立てる「孝弟」をもとにした「仁」が人々に備われば、乱世が終わると考えていたから。

二 **【資料B】の『老子』では、なぜ「大道廃れて仁義有り」というように、「仁義」よりも「道」を肯定していると考えられるか。【資料A】の内容をふまえて説明してみよう。**

考え方 「大道」とは、人の行うべき正しい道、の意だが、老子のいう「道」は、自然のままでいること、の意なので、「大道廃れて」は、自然のままでいられなくなり、という意になる。自然のままでいられなくなったから、戦乱が起こると考え、自然のままでいられなくなったのは、仁義という人為的な道徳を知ったからであるというのだ。そのため老子は人為の道徳である仁義を否定し、人為でない自然のままでいる「道」を肯定しているのである。【資料A】では人が自然のままでいられる状態にするものを「自由放任で無為無策の政治」（718 **七四・下3** 719 **三四・下3**）としている。一見無責任で非現実的であるかのように見えるが、人が自然の状態でいられる、つまり「道」を守って生きていけるようにする政治ということであり、人が自然のままでいられる「太古素朴の農村の生活」（718 **同・下14** 719 **同・下14**）を理想とし、「この農村の自然の状態を守らせるように、細心の配慮をしなければならない」（718 **同・下16** 719 **同・下16**）と考えている。

解答例 老子は、乱世は人が自然でいられなくなったから起きたのであり、自然でいられなくなったのは「仁義」という人為的なものに従うようになったからだと考えたので、人為である「仁義」よりも、自然に帰る「道」を大切にすることが、乱世を終わらせる方法だと考えたから。

三 **【資料A】【資料B】を総合して、儒家と道家の思想の異なる点と共通する点をまとめてみよう。**

考え方 儒家と道家のそれぞれの思想をつかむ。儒家は「親や年長者をよく敬」う（718 **七五・上9** 719 **三五・上9**）、という「孝弟」（718 **同・上3** 719 **同・上3**）を根本とし、「仁義礼知といった人為」（718 **七四・上11** 719 **三四・上11**）に支えられた「道徳による政治」（718 **七三・上14** 719 **三三・上14**）を行うことで平和がもたらされると考えており、それは「家族制度を基本」（718 **同・下9** 719 **同・下9**）とした封建制の時代を手本としている。道家は「人為的な仁義忠孝」（718 **七四・上17** 719 **三四・上17**）のせいで人が自然でなくなったために戦乱が起きるとし、人為ではなく「自然に帰ること」（718 **同・下1** 719 **同・下1**）で平和になると考えており、それは政府の支配力が浸透していない地方の農村のような、「太古のまま」（718 **同・下5** 719 **同・下5**）の自然とともに営む暮らしを手本としている。それぞれの思想の異なる点は、平和のために人為をとるか、自然に帰るかであり、共通するのは過去を手本にしていることと言える。

解答例 平和のためには、儒家は仁義礼知という人為で政治を行うと主張している点と、道家は人為的なことをせずに自然に帰ることを主張している点とが異なる。また、儒家も道家も乱世を否定し、過去の平和であったころに戻ろうという考えである点が共通している。

何必曰利 〔孟子〕

教718 P.77〜P.78 教719 P.297〜P.298

【大意】 1 教718 77ページ2〜8行 教719 297ページ2〜8行

梁の恵王に拝謁した孟子は、次のように言われた。「王が考えるべきは仁義の道だけだ。王が利益を求めれば大夫も役人も民もみな利益を求め、利益を取り合って国が危うくなる。」

【書き下し文】

❶孟子梁の恵王に見ゆ。❷王曰はく、「叟千里を遠しとせずして来たる。❸亦将に以つて吾が国を利すること有らんとするか。」と。❹孟子対へて曰はく、「王何ぞ必ずしも利と曰はん。❺亦仁義有るのみ。❻王は何を以つて吾が国を利せんと曰ひ、大夫は何を以つて吾が家を利せんと曰ひ、士・庶人は何を以つて吾が身を利せんと曰はば、上下交利を征りて国危ふからん。

【現代語訳】

❶孟子が梁の恵王に拝謁した。❷王は言った、「先生は、千里を遠いとせずに来てくださった。❸（あなたも）また、わが国に利益をもたらそうとしてくださるのですか。」と。❹孟子は答えて言われた、「王はどうして利益などとおっしゃる必要があるでしょうか、いや、必要はありません。❺（王の前には他の王たちと）同じように、仁義の道があるだけです。❻諸侯は何によってわが国に利益をもたらそうかと言い、大夫は何によってわが家に利益をもたらそうかと言い、役人や庶民たちは何によってわが身に利益をもたらそうかと言うならば、為政者も民もみなが利益を取り合って国は危うくなります。

語句の解説 1

教718 77ページ 教719 297ページ

❶見 拝謁する。お目にかかる。

❸将レ有三以利二吾国一乎 わが国に利益をもたらそうとしてくれるのか。「将」は再読文字で「まさニ〜ントす」と読み、①（今にも）〜しそうだ（推量）、②（すぐに）〜しようとする（意志）、の意を表す。ここでは②の意。「利」は、利益になる・利益をもたらす、の意。「〜乎」は、〜か、の意で、疑問を表す。

❹対 （地位が上の者からの質問に）答えて。

❹何必曰レ利 どうして利益などと言う必要があるだろうか、いや、必要はない。この「利」は名詞で、利益、の意。

*何必〜。 ＝どうして〜の必要があろうか、いや、必要はない。反語の意を表す。

答 1 「仁義」とは、どのような意味か。

人を思いやり愛する心と、道徳に従った人としての正しい道。

❺*〜而已矣。 〜だけだ。限定の意を表す。「〜耳」「〜已」なども同じ意味。

❻何以利吾国 何によってわが国に利益をもたらそうか。

*何以〜。 ＝何によって〜か。疑問の意を表す。

❻士・庶人 役人や庶民。

答 2 「国」「家」「身」の順序には、どのような意図があるか。

上の者から下の者へと、それぞれの力の及ぶ範囲において同じ考え方が伝わることを説明することで、王の考え方が国全体の在り方を左右する重要なものであることを示す意図がある。

❻上下交 為政者も民もみなが。「上下」は、身分が上の者（＝為政者）と下の者（＝民）のこと。「交」は、みな・ともに、の意。

【大意】 2 教718 78ページ1〜5行 教719 298ページ1〜5行

〈孟子の言葉の続き〉「利益を求める者は上の者の財産を奪い取らないと満足せず、主君を殺す。王は仁義の道を言うだけでよい。」

【書き下し文】

❶万乗の国、其の君を弑する者は、必ず千乗の家なり。❷千乗の国、其の君を弑する者は、必ず百乗の家なり。❸万に千を取り、千に百を取るは、多からずと為さず。❹苟しくも義を後にして利を先にするを為さば、奪はずんば饜かず。❺未だ仁にして其の親を遺つる者有らざるなり。❻未だ義にして其の君を後にする者有らざるなり。❼王も亦仁義と曰はんのみ。❽何ぞ必ずしも利と曰はん。」と。

（梁恵王上）

【現代語訳】

❶兵車一万台を有する大国では、その主君を殺す者は、必ず（その国の）千乗の禄を受ける大夫です。❷兵車一千台を有する国では、その主君を殺す者は、必ず（その国の）百乗の禄を受ける大夫です。❸万乗の国に仕えて千乗の禄を受け、千乗の国に仕えて百乗の禄を受けるのは、（禄としては）多くないことはありません。❹仮に義をないがしろにして利益を優先するならば、（国の財産を）奪い尽くさなければ満足しません。❺仁の心を持ちながらその親を捨てる者は、まだいません。❻義を行ってその主君をないがしろにする者は、まだいません。❼王もまた（他の多くの優れた君主たちのように）仁義の道を言うだけ（でよいの）です。❽どうして利益のことなどをおっしゃる必要があるでしょうか、いや、必要はありません。」と。

語句の解説 2

教718 78ページ 教719 298ページ

❶弑二其君一者 その主君を殺す者。「弑」は、（下の者が上の者を）殺す、の意。

❶千乗之家 千乗の禄を受ける大夫。

❸不レ為レ不レ多矣 多くないことはない。二重否定になっている。

❹苟為二後レ義而先一レ利 仮に義をないがしろにして利益を優先するならば。

＊苟～、＝仮に～ならば、の意。仮定を表す。

❹不レ奪不レ饜 奪い尽くさなければ満足しない。「饜」は、満足する、の意。

＊不二～一不二――一。＝～なければ――ない。仮定の意を表す。

❺未レ有下仁而遺二其親一者上也 仁の心を持ちながらその親を捨てる者は、まだいない。「未」は再読文字で「いまダ～（セ）ず」と読み、まだ～ない・いまだ～したことがない、の意を表す。「遺」は、捨てる、の意。

❼王亦曰二仁義一而已矣 王もまた仁義の道を言うだけでよい。

性善 〔孟子〕

教718 P.78～P.79 教719 P.298～P.299

【大意】 1 教718 78ページ7～9行 教719 298ページ7～9行

告子は言った。「人の本性は水の流れのようだ。水が東にも西にも流れるように、人の本性には善も不善もない。」

【書き下し文】

❶告子曰はく、「性は猶ほ湍水のごときなり。❷諸を東方に決すれば、則ち東流し、諸を西方に決すれば、則ち西流す。❸人性の善不善を分かつ無きは、猶ほ水の東西を分かつ無きがごときなり。」と。

【現代語訳】

❶告子は言った、「人の本性というものは、言ってみればうず巻く流れのようなものである。❷これ（＝水の流れ）を東の方にせきを切って落とせば、（水は）東に流れ、これ（＝水の流れ）を西の方にせきを切って落とせば、（水は）西に流れる。❸人の本性が（もともと）善と不善との区別がないのは、いわば（はじめは）水の流れが東と西との区別がないようなものである。」と。

語句の解説 1

教718 78ページ 教719 298ページ

❶性 人の本性。「人性」も同じ。

❶性猶二湍水一也 人の本性はいわばうず巻く流れのようなものだ。「猶」は再読文字で、比況を表す。「A猶レB（AハなホBノごと

シ)」の形で、AはいわばBのようなものだ・ちょうどBと同じである、の意を表す。

❷決二諸東方一　これ(＝水の流れ)を東の方にせきを切って落とせば。この「諸」は「決」という動詞の目的語と、「東方」という名詞の前置詞になっていて、一字で「之於」二字のはたらきをしている。

【大意】 2　教718 78ページ10行〜79ページ6行　教719 298ページ10行〜299ページ6行

これに対し孟子は言われた。「人の本性が善であることは下にのみ流れて上には流れない水のようなものだ。水が、他から加わる勢いによって山の上に到達することがあるように、人も、他から加わる誘惑や苦しみによって不善を行うことがあるのだ。」

【書き下し文】

❶孟子曰はく、「水は信に東西を分かつ無きも、上下を分かつ無からんや。❷人性の善なるは、猶ほ水の下きに就くがごときなり。❸人善ならざること有る無く、水下らざること有る無し。❹今夫れ水は、搏ちて之を躍らせば、額を過ごさしむべく、激して之を行れば、山に在らしむべし。❺是れ豈に水の性ならんや。❻其の勢則ち然るなり。❼人の不善を為さしむべきは、其の性も亦猶ほ是くのごとければなり。」と。

(告子上)

答　3

「人性」と「水」との共通点はどこにあるか。

本来は何にも分かれてはいない点。告子は、水の流れが最初から東西に分かれているのではなく、せきを切った方向によって東にも西にも流れるのと同じで、人の本性も最初は善も不善もない、と言っている。

【現代語訳】

❶孟子は言われた、「水は確かに東西の区別はないが、上下の区別がない(で水が流れる)ことがあるだろうか(、いや、下にのみ流れる)。❷人の本性が善であるのは、いわば水が低い方に向かうようなものである。❸人(の本性)は善でないことはなく、水が下っていかないことはない。❹そもそも水は、手で打ってこれ(＝水)をはね上がらせれば、額を飛び越えさせることができ、水を遮り、水勢を激しくして(逆に)流せば、山の上に到達させることもできる。❺これがどうして水の性質であろうか、いや、水の本来の性質ではない。❻その(外からの)勢いがあるからこそそうなるのだ。❼人に不善を行わせることができるのは、人の本性もまたそのようなものだから(＝水のように外からの勢いでそうさせられるから)である。」と。

語句の解説 2

教718 78ページ　教719 298ページ

❶信　確かに。本当に。

❶無レ分二於東西一　東西の区別はないが。

❶無レ分二於上下一乎　上下の区別がない(で水が流れる)ことはあ

るだろうか（、いや、下に向かってのみ流れる）。「～乎」は、～だろうか、いや、～ない、という反語の意。水は東西どちらにも流れると言う告子に対し、孟子は水が下にのみ流れる点を人の性のたとえにしている。

❷就ㇾ下　低い方に向かう。「就」は、ある方向に進む、の意。

❸人無ㇾ有ㇾ不ㇾ善　人は善でないことはない。

＊無ㇾ有ㇾ不二～一。＝～ないことはない。二重否定の形で、強い肯定の意味を表す。

教718 79ページ　教719 299ページ

❹今　（もし）～ば。仮定を表す。

❹夫　そもそも。文頭で話題を提示したり語調を整えたりする。

❹搏而躍ㇾ之　手で打ってこれ（＝水）をはね上がらせれば。「搏」は、手で打つ、「躍」は、はね上がる、の意。

学習の手引き

一　「何必曰利」について、孟子が政治に「仁義」を求めるのはなぜか、説明してみよう。

考え方　孟子が、「王が求めるものを臣下も民も求めるようになる」と指摘していることに着目する。そのうえで、国を治めるのに必要なものは「仁義」だけであると孟子が主張する理由を押さえよう。

解答例　王が利益を優先すると臣民も利を奪い合うようになり、国が危うくなってしまうが、王が仁義の道だけを心がけていれば、臣民も王に背くことなく仁義を行うようになり、理想的な国を作ることができるから。

❹可ㇾ使ㇾ過ㇾ顙　額を飛び越えさせることができる。「可」は、ここでは可能を表し、「使」は使役を表す。「顙」は「額」と同じ。

❹行　ゆかせれば。ここでは、水を逆に流すことを言っている。

❺是豈水之性哉　これがどうして水の性質であろうか、いや、水の本来の性質ではない。

＊豈～哉。＝どうして～か、いや、～ない。反語の意を表す。

❻其勢　その（外からの）勢い。手で打ったり水を遮ったりして、外から加えた力によって生じる勢いのことを言っている。

❻然　そうである。そうなる。ここでは「過ㇾ顙」「在ㇾ山」のこと。

4　人が「不善」をなすのはなぜか。

答　人の本性は善であるが、他からの圧力や苦しみ、誘惑などによって欲が生じ、本性とは違う方向に向かってしまうから。

二　「性善」について、孟子の主張から対句を用いた箇所を抜き出し、孟子の「人性」に対する考えを説明してみよう。

考え方　主張に説得力を持たせる具体例に対句が使われている。「性善」第一段落の対句は、告子の主張の具体例の部分なので注意。

・（水信）無ㇾ分二於東西一／無ㇾ分二於上下一（乎）

解答例

・人無ㇾ有ㇾ不ㇾ善／水無ㇾ有ㇾ不ㇾ下

→〈孟子の主張〉人性之善也、猶二水之就一ㇾ下也。

・搏而躍ㇾ之、可ㇾ使ㇾ過ㇾ顙／激而行ㇾ之、可ㇾ使ㇾ在ㇾ山

→〈孟子の主張〉是豈水之性哉。其勢則然也。人之可ㇾ

使(レ)為(ニ)不善(ヲ)、其(ノ)性(モ)亦(タ)猶(ホ)是(クノ)也。

外から力を加えない限り水が自然と高いほうから低いほうへと流れるように、「人性(＝人の本性)」は善であると言える。

水が人の額を飛び越えたり山の上に到達したりすることがあるのは、水を打ったりせき止めたり水勢を激しくしたりするというような、外からの力がはたらくからである。人が不善を行うのも、圧力や誘惑のような、外からの勢いに影響されるからである。

句形

◇書き下し文に直し、太字に注意して、句形のはたらきを書こう。

1 **何必**曰利（　　　　）（　　　　）

2 有仁義**而已矣**（　　　　）（　　　　）

3 **何以**利吾国（　　　　）（　　　　）

4 **苟**為後義而先利（　　　　）（　　　　）

5 **不**奪**不**饜（　　　　）（　　　　）

6 人**無有不**善、水**無有不**下（　　　　）（　　　　）

7 是**豈**水之性**哉**（　　　　）（　　　　）

答

1 何ぞ必ずしも利と曰はん／反語　2 仁義有るのみ／限定
3 何を以つて吾が国を利せん／疑問
4 苟しくも義を後にして利を先にするを為さば／仮定
5 奪はずんば饜かず／仮定
6 人善ならざること有る無く、水下らざること有る無し／二重否定
7 是れ豈に水の性ならんや／反語

小国寡民〔老子〕

教718 P.80　教719 P.300

【大　意】 教718 80ページ2～8行　教719 300ページ2～8行

小さい国に少ない国民で、文明の利器を使わずその地の衣食住に満足し、古来の風俗を楽しんで他国と行き来しない。これが理想だ。

【書き下し文】

❶小国(しょうこく)寡民(かみん)。❷什伯(じゅうはく)の器(き)有(あ)るも、用(もち)ゐざらしむ。❸民(たみ)をして死(し)を重(おも)んじて、遠(とお)く徙(うつ)らざらしむ。❹舟輿(しゅうよ)有(あ)りと雖(いえど)も、之(これ)に乗(の)る所(ところ)無(な)く、

【現代語訳】

❶小さい国で少ない国民(がよい)。❷いろいろな器具があっても、使わせないようにする。❸国民に死を重んじ(て生命を大切にさせ)、遠い地に移住させないようにする。❹舟や車があっても、これに乗ることなく、よろいや武器があっ

甲兵有りと雖も、之を陳ぬる所無し。❺民をして復た縄を結びて之を用ゐ、其の食を甘しとし、其の服を美とし、其の居に安んじ、其の俗を楽しましむ。❻隣国相望み、鶏犬の声相聞こゆるも、民老死に至るまで、相往来せず。

（第八十章）

語句の解説

教718 80ページ　教719 300ページ

○寡民　少ない国民。「寡」は、少ない、の意。

❷使有什伯之器、而不用　いろいろな器具があっても使わせないようにする。「使」は、～させる、の意で、使役を表す。

1　「使有什伯之器、而不用。」というのは、なぜか。

答　便利さを求める心を持たないようにさせるため。便利な道具は人の知恵から生まれたもので、道具を使用すると人は欲を満たすものや利益を求めるようになり、ひいては国が乱れるから。

2　「重死」とは、どのような意味か。

答　死を重いことと捉えること。すなわち、生命を大切にすること。

ても、これを並べ（て威圧す）ることはない。❺国民に、昔にならって縄に結び目を作って（文字のかわりに）これを使わせ、その（地の）食べ物をおいしいとし、その（地の）服を美しいとし、その（地の）住居に安心して住まわせ、その（地の）風俗を楽しませるようにする。❻隣国が互いに眺められ、鶏や犬の声が互いに聞こえるほど（近く）でも、国民は年老いて死ぬまで、互いに行き来しない。（これが理想である。）

❹無所陳之　これを並べ（て威圧す）ることはない。
「陳」は、陳列する・並べる、の意。

❺復　また。もう一度。ここでは、昔にならって、と訳す。

❺甘其食　その（地の）食べ物をおいしいとし。

❺安其居　その（地の）住居に安心して住み。

❺俗　風俗。

❻相望　互いに眺められ。

3　「隣国」と「不相往来」というのは、なぜか。

答　隣国と交流すると、他をうらやむ心や、よりよいものがほしいという欲望が生まれ、国が乱れる原因となるから。また、隣国と交流することによって生じるわずらわしさを防ぐため。

天下莫柔弱於水〔老子〕

教718 P.81 教719 P.301

【大意】教718 81ページ2〜6行 教719 301ページ2〜6行

柔弱な水は堅剛なものに勝つ。水のように柔弱に、国の汚辱や不吉を引き受ける者が、天下の王者である。

【書き下し文】

❶天下水より柔弱なるは莫し。❷而れども堅強を攻むるは、之に能く先んずる莫し。❸其の以つて之を易ふる無きを以つてなり。❹故に柔の剛に勝ち、弱の強に勝つは、天下知らざる莫きも、能く行ふこと莫し。❺是を以つて聖人云ふ、「国の垢を受くる、是れを社稷の主と謂ふ。❻国の不祥を受くる、是れを天下の王と謂ふ。」と。❼正言は反するがごとし。

（第七十八章）

【現代語訳】

❶世の中に水より柔らかく弱いものはない。❷しかし堅く強いものを攻めるのは、これ（＝水）より優れるものはない。❸（なぜなら）その（＝水が）何ものかによってこれ（＝水の柔弱な性質）を変化させることはないからである。❹それゆえ柔らかいものが堅いものに勝ち、弱いものが強いものに勝つことは、世の中で知らない者はないのに、実行できる者はいない。❺そこで聖人は、「国の汚辱を（自分の身に）引き受ける者、これを国家の主という。❻国の不吉を（自分の身に）引き受ける者、これを天下の王という。」と言うのである。❼真理にかなった正しい言葉は、一見すると真理に反しているように見える。

語句の解説

教718 81ページ 教719 301ページ

❶＊莫〜於—　—より〜なものはない。比較の意を表す。

❷莫之能先　これ（＝水）より優れるものはない。「之」が動詞の前に置かれ、倒置になっている。水は柔弱で自在に形を変えられ、傷つくことはない。一方堅剛なものは砕ければもとには戻らず、傷もつく。また、水はどんな細い場所にも入りこみ、堅剛な岩に穴をあけたり城を流したりする力をも持つことなどを言っている。

❸以其無以易之也　その（＝水が）何ものかによってこれ（＝水の柔弱な性質）を変化させることはないからである。「〜無きを以つてなり」の「以」は、理由や原因を表し、〜ので・〜から、などと訳す。「以つて之を易ふる」の「以」は、手段や道具を表し、〜で・〜によって、などと訳す。ここでは、「以」のあとに「物」などが省略されている。

❹柔之勝剛、弱之勝強　柔らかいものが堅いものに勝ち、弱い

ものが強いものに勝つことは。

❹**莫レ不レ知**（なキモ・しラざル）　知らない者はないのに。

＊莫レ不レ〜。＝〜ないものはない。二重否定の意を表す。

❹**莫二能行一**（なシ・よクおこなフコト）　実行できる者はいない。

4　「莫能行」というのは、なぜか。

答　柔らかいものが堅いものに勝ち、弱いものが強いものに勝つことを信じて我慢強く実行することができなかったため。

❺**聖人**（せいじん）　「道」を体得した人のこと。道家のいう「道」は、簡単には説明できないが、万物の根源となる、とてつもなく偉大な絶対的な存在で、人知を超えたものとして考えられている。

❺**受二国之垢一**（うクル・くにの・はじヲ）　国の汚辱を引き受ける者。

学習の手引き

一　老子が理想とする「小国寡民」（718八〇・2　719三〇〇・2）とは、どのような考えか、説明してみよう。

解答例　他国と交流はせず、その土地の衣食住で満足し、昔ながらの風俗や文化を大切にすることが、理想的な国の治め方である。国は小さく、国民は少ないのがよい。

二　「正言若反」（718八一・6　719三〇一・6）について、老子が考える「正言」を本文中から抜き出し、どのような点が真理に反しているように見えるのか、説明してみよう。

考え方　「正言若反」は逆説的な表現。老子が考える「正言」は、世間一般の考え方とは反対のように聞こえるということから考える。

解答例　・「柔之勝剛、弱之勝強」（718八一・3　719三〇一・3）…「剛強なものが柔弱なものに勝つのが当たり前」という一般的な考え方に反して、「柔弱なものが剛強なものに勝つ」と主張している点。

・「受国之垢、是謂社稷主。受国之不祥、是謂天下王。」（718八一・5　719三〇一・5）…国の一番上に君臨する者は「国の汚辱」や「国の不吉」を受けることはない、と普通は考えるのに反して、人々の下で汚辱や不吉を引き受けることが王者たるものの役割だと考えている点。

三　老子は、世の中のどのような考え方を批判しているのか、説明してみよう。

解答例　・人々は豊かさや発展を求めるが、それらは国の乱れや戦争につながる。安らかで平和な理想的な社会は、身のまわりにあるものに満足して、あるがままに生きることから生まれる。

・君主は堅剛に国に君臨しようとするが、それはまちがっている。真に強いのは水のように「柔弱」なものであり、天下の王たるものは、水のように柔弱に、国の汚辱や不吉を引き受けるべきである。

句形

◇**書き下し文に直し、太字に注意して、句形のはたらきを書こう。**

1　天下**莫**柔弱**於**水　（　　　　）（　　　　）

2　**莫不**知　（　　　　）（　　　　）

答　1　天下水より柔弱なるは莫し／比較　2　知らざる莫し（知らざる莫きも）／二重否定

渾沌〔荘子〕

教718 P.82　教719 P.302

【大　意】　教718 82ページ2～7行　教719 302ページ2～7行

南海の帝の儵と北海の帝の忽が、中央の帝・渾沌の恩恵へのお礼として渾沌に七つの穴をあけてやったところ、渾沌は死んでしまった。

【書き下し文】

❶南海の帝を儵と為し、北海の帝を忽と為し、中央の帝を渾沌と為す。❷儵と忽と、時に相与に渾沌の地に遇ふ。❸渾沌之を待すること甚だ善し。❹儵と忽と、渾沌の徳に報いんことを謀りて曰はく、「人皆七竅有りて、以つて視聴食息す。❺此れ独り有ること無し。❻嘗試みに之を鑿たん。」と。❼日に一竅を鑿ち、七日にして渾沌死す。

（応帝王）

【現代語訳】

❶南海の帝を儵といい、北海の帝を忽といい、中央の帝を渾沌という。❷儵と忽とは、あるとき、ともに渾沌の治める地で出会った。❸渾沌は、これ(＝儵と忽)をたいへん厚くもてなした。❹儵と忽とは、渾沌の恩恵に報いようと相談して、「人間にはみな七つの穴があって、これらの穴によって見たり聞いたり食べたり呼吸したりしている。❺これ(＝渾沌)だけには(これらの穴が)ない。❻試しに(渾沌に)これ(＝穴)をあけてやろう。」と言った。❼一日に一つの穴をあけていったところ、七日目に(穴が全部あいて)渾沌は死んでしまった。

語句の解説

教718 82ページ　教719 302ページ

❶為レ儵　儵といい。「～為レ―」は、「～ヲ―トなス」と読み、～を―と呼ぶ・～を―という、の意。

1　「儵」「忽」は何を象徴しているか。

答　「儵」「忽」とも時間のきわめて短いことを表す。ここでは、限りある生命体である人間や、人間の行為を象徴している。

❸待レ之甚善　これ(＝儵と忽)をたいへん厚くもてなした。

❹以視聴食息　これらの穴によって見たり聞いたり食べたり呼吸したりしている。

❺此独無レ有　これ(＝渾沌)だけには(これらの穴が)ない。

❻嘗試　試しに。「嘗」には、味わって試す、「試」には、使って試す、の意味がある。

❼日鑿二一竅一　一日に一つの穴をあけていったところ。「日」は、ここでは、一日に、の意。「鑿」は、穴をあける、の意。

2　「渾沌」は、なぜ「死」んだのか。

答　渾沌の未分化であるがままの自然本来の健やかな営みが、七つの穴(=目・耳・鼻・口)をあけられたことによって生じた知恵や欲望によって失われてしまったから。

曳尾於塗中

〔荘子〕

教718 P.83　教719 P.303

【大意】 教718 83ページ2～8行　教719 303ページ2～8行

楚王が荘子に国政を委ねたいと伝えてきたが、荘子は尊ばれる神亀も生きていたほうがよかったように、自分も高い地位につくよりも自由に生きていきたい、と楚王の申し出を辞退した。

【書き下し文】

❶荘子濮水に釣る。❷楚王大夫二人をして往きて先んぜしむ。❸曰はく、「願はくは竟内を以つて累はさん。」と。❹荘子竿を持し顧みずして曰はく、「吾聞く、楚に神亀有り、死して已に三千歳なり。❺王巾笥して之を廟堂の上に蔵すと。❻此の亀は、寧ろ其れ死して骨を留めて貴ばるるを為さんか、寧ろ其れ生きて尾を塗中に曳かんか。」と。❼二大夫曰はく、「寧ろ生きて尾を塗中に曳かん。」と。❽荘子曰はく、「往け。❾吾将に尾を塗中に曳かんとす。」と。

（秋水）

【現代語訳】

❶荘子が濮水で釣りをしていた。❷楚の王が二人の大夫に(王の意を告げるために)先行させた。❸(大夫は、)「(ぜひ)国内の政治をあなたにお任せしたいと思います。」と言った。❹荘子は竿を持ち、振り返らずに、「私は、楚の国には占いに使う神聖な亀の甲羅があり、死後三千年にもなると聞く。❺王は布で包んで箱に入れて、これ(=亀の甲羅)を、先祖の霊がまつってある所の上にしまわれているとのこと。❻この亀は、死んで骨を留めて貴ばれたかったか、それとも生きて尾を泥の中で引きずっていたかったか。」と言った。❼二人の大夫は、「生きて尾を泥の中に引きずっていたかったでしょう。」と言った。❽荘子は、「(では、)帰られよ。❾私も尾を泥の中に引きずっていたい。」と言った。

語句の解説

教718 83ページ　教719 303ページ

❷**使二大夫二人往先一焉**　二人の大夫に(王の意を告げるために)先行させた。「使二―一～」は、「―ヲシテ～(セ)シム」と読み、―に～させる・―を遣わして～させる、の意で、使役を表

す。「焉」は、意味を強める置き字。

❸**願**（ねがハクハ）　ここでは、〜したく思う、の意。

❹**死**（し）**シテ已**（すでニ）**三千歳**（さんぜんさい）**ナリ矣**　死後三千年にもなる。

❻**寧**（むしロ）**其**（そレ）**死**（し）**シテ**……**曳**（ひカン）**二尾**（お）**ヲ於塗中**（とちゅう）**一ニ乎**（か）　死んで骨を留めて貴ばれたかったか、それとも生きて尾を泥の中で引きずっていたかったか。

「曳」は、ここでは、引きずる、の意。

＊寧（むしロ）〜乎（か）、寧（むしロ）―乎（か）。＝〜か、それとも―か。比較の意を表す。あとのほうが選ばれるものであることが多い。

❾**将**（まさニ）**レ曳**（ひカント）**二尾**（お）**ヲ於塗中**（とちゅう）**一ニ**　尾を泥の中に引きずっていたい。「将」は再読文字で、ここでは意志を表し、〜したい・（すぐに）〜しようとする、などと訳す。

3　「吾将曳尾於塗中。」とは、どういう意味か。

答　亀が尾を泥の中に引きずりながら自由に生きるように、自分も誰かに仕えるのではなく、寿命がつきるまで自由気ままにのびのびと生きていきたい、という意味。

学習の手引き

一　**「渾沌」について、「渾沌死」（718八三・7 719三〇三・7）は、どういうことを意味しているか、説明してみよう。**

考え方　「渾沌」が死んだ理由は、「渾沌」に「七竅」をあけたことにある。「渾沌」に「七竅」をあけるという行為に託された意味を考えよう。

解答例　「渾沌」は自然の象徴であり、「七竅」は人間の象徴である。人間の浅はかな知恵や欲によって自然に手を加えると、自然本来の健やかな営みが崩れてしまう、ということを意味している。

二　**「曳尾於塗中」について、荘子はどのような生き方をよしとするのか、説明してみよう。**

考え方　「神亀」よりも「曳尾於塗中」の生き方をよしとしていることから考えよう。

解答例　地位や名誉を求めて危険を冒すよりも、貧賤ではあっても本性に従って自然のままに自由にのびのびと安全に生きる生き方をよしとしている。

句形

◇**書き下し文に直し、太字に注意して、句形のはたらきを書こう。**

1　**寧**　其　死　為　留　骨　而　貴　**乎**、**寧**　其　生　而　曳　尾　於　塗　中　**乎**

（　　　　　　　　）（　　　　）

答　1　寧ろ其れ死して骨を留めて貴ばるるを為さんか、寧ろ其れ生きて尾を塗中に曳かんか／比較

侵（をかス）官（くわん）之害

〔韓非子〕

教718 P.84　教719 P.304

【大 意】 教718 84ページ2〜8行 教719 304ページ2〜8行

韓の昭侯は酔って寝てしまった自分に衣をかけてくれた典冠と、自分の職務を怠った典衣とを両方とも処罰した。他の役職の権限を侵して功を立ててはならず、官と職、言葉と行動は一致させなければならないからである。

【書き下し文】

❶昔者、韓の昭侯酔ひて寝ねたり。❷典冠の者君の寒きを見るや、故に衣を君の上に加ふ。❸寝より覚めて説び、左右に問ひて曰はく、「誰か衣を加ふる者ぞ。」と。❹左右対へて曰はく、「典冠なり。」と。❺君因りて典衣と典冠とを兼ね罪せり。

❻其の典衣を罪せるは、以つて其の事を失ふと為せばなり。❼其の典冠を罪せるは、以つて其の職を越ゆと為せばなり。❽寒きを悪まざるに非ざるなり。❾以為へらく、官を侵すの害は、寒きよりも甚だしと。❿故に明主の臣を畜ふや、臣は官を越えて功有るを得ず、言を陳べて当たらざるを得ず。⓫官を越ゆれば則ち死され、当たらざれば則ち罪せらる。(二柄)

【現代語訳】

❶昔、韓の昭侯が(酒に)酔って寝てしまった。❷典冠(＝君主の冠を管理する役人)が昭侯の寒そうな様子を見て、それゆえ衣を昭侯の上に重ねた。❸(昭侯は)眠りから覚めて喜び、側近に尋ねて、「誰が衣を重ねてくれたのか。」と言った。❹側近は答えて、「典冠でございます。」と言った。❺昭侯はそこで典衣(＝君主の衣服を管理する役人)と典冠とを両方とも処罰した。

❻その(＝昭侯が)典衣を処罰したのは、自分の職務を怠ったとしたからである。❼その(＝昭侯が)典冠を処罰したのは、自分の職務を越えたとしたからである。❽(昭侯は)寒さをいやがらないわけではない。❾(他の役人の)職権を侵す害は、寒いこと(の害)よりも重大だと(昭侯は)考えたのである。❿それゆえ、優れた君主が臣下を養うには、臣下は自分の役職の権限を越えて功を立てることは許されず、意見を述べて(その言葉に行動が)一致しないことは許されない。⓫自分の職権を越えれば殺され、言行が一致しなければ処罰される。

語句の解説

教718 84ページ 教719 304ページ

❷見₌君之寒₋也 君主(＝昭侯)の寒そうな様子を見て。

❸左右 側近。

❸誰加レ衣者 誰が衣を重ねてくれたのか。

＊誰〜。＝誰が〜か。人物を問う疑問の意を表す。「者」と呼応して用いることが多い。

❺兼罪 典衣与₌典冠₋ 典衣と典冠とを両方とも罰した。「兼」は、同時に複数のことを行う、の意。「典衣」は、君主の衣服を管理する役人。「典」には、つかさどる・管理する、の意がある。

1 「失其事」とは、どのような意味か。

答 君主の衣服を管理する職務を怠ったという意味。

❼越其職 その(=自分の)職務を越える。「職」は、ここでは、職務・役目、の意。
❽非不悪寒也 寒さをいやがらないわけではない。
＊非不〜。=〜ないわけではない。二重否定の意を表す。
❾以為 〜と考える。〜と思う。

2 「侵官」とは、どのような意味か。

答 自分の職権を越えて他の役人の職務に手を出すという意味。他の役人の職権を侵すこと。

❿明主 優れた君主。名君。
❿畜臣 臣下を養うには。
❿不得越官而有功 自分の役職を越えて功を立てることは許されない。「不得」は、〜できない・許されない・〜してはならない、という不可能・禁止の意を表す。

3 「不当」とは、どのような意味か。

答 言葉と行動が一致しないという意味。言葉だけで実行が伴わないこと。

非愛也 〔韓非子〕

教718 P.85　教719 P.305

【大意】 教718 85ページ2〜7行　教719 305ページ2〜7行

子に対する母の愛ほど大きな愛はないが、子を刑罰や死から救い、子を生かし続けるのは愛ではなく、先生や医者である。母親が愛では家を存続させられないように、君主も愛では国を守れない。

【書き下し文】

❶慈母の弱子に於けるや、愛は前を為すべからず。❷然れども弱子に僻行有れば、之をして師に随はしめ、悪病有れば、之をして医に事へしむ。❸師に随はざれば則ち刑に陥り、医に事へざれば則ち死に疑し。❹慈母愛すと雖も、刑より振ひ死

【現代語訳】

❶母親の幼い子に対する関係では、愛は母の愛にまさるものはない。❷しかし幼い子に非行があれば、これ(=幼い子)を先生につかせ、悪い病があれば、これ(=幼い子)を医者にかからせる。❸先生につかなければ刑罰を受け、医者にかからなければ死んでしまう。❹母親が(幼い子を)愛しても、(幼い子を)刑罰より救済し死から救うには役に立たない。❺したがって子を生かし続けるものは、愛で

より救ふに益無し。❺則ち子を存する者は、愛に非ざるなり。❻子母の性は愛なり。❼臣主の権は筴なり。❽母愛を以つて家を存すること能はず、君安くんぞ能く愛を以つて国を持せんや。

（八説）

はないのである。❻母親の本性は愛情である。❼君主の権力は計算（によるもの）である。❽母親でさえ愛情によって家を存続させることはできないのだから、君主がどうして愛によって国を維持することができるだろうか、いや、できはしない。

語句の解説

教718 85ページ　教719 305ページ

❶**慈母之於弱子也**　母親の幼い子に対する関係では。「〜之於〜也」は、「〜の〜ニおケルや」と読む。〜の〜との関係を表す形で、ここでは、〜の〜に対する関係では、と訳す。「慈母」は「厳父」に対し、愛情深い母親のことをいう。

❷**使之随師**　これ（＝幼い子）を先生につかせ。「使〜〜」は、「〜ヲシテ〜（セ）しム」と読み、使役の意を表す。

❸**疑於死**　死んでしまう。「疑」は、ここでは「擬」と同じで、〜しようとする、の意。

❹**無益於振刑救死**　（幼い子を）刑罰より救済し死から救うには役に立たない。「振」は、ここでは、救う・救済する、の意。

❺**則**　したがって。ここでは、「故」に近い意を表す。

4　**「存子者、非愛也。」とは、どのような意味か。**

答　子を生かすものは、愛ではない、という意味。子を正しい道に導き、病から救うものは、先生であり医者であって、母の愛情だけでは子を生かし続けることはできない、ということ。

❽**不能以愛存家**　愛情によって家を存続させることはできない。

❽**安能以愛持国**　どうして愛によって国を維持することができるだろうか、いや、できはしない。「安能〜」は、どうして〜できようか、いや、できはしない、の意で、反語を表す。

学習の手引き

一　**「侵官之害」について、「侵官」が「害」である理由を説明してみよう。**

考え方　職域を越えた行いをした典冠を賞した場合、どのような弊害が起こり得るかを考えてみよう。

解答例　自分の役職を越えて功績を立てることが賞されるようになると、臣下が役職を越えて行動して功名を争うようなことが増え、法によって統制された国家体制が揺らいでしまうから。

二　（718 八五・6　719 三〇五・6）**「非愛也」について、「母不能以愛存家、君安能以愛持国。」とはどういうことか、説明してみよう。**

解答例　母のこれ以上ないほど大きな愛をもってしても、それだけでは子を生存させることはできないのだから、君主が愛だけで国家を維持することは不可能である。したがって、君主が国家を維持するには、人間の感情的なものよりも、法を重視することが必要である。

三 **韓非の主張からわかる、法家の思想の特徴をまとめてみよう。**

解答例 ◯「侵官之害」…たとえよい行為であっても職権を越えて行うことは許されず、言行が一致しないことは許されない。
◯「非愛也」…愛では国を維持することはできない。
→法は絶対であり、愛や思いやりよりも法を重視する。

句形

◇**書き下し文に直し、太字に注意して、句形のはたらきを書こう。**

1 **誰**加衣者　（　　　）（　　　）
2 **非不**悪寒也　（　　　）（　　　）

答　1 誰か衣を加ふる者ぞ／疑問
2 寒きを悪まざるに非ざるなり／二重否定

言語活動　名句・名言について調べる

教718 P.86　教719 P.306

活動の手引き

一 **『論語』を出典とする次の句について、それぞれの意味と使われる場面とを調べて、発表しよう。**

1 過ち（あやま）て改めざる　是れを過ちと謂ふ。
2 義を見て為（な）さざるは勇無きなり。
3 後生（こうせい）畏（おそ）るべし。

考え方 三つとも有名な言葉なので、意味は辞書などに載っている。意味とそこから考えられる使われる場面をまとめる。使われる場面とともに例文も考えてみよう。意味は字句通りの意味だけでなく、本当に伝えたいことは何なのかも考えてまとめるとよい。

解答例 1 意味…まちがっても改めないのが、本当のまちがいだ。
使われる場面…人や自分が失敗したときや、失敗しそうなので挑戦することをためらっているとき。
2 意味…人としてすべきことを知りながら、それをしないのは勇気がないからだ。すべきことがわかるのなら、それをしなければならない。
使われる場面…困っている人を見たとき。問題の解決策を思いついたとき。
3 意味…自分よりあとから生まれた若い人は、これからどれほどの力量となるかわからないので、おそれなければならない。若い人は可能性がある。
使われる場面…後輩ができたとき。

逸話

●「逸話」とは

ある人物に関する、世の中であまり知られていない話を、逸話という。

逸話は、その人物の性格をよく表している話として紹介されることが多いが、逆に、人物の意外な側面を表す話である場合もある。また、歴史上の人物の場合には、その時代をうかがい知ることのできる話であることもある。

『説苑』は、中国の歴史故事を集めた書物。「君道」「臣術」「建本」「立節」「貴徳」「復恩」などの二十編から成る。君主を戒めるための説話・寓話・逸話を列挙し、その間に教訓的な議論を挟んでいる。前漢の劉向の撰で、散逸していたものを、北宋の曽鞏が復元した。

『新序』は、『説苑』と同じく、劉向が撰んだ逸話集である。

『列子』は、荘子より前の道家、列禦寇の撰。「天瑞」「黄帝」「周穆王」「仲尼」「湯問」「力命」「楊朱」「説符」の八編から成る。老子の主張に基づき、欲望や利害に左右されず虚心を保つ「虚」を重んじるなどの道家の思想が、寓話を用いて書かれている。

不顧後患 〔説苑〕

教718 P.88〜P.89 教719 P.308〜P.309

【大　意】 1 教718 88ページ1〜3行 教719 308ページ1〜3行

呉王が荊を討とうと考え、側近の者たちに「諫めようとする者は生かしておかない。」と宣言した。少孺子という年若い舎人(=王の近くにはべる官)が王を諫めようと思ったが決心がつかず、はじき弓を持って裏庭を歩き回った。

【書き下し文】

❶呉王荊を伐たんと欲し、其の左右に告げて曰はく、「敢へて諫むる者有らば死せん。」と。❷舎人に少孺子なる者有り。❸諫めんと欲するも敢へてせず。❹則ち丸を懐き弾を操りて、後園に遊ぶ。❺露其の衣を沾す。❻是くのごとき者三旦なり。

【現代語訳】

❶呉王が荊を討伐しようとして、王のそばに仕えている臣下たちに知らせて言った、「(私を)押し切って諫めようとする者があれば、死ぬことになるぞ。」と。❷舎人(=王の近くにはべる官)に少孺子という者がいた。❸(少孺子は王を)諫めたいと思ったが、決心がつかなかった。❹そこで、はじき弓のたまをふところに入れ、はじき

弓を持って、(宮殿の)裏庭を歩き回っていた。❻このようなことを毎朝三日間続けた。

語句の解説 1

教718 88ページ　教719 308ページ

❶**呉王欲レ伐レ荊**　呉の王が荊を討伐しようとして。ここでの「呉王」とは、「臥薪嘗胆」の故事で有名な夫差とされる。「欲レ～ント」は、～しようとする、の意。

❶**告**　ここでは、(上の者が下の者に)知らせて、の意。

❶**敢有二諫者一**　押し切って諫めようとする者があれば。「敢～」は、ここでは、押し切って～すれば、の意。

❷**有二少孺子者一**　少孺子という者がいた。「有二～者一」は、「～ナルものあリ」「～トイフものあリ」などと読み、～という者がいた、の意を表す。なお、「少孺子」の「少」には、年若い、「孺子」には、おさなご、の意がある。

❸**不レ敢**　進んでしない・決してしない、の意。ここでは、決心がつかない、と訳している。一部否定ではないので注意。なお、「敢不二～一」は反語表現である。

❹**則**　そこで。ここでは順接の意で用いられている。

❹**遊二於後園一**　裏庭を歩き回っていた。「遊」は、ここでは、歩き回る、の意。「後園」は、家の後ろにある庭・裏庭、の意。

❺**沾**　ぬらす。

❻**如レ是者**　このようなこと。「如レ～ノ」は、～のようである、の意。「者」は、人・事柄・事物・場所などをさしていう語。

❻**三旦**　毎朝三日間。「旦」は、朝・夜明け、の意。

【大　意】 2　教718 88ページ4行～89ページ2行　教719 308ページ4行～309ページ2行

呉王が何をしているのか尋ねると、少孺子は、「蟬は後ろにかまきりがいるのに気づかず、かまきりはそばに黄雀がいるのに気づかず、黄雀は私のはじき弓に気づきません。」と答えた。呉王は少孺子の言いたいことを理解して、出兵をやめた。

【書き下し文】

❶呉王曰はく、「子来たれ。❷何ぞ苦しみて衣を沾すこと此くのごとき。」と。❸対へて曰はく、「園中に樹有り。❹其の上に蟬有り。❺蟬高居し悲鳴して露を飲み、蟷螂の其の後ろに在るを知らざるなり。❻蟷螂身を委ねて曲附し、蟬を取ら

【現代語訳】

❶呉王は言った、「そなた、(こちらに)来なさい。❷どうしてわざわざそのように着物をぬらしているのか。」と。❸(少孺子は)答えて言った、「庭に木があります。❹その上に蟬がいます。❺蟬は高い所にいて高い声で鳴きながら露を飲んでいて、かまきりがその後ろにいるのを知りません。❻かまきりは体をかがめ、脚を縮めて、蟬を捕ろうとしていますが、しかし黄雀がそばにいるのを知りませ

んと欲し、而も黄雀の其の傍らに在るを知らざるなり。❼黄雀頸を延べ、螳螂を啄まんと欲し、而も弾丸の其の下に在るを知らざるなり。❽此の三者は、皆務めて其の前利を得んと欲し、而も其の後ろの患ひ有るを顧みざるなり。」と。❾呉王曰はく、「善きかな。」と。❿乃ち其の兵を罷む。

ん。❼黄雀は首をのばして、かまきりをついばもうとしていますが、しかし(私の持っている)はじき弓がその下にあることを知りません。❽この三者は、みな目の前の利益を得ようと懸命ですが、しかし自分の後ろに災いが迫っていることを気にかけないのです。」と。❾呉王は(それを聞いて)言った、「(そなたの言うことは)もっともだなあ。」と。❿そこで(呉王は)出兵を取りやめた。

語句の解説 2

教718 88ページ　教719 308ページ

❶子 きみ。おんみ。あなた。二人称の代名詞。男性の尊称としても用いられ、『論語』では孔子をさす。一般にも軽い敬意を含み、ここでは、そなた、と訳した。

❷何苦沾レ衣如レ此 どうしてわざわざそのように着物をぬらしているのか。「苦」は、つらい思いをする、の意で、ここでは、わざわざ、と訳した。「如レ此」は、少孺子が裏庭を歩き回って着物をぬらしていることをさしている。

＊何～。＝どうして～か。疑問の意を表す。

❸対曰 答えて言った。「対」は、多く、目上の人に対して答える場合に用いる。

❺高居 高い所にいて。

❺也 断定の意を表す。

❻而 ～であるが。しかし。ここでは逆接を表す。訓読では、前の語に「テ・シテ・ドモ」などを添えて直接には読まない場合もある。

❼欲レ啄 ついばもうとしていますが。

1 「此三者」とは、何をさすか。

答 蟬、かまきり、黄雀。

❽務 できるだけ。懸命に努力して。

❽前利 目の前の利益。

2 「前利」とは、何をさすか。

答 蟬にとっての露、かまきりにとっての蟬、黄雀にとってのかまきりをさす。

❽不レ顧二其後之有一レ患也 自分の後ろに災いが迫っていることを気にかけないのです。「顧」は、ここでは、気にかける・心配する、の意。「患」は、ここでは、災い・災難、の意。

❾善哉（教718 89ページ　教719 309ページ） もっともだなあ。「哉」は、感嘆・詠嘆の意を表す助字で、～だなあ、の意を表す。「善」は、ここでは、正しいと認める意。

＊～哉。＝～だなあ。感嘆の意を表す。

⑩乃(すなわチ)　そこで。ここでは、順接の意を表す。

⑩罷(やム)　取りやめた。中止した。

学習の手引き

一 **「欲諫不敢。」（718 八八・2 719 三〇八・2）における少孺子の心情を説明してみよう。**

解答例 「諫める者がいれば生かしておかない」と呉王が言っているので、諫めたくても思い切って諫められなかった。

二 **少孺子が呉王を説得するためにとった方法をまとめてみよう。また、呉王は少孺子の言葉からどのようなことを悟ったか、説明してみよう。**

考え方 呉王は「敢(ヘテ)有(ラバ)二諫(ムル)者一死(セン)。」（718 八八・1 719 三〇八・1）と言っているので、普通のやり方で諫めることは不可能だったことを押さえておく。

解答例 少孺子…まず裏庭を露にぬれながら歩くことで呉王の注意を引き、そのうえで蟬やかまきり、黄雀の例を用いて、目先の利益を追うことの危険をそれとなく悟らせるという方法。

呉王…自分が計画している荊の討伐が、目先の利益を追うだけのものでしかなく、しかもそのすきをねらっている国があるのだということ。

句形

◇書き下し文に直し、太字に注意して、句形のはたらきを書こう。

1 **何**苦沾衣如此　（　　　　）（　　　　）

2 善**哉**　（　　　　）（　　　　）

答
1 何ぞ苦しみて衣を沾すこと此くのごときと／疑問
2 善きかな／感嘆

不レ若三人有二其宝一 〔新序〕

教718 P.90～P.91 教719 P.310～P.311

【大意】 1 教718 90ページ1～4行 教719 310ページ1～4行

宋の国の人が子罕に玉を献上したが、子罕は、「私は無欲であることを宝だと考えているが、おまえは玉を宝と考えている。それぞれが自分の宝を持っているのがよい。」と言って、玉を受け取らなかった。

【書き下し文】

❶宋人に玉を得し者有り。❷諸を司城子罕に献ず。❸子罕受けず。❹玉を献ずる者曰はく、「以つて玉人に示すに、玉人以つて宝と為す。❺故に敢へて之を献ず。」と。❻子罕曰はく、「我は貪らざるを以つて宝と為し、爾は玉を以つて宝と為す。❼若し我に与ふれば、皆宝を喪ふなり。❽人ごとに其の宝を有するに若かず。」と。

【現代語訳】

❶宋の人で、玉を手に入れた者がいた。❷これ(＝その玉)を司城(＝土地や人民をつかさどる大臣)の子罕に献上した。❸(しかし)子罕は受け取らなかった。❹玉を献上した者は言った、「(その玉を)玉の細工をする人に見せたところ、玉の細工をする人は(その玉を)宝玉であると認めました。❺だからどうしてもと(思って)献上したのです。」と。❻(すると)子罕は言った、「私は欲深くならないことを宝だと考えており、おまえは玉を宝だと考えている。❼もしも(おまえが玉を)私にくれるならば、どちらも宝を失うことになる。❽それぞれが自分の宝を持っているのがいちばんよい。」と。

語句の解説 1

教718 90ページ 教719 310ページ

❶**宋人** 宋の(国の)人。〔国名＋人〕は、「～ひと」と読む。

❷**献二諸司城子罕一** これ(＝その玉)を司城の子罕に献上した。
「献二之於司城子罕一」と同じ意味。この「諸」は一字で「之於」二字と同じはたらきをしている。

❹**以示二玉人一** (その玉を)玉の細工をする人に見せたところ。
「以レA示二～一(Aヲもツテ～ニしめス)」のA(ここでは「玉」)が省略された形。

❹**以為レ宝** (その玉を)宝玉であると認める。「以レA為レ～(Aヲもツテ～トなス)」のA(「玉」)が省略された形。

❻**不レ貪** 欲深くならないこと。無欲。

❻**爾** あなた。おまえ。

❼**若与レ我者** もしも(おまえが玉を)私にくれるならば。「若」は、仮定を表す副詞。ここでは、「者」は「ば」と読む。

答 1

なぜ「皆喪宝」ということになるのか。

宋人は玉を子罕に献上してしまうと、自身にとっての宝(＝玉)を失うことになり、子罕は玉を受け取ってしまうと、自分が大切にしている「不貪(＝欲深くならないこと・無欲)」という宝(＝信念)を失うことになるから。

❽＊不レ若二〜一。 〜には及ばない。〜がいちばんよい。比較の意を表す。「若」は、匹敵する、の意。

【大意】 2 教718 90ページ5行〜91ページ3行 教719 310ページ5行〜311ページ3行

宋の国の有徳者は、「和氏の璧と道徳の真実を語る言葉とを示したら、賢者は真実を語る言葉を選ぶ。その人の知性が精緻であるほど、その人の選ぶものは精緻となる。子罕が宝とするものは、このうえないものなのだ。」と言った。

【書き下し文】

❶故に宋国の長者曰はく、「子罕は宝無きに非ざるなり。❷宝とする所の者異なるなり。❸今百金と摶黍とを以つて、以つて児子に示さば、児子は必ず摶黍を取らん。❹和氏の璧と百金とを以つて、以つて鄙人に示さば、鄙人は必ず百金を取らん。❺和氏の璧と道徳の至言とを以つて、以つて賢者に示さば、賢者は必ず至言を取らん。❻其の知弥精なれば、其の取るや弥精なり。❼其の知弥粗なれば、其の取るや弥粗なり。❽子罕の宝とする所の者至れり。」と。

【現代語訳】

❶そこで、宋の国の有徳者は言った、「子罕は宝がないわけではない。❷(彼が)宝とするものが、(他の人の宝と)異なっているのだ。❸もし大金ときびだんごとを、子供に示したら、子供は必ずきびだんごのほうを選ぶだろう。❹和氏の璧と大金とを、小人に示したら、小人は必ず大金のほうを選ぶだろう。❺(一方)和氏の璧と道徳の真実を語る言葉とを、賢者に示したら、賢者は必ず真実を語る言葉を選ぶだろう。❻その人の知性が精緻であればあるほど、その人の選ぶものはいよいよ精緻なものとなる。❼(一方)その人の知性が粗雑であればあるほど、その人の選ぶものはいよいよ粗雑なものとなる。❽子罕が宝とするものは、このうえないものである。」と。

語句の解説 2

教718 90ページ 教719 310ページ

❶**非レ無レ宝也** 宝がないわけではない。

＊非レ無二〜一。＝〜がないわけではない。二重否定の意を表す。

❷**所レ宝 者** (子罕が)宝とするもの。

❸**今以三百金与二摶黍一、以示二児子一** もし大金ときびだんごとを、子供に示したら。「今」は、ここでは仮定を表す。「今〜、必ず―」の形をとることが多く、もし〜ならば、必ず―となる、の意となる。「与」は並列の関係を表し、「〜与レ―(〜ト―と)」の形をとる。「百金」は、大金、のこと。

❺**道徳** 人として正しく生きていくための規範のこと。

教718 91ページ　教719 311ページ

❻知(ち)　知性。物事の真実を見きわめる能力。

❻弥(いよいよ)　いよいよ。ますます。「弥〜弥―」は、〜であればあるほどいよいよ―、の意。

❻精(せい)　精緻。「粗」の反対。

❼粗(そ)　粗雑。「精」の反対。

2　「其知弥精、其取弥精。」とは、どういうことか。

答　その人の知性が精緻であればあるほど、精緻なものを求めるということ。知性の程度によって、求めるものの程度も決まってくるということ。

❽至(いたレリ)矣　このうえないものである。「至」は、最高であることをいう。❺の「至言」も、「最高の言葉」の意から、真実を語る言葉、を表す。「矣」は、ここでは断定の意を表す置き字で、読まない。

学習の手引き

一　子罕が「玉」を受け取らなかった理由を説明してみよう。

解答例　世俗的な宝である「玉」を受け取ってしまうと、自分が大切にしている「不貪（＝欲深くならないこと・無欲）」という宝を失うことになってしまうから。

二　宋国の長者の言葉について

1　「宝」というものをどのように捉えているか、まとめてみよう。

2　子罕が「玉」を受け取らなかったことをどのように評価しているか、説明してみよう。

考え方　2　「子罕之(ノ)所レ宝(トスル)者至(レリト)矣。」（718九一・2 719三一一・2）とあることを押さえよう。

解答例　1　人にとっての「宝」とは、その人の知性の「精」「粗」の程度によって、それぞれに異なるものである。

2　子罕が「宝」とする「不貪」は、賢者の求める「道徳之至言」に相当するもので、有徳者はそれを「至（＝このうえないもの）」だと言っている。したがって、子罕が「不貪」という宝を失わなかったことを高く評価していると言える。

句形

◇書き下し文に直し、太字に注意して、句形のはたらきを書こう。

1　**不若**人有其宝　（　　　）（　　　）

2　**非無**宝也　（　　　）（　　　）

答
1　人ごとに其の宝を有するに若かず／比較
2　宝無きに非ざるなり／二重否定

不死之道〈列子〉

教718 P.92～P.93 教719 P.312～P.313

【大意】 1 教718 92ページ1～5行 教719 312ページ1～5行

燕の国の君主は、不死の方法を知っているという者に使者をやってその方法を伝授してもらおうとしたが、急いで行かなかったため、不死の方法を知っているという者は死んでしまった。使者を処刑しようとする君主を、臣が「自分が死んでしまうような者には君主を死なせないことなどできないだろう。」と諫め、君主を思いとどまらせた。

【書き下し文】

❶昔、人に不死の道を知ると言ふ者有り。❷燕の君人をして之を受けしむ。❸捷やかならずして、言ふ者死す。❹燕の君甚だ其の使者を怒り、将に誅を加へんとす。❺幸臣諫めて曰はく、「人の憂ふる所の者は、死より急なるは莫し。❻己の重んずる所の者は、生より過ぎたるは莫し。❼彼自ら其の生を喪へり。❽安くんぞ能く君をして死せざらしめんや。」と。❾乃ち誅せず。

【現代語訳】

❶昔、不死の方法を知っていると言う者がいた。❷燕の国の君主は人を遣わしてこれ(＝不死の方法)を体得させようとした。❸(しかし)急いで行かなかったため、(不死の方法を知っていると)言う者は死んでしまった。❹燕の国の君主はひどくその使者を怒り、すぐに処刑しようとした。❺(すると、)寵愛されている臣が(君主を)諫めて言うには、「(世の)人の心配するものには、死よりもさし迫るものはありません。❻自分の重んずるものには、生以上のものはありません。❼彼(＝不死の方法を知っていると言った者)は自らその生を失いました。❽(その彼が)どうして君主を死なせないことができましょうか、いや、できないでしょう。」と。❾そこで(君主は使者を)処刑しなかった。

語句の解説 1

教718 92ページ 教719 312ページ

❶**不死之道** 不死の方法。

❷**燕君** 燕の国の君主。

❷**使二人受レ之** 人を遣わしてこれ(＝不死の方法)を体得させようとした。「使二――ヲシテ～一(セ)」は、――に～させる・――を遣わして～させる、の意で、使役を表す。「之」は「不死之道」のこと。

❸**言者** (不死の方法を知っていると)言う者。

❹**将レ加レ誅焉** すぐに処刑しようとした。「将」は再読文字で

「まさニ～ントす」と読み、ここでは、(すぐに)～しようとする、の意。「誅」は、殺すこと・処刑、「加レ誅」は、処刑をする、の意。

❺**諫** 「諫」は、下の者が上の者に進言して、行いを正させる、の意。

【大 意】 2 教718 92ページ6～8行 教719 312ページ6～8行

斉子もまた不死の方法を学びたいと思っていて、不死の方法を知っていると言う者の死を知り、くやしがった。富子はこれを笑って、「不死の方法を知っているはずの人が死んでしまったのだから、その方法を学んでもしかたがない。」と言った。

【書き下し文】

❶斉子なるもの有り、亦其の道を学ばんと欲す。❷言ふ者の死せるを聞き、乃ち膺を撫して恨む。❸富子聞きて之を笑ひて曰はく、「夫れ学ばんと欲する所は不死なり。❹其の人已に死するも、而も猶ほ之を恨む。❺是れ学を為す所以を知らず。」と。

語句の解説 2 教718 92ページ 教719 312ページ

❶**其道** 不死の道。不死の方法。

❷**乃** ここでは順接を表す接続詞。

❸**夫** そもそも。

❹**猶** いまだに。やはり。

❺**是** ここでは、これは～である、の意。

❺**不レ知三所二以為一レ学** 学ぼうとしていることがわかっていない。

1 「所以為学」とは、どういう意味か。

答 自分が何を学ぼうとしているのか、という意味。

❺**莫レ急二乎死一** 死よりさし迫るものはない。「乎」は、ここでは比較を表す前置詞だが、置き字として訓読しない。

❽**安能令二君不一レ死也** どうして君主を死なせないことができましょうか、いや、できないでしょう。「安～也」は、どうして～か、いや、～でない、という反語の意を表す。

【現代語訳】

❶斉子という者がいて、またその(＝不死の)方法を学びたいと思っていた。❷(不死の方法を知っていると)言う者が死んだことを聞いて、胸をたたいて残念がった。❸富子が聞いてこれを笑って言うには、「そもそも学ぼうとしたことは不死(の方法)である。❹その(不死の方法を知っているはずの)人がすでに死んでしまったのに、しかもいまだにこれを残念がっている。❺これは学ぼうとしていることがわかっていないということである。」と言った。

【大意】 3 教718 93ページ1〜6行 教719 313ページ1〜6行

胡子は、「富子の言うことは正しくない。人には技術があっても実行できない者も、実行できてもその技術がない者もいる。だから、実行できないからといって、不死の方法を知っていながら死んだ者が、不死の方法を伝えられない、ということにはならない。」と言った。

【書き下し文】

❶胡子曰はく、「富子の言は非なり。❷凡そ人には術有りて行ふ能はざる者、有り。❸能く行ひて其の術無き者も、亦有り。❹衛人に数を善くする者有り。❺死に臨みて訣を以つて其の子に喩す。❻其の子其の言を志すも、而も行ふ能はざるなり。❼他人之を問へば、其の父の言ふ所を以つて之に告ぐ。❽問ふ者其の言を用ゐて、其の術を行ふに、其の父と差ふ無し。❾若し然らば、死者奚為れぞ生術を言ふ能はざらんや。」と。

【現代語訳】

❶胡子は言った、「富子の言うことは正しくない。❷そもそも人には、技術があっても実行することはできない者が、いる。❸実行はできてもその技術がない者も、またいる。❹衛国の人で占いなどの術にたけている者がいた。❺（術にたけている者は）臨終のとき、（その術の）秘訣をその子に教えた。❻その子はその言葉を覚えたが、実行することはできなかった。❼他人がそれ（＝術の秘訣）を尋ねたところ、（その子は）その父が言ったことをその人に教えた。❽（術の秘訣を）尋ねた者がその言葉を用いて、その術を行うと、その父と同じように行うことができた。❾もしそうであれば、（不死の方法を知っていながら）死んだ者は、どうして不死の術を言うことができないだろうか、いや、言うことはできる。」と。

語句の解説 3 教718 93ページ 教719 313ページ

❶**非也** 正しくない。まちがっている。

❷**凡** ここでは、そもそも・一般的に、などの意味。

❷**不レ能レ行 者** 実行することができない者。「能」は、可能を表す。〜できない、という不可能の意を表すときは「不レ能レ〜（〜スルあたハず）」のような形をとる。肯定のときは、「能〜（よク〜スル）」の形をとり、「能」が副詞になる。

❹**善レ数 者** 占いなどの術にたけている者。

❺**喩** 告げる。教える。

❽**与二其 父一無レ差 焉** その父（＝術にたけた者）と差がなかった。すなわち、同じようにできた、ということ。

❾**若 然** もしそうであれば。「然」は、そうである、の意。

2 「若然」とは、どういうことか。

答 もし技術を知っていても実行することができない者がいるとすれば、ということ。

❾死者（ししゃ）（不死の方法を知っていながら）死んだ者。
❾奚為（なんすレゾ）不レ（ざラン）能レ（あたハ）言ニ（いフ）生術一（せいじゅつヲ）哉（や）　どうして不死の術を言うことができないだろうか、いや、言うことはできる。「生術」は「不死之道」のこと。
＊奚為（なんすレゾ）不ニ（ざラン）～一哉（や）。＝どうして～でないだろうか、いや、～である。反語の意を表す。

学習の手引き

一　幸臣が燕君を諫めた理屈を説明してみよう。

解答例　「言者」は、不死の方法を知っているはずなのに、最も大事であるはずの自分の命さえ失ってしまったのだから、まして他の人を死なせないようにすることなどできるはずがないのだという理屈。

二　富子は、「言者」の死を聞いて残念がる斉子をなぜ「笑」（718 九二・7 719 三二・7）ったのか、説明してみよう。

考え方　第二段落の内容をよく押さえよう。

解答例　「言者」は不死の方法を知っているはずなのに、その人自身が死んでしまったので、その人は不死の方法を体得していなかったことになる。効果のない方法を学んでも意味がないのに、斉子が「言者」の死を残念がっているのは、ばかげていると思ったから。

三　胡子が富子の言葉を「非也」（718 九三・1 719 三三・1）とした理由を説明してみよう。

考え方　胡子の言葉の末尾の文「若シ然ラバ、死者奚為レゾ不レ能ハレ言ニ生術ヲ一哉。」に着目し、「然（＝そうである）」の指示内容を押さえよう。「凡人ニハ……。能ク行ヒテ……。」（718 九三・1～2 719 三三・1～2）の二文が、胡子が特に言いたいこと。「衛人ニ……無レ差シ焉フ。」（718 九三・2～5 719 三三・2～5）までは、この二文を説明するたとえ話になっている。

解答例　人には、技術を知っていても実行することはできない者も、実行はできても技術を知らない者もいる。不死の方法を知っていると言っていたのに死んでしまった者も、自分で行うことはできなくても、不死の技術は知っていて、人に伝えることができたかもしれないので、学んでも意味がないとは言い切れないから。

句形

◇書き下し文に直し、太字に注意して、句形のはたらきを書こう。

1　死者**奚為**不能言生術**哉**

（　　　　）（　　　　）

答　1　死者奚為れぞ生術を言ふ能はざらんや／反語

言語活動　蟷螂の故事

教718 P.94　教719 P.314

活動の手引き

一　『荘子』の山木編に載る同内容の話を読み、「後患を顧みず」の意味するところとの違いを説明してみよう。

考え方　荘子は中国古代の思想家で、道家の代表とされる。何かにこだわることなくすべてのものをあるがままに受け入れ、自然体で生きることを説いた。「ウェブ資料」には『荘子』山木編の中の蟷螂の故事が載っている。「荘周」は荘子のこと。『荘子』では「後患を顧みず」という言葉は出てこないが、『説苑』でこの言葉を出すために少孺子がたとえた「蟬有り。蟬高居し悲鳴して露を飲み、蟷螂の其の後ろに在るを知らざるなり。蟷螂身を委ねて曲附し、蟬を取らんと欲し、而も黄雀の其の傍らに在るを知らざるなり。黄雀頸を延べ、蟷螂を啄まんと欲し、而も弾丸の其の下に在るを知らざるなり」という話と同様に、「一蟬の方に美蔭を得て其の身を忘るるを睹る。蟷螂翳を執りて之を搏たんとし、得を見て其の形を忘る。異鵲従ひて之を利とし、利を見て其の真を忘る」と、セミを狙うカマキリ、そのカマキリを狙う奇妙なカササギの描写があり、自分（＝荘子）はその奇妙なカササギを狙っていたとある。この状況に気づいた荘子が「噫、物は固より相累し、二類は相召ぶなり」と悟る。口語訳では「ああ、万物は本来危害を加え合い、利益と損害が互いに招き合うものなのだ」と訳されている。動物がそれぞれ目の前の動物を狙っている状況から、『説苑』では目の前の利益を得ようと懸命になり、自分の後ろに災いが迫っていることを気にかけない、ということを伝えているが、『荘子』山木編では「万物は本来危害を加え合い、利益と損害が互いに招き合うもの」とされているのが、違いといえる。「ウェブ資料」には続きがあり、奇妙なカササギを追っていた荘子はうっかり立ち入り禁止の園林に入ってしまっており、園林の番人に泥棒とまちがわれてとがめられている。それを三か月も気にして落ち込んでいたという。こだわることなく、すべてをありのままに受け入れることを理想としていた荘子なので、奇妙なカササギにこだわり、うっかり先生からの教えも守らず人からとがめられることをしてしまったことを悔いているのだと考えられる。

解答例　『説苑』では、みな目の前の利益を得ようと懸命になり、自分の後ろに災いが迫っていることを気にかけない、という意味となっているが、『荘子』山木編では、万物は本来危害を加え合い、利益と損害が互いに招き合うものだ、という意味になっている。

諸家の文章㈠

※教719では、学習しません。

●諸家の文章

古代中国の散文には、大きく分けて古文と駢儷文（ガイド30ページ）とがあるが、この二つの大きな流れの中で、文人たちはそれぞれ自己の思いを表現した。

「漁父辞」は、漢の劉向が編纂した『楚辞』に収められた作品で、儒家的な思想を持つ楚の屈原と、道家的な思想を持つ漁父が、互いの人生観を述べ合うものである。

「五柳先生伝」は、南朝東晋の詩人・役人である陶潜が、仮想の人物についての虚構の伝記という形をとりながら、自らが理想とする生き方や人物像を、極めて簡潔に叙述したものである。

「春夜宴従弟桃花園序」は、詩仙と呼ばれる李白の作品である。この文章は四六駢儷文の形式をとりながら、その欠点である退屈な修辞技法や思想内容の空虚さを見事に克服している。

「捕蛇者説」は、柳宗元が司馬（＝現在の日本の副知事）として左遷されていた永州で、苛政に苦しむ民衆の姿を明らかにし、政治の在り方を問うたものである。

漁父辞　屈原〔楚辞〕

教718 P.96～P.97

【大意】 1 教718 96ページ1～4行

屈原は楚の王族であったが、追放されてやつれていた。その理由を魚捕りの老人に尋ねられ、世間の人々がみな濁って汚れているのに、私だけが潔白であるからだと答えた。

【書き下し文】

❶屈原既に放たれて、江潭に游び、行沢畔に吟ず。❷顔色憔悴し、形容枯槁す。❸漁父見て之に問ひて曰はく、「子は三閭大夫に非ずや。❹何の故に斯に至る。」と。❺屈原曰はく、「世を挙げて皆濁るに、我独り清む。❻衆人皆酔ふに、我独り醒

【現代語訳】

❶屈原は追放されてしまい、湘江の水辺をさまよい、沢のほとりを歩きながら詩歌を口ずさんでいた。❷顔色はやつれて、その姿は痩せこけていた。❸魚捕りの老人は（そのさまを）見て尋ねて言った、「あなたは楚の王族の三閭大夫ではありませんか。❹どういうわけでこんなところに来られたのですか。」と。❺屈原は言った、「世間の人々がみな濁って汚れているのに、ただ私だけが潔白である。❻

む。❼是を以つて放たる。」と。

数多くの人々がみな酔っているのに、私だけが醒めている。❼こういうわけで私は追放されたのである。」と。

語句の解説 1

教718 96ページ

❶**既**（すでニ）　行為や事態が終了したことを表す。
❶**游**（あそビ）　あちこち移動し。
❶**吟**（ぎんズ）　口ずさむ。ここでは、嘆きの思いを口ずさんでいたと考えられる。
❷**形容**（けいよう）　容貌。姿かたち。
❸**子**（し）　あなた。男子に対する敬称。
❸＊**非**（あらズ）ニ～一**与**（や）。　～ではないか。疑問の意を表す。
❹＊**何故**（なんノゆえニ）～。　どういうわけで～か。疑問の意を表す。
❹**斯**（ここ）　ここ。江潭の地をさす。
❺**挙**（あゲテ）　こぞって。
❺**独**（ひとリ）　ただ～だけ。多くは「独リ～（ノミ）」の形で用い、限定の意を表す。
❼**是以**（ここヲもッテ）　こういうわけで。だから。

【大意】 2　教718 96ページ5行～97ページ3行

屈原が自分から追放されるようにさせた理由を魚捕りの老人が尋ねると、屈原は世俗の塵埃を潔白な身にかぶるくらいならば、湘江の流れに身を投げ魚のえじきになったほうがましだからだと答えた。

【書き下し文】

❶漁父曰はく、「聖人は物に凝滞せずして、能く世と推移す。❷世人皆濁らば、何ぞ其の泥を淈して、其の波を揚げざる。❸衆人皆酔はば、何ぞ其の糟を餔らひて、其の釃を歠らざる。❹何の故に深く思ひ高く挙がりて、自ら放たれしむるを為すや。」と。❺屈原曰はく、「吾之を聞く、新たに沐する者は必ず冠を弾き、新たに浴する者は必ず衣を振るふと。❻安くんぞ能く身の察察たるを以つて、物の汶汶たるを受くる者ならんや。❼寧ろ湘流に赴きて、江魚の腹中に葬らるとも、安く

【現代語訳】

❶魚捕りの老人は言った、「聖人は、物事にこだわらないで、世間の風潮とともに移り変われるものです。❷世間の人がみな濁っているのならば、どうして自分もその泥をかきまぜて濁して、その泥水を波立たせないのですか。❸数多くの人々がみな酔っているのならば、どうしてその酒のしぼりかすを食べて、その酒かすを水で溶いた薄い酒をすすらないのですか。❹どういうわけで深刻に思い高潔にふるまって世俗と同調せず、自分から追放されるようにさせたのですか。」と。❺屈原は言った、「私はこういうことを聞いています、髪を洗いたての者は必ず冠についている塵を指先ではじき落としてからかぶり、体を洗いたての者は必ず着物についている塵を振

んぞ能く皓皓の白きを以つて、而も世俗の塵埃を蒙らんや。」と。

語句の解説 2

教718 96ページ

❶**能** 〜できる。可能の意を表す。

❶**与** 〜と。「与二〜一」は、あとに名詞(句)を伴い、〜と、の意を表す。

❷**何不二〜一** どうして〜しないのか、〜すればよいのに。反語。

❹**為** 〜する、の意を表す。「自ら放たれしむるや」と、「や」または「か」と読み、疑問を表す助字とする説もある。

1 「自令放為」とは、どういう意味か。

答 自分から自分が追放されるようにさせた、という意味。

【大　意】 3 教718 97ページ4〜7行

魚捕りの老人はにっこりと笑い、歌いながら舟をこぎ去った。そして、二度と屈原といっしょに語ることはなかった。

【書き下し文】

❶漁父莞爾として笑ひ、枻を鼓して去る。❷乃ち歌ひて曰はく、

滄浪の水清まば　以つて吾が纓を濯ふべし
滄浪の水濁らば　以つて吾が足を濯ふべし　と。

り払ってから着ると。❻どうして潔白な体に汚れた物を受けいれられましょうか、いや、受けいれられません。❼いっそのこと湘江の流れに身を投げて、川魚の腹に葬られても、どうして真っ白い体に、世俗の塵埃をかぶることができましょうか、いや、できません。」と。

❺**之** 指示内容が以後に示される。または、前の語が動詞であることを示すための形式目的語とも捉えられる。

教718 97ページ

❻**＊安〜乎。** どうして〜しようか、いや、〜しない。反語の意を表す。

❼**＊寧〜、―。** いっそ〜ても、―。比較・選択の意を表す。二つの条件のうち、どちらかといえば一方のほうがよい、という意。

❼**於** 場所や範囲を示す置き字。訓読しない。

❼**以** 〜を。〜に(対して)。目的語や対象となる内容を示す。

❼**而** 逆接の意を表す。

【現代語訳】

❶魚捕りの老人はにっこりと笑い、かいの音をたてて舟をこいで去った。❷そこで歌って言った、

滄浪の川の水が澄んでいるならば、それで自分の冠のひもを洗えばよい
滄浪の川の水が濁っているならば、それで自分の足を洗えばよ

❸遂に去りて復た与に言はず。

いと。

❸そのまま（魚捕りの老人は）去って、二度と（屈原と）いっしょに語ることはなかった。

語句の解説 3

教718 97ページ

❶莞爾　「莞爾」として笑った漁父の気持ちは、屈原の気持ちを肯定するものでも否定するものでもなく、お互いに相いれない生き方だと判断しての笑いである。

❶而　ここでは順接を表す置き字。

❷乃　そこで。そうして。ここでは順接の意を表す。

❷兮　文のリズムを整えるときに用いる。句中や句末に置く。訓読しないことが多い。

❷可以～　それで～すればよい＝「以」は、ここでは手段にあたる語が省略されていて、それ（＝滄浪の水）で、の意。

❸遂　ある行為から予想されることが、そのまま出現することを表す。「とうとう」の意ではない。

❸＊不復～。　二度とは～ない。一部否定の意を表す。

❸与　副詞。いっしょに、の意。

学習の手引き

一　対句に注目して、漁父と屈原の問答を整理しよう。

考え方　対句とは、文法的構造が同じで、文字や言葉の意味・性質が対照的になっている二つの句を並べる表現技法。

解答例　漁父と屈原の問答における対句は次の五箇所である。

①挙世皆濁、我独清
　衆人皆酔、我独醒

②世人皆濁、何不漏其泥、而揚其波
　衆人皆酔、何不餔其糟、而歠其釃

③新沐者必弾冠
　新浴者必振衣

④安能以身之察察、受物之汶汶者乎
　安能以皓皓之白、而蒙世俗之塵埃乎

⑤滄浪之水清兮　可以濯吾纓
　滄浪之水濁兮　可以濯吾足

①～⑤は屈原と漁父とのかけあいになっていて、①の屈原の言葉に対して、漁父は②のように返し、③・④の屈原の言葉に対して、漁父は⑤のように返している。

二　漁父の言う「聖人」（718 九六・5）とはどういう人か、説明してみよう。

解答例　漁父の言う「聖人」とは、世の中の動きに逆らわず、その清濁に順応するという、すべてを超越している人である。これは老荘的隠者の思想でもある。

三 屈原は、「新沐者必弾冠、新浴者必振衣」（718 九六・8）という言葉を引くことで何を主張しようとしたのか、説明してみよう。

解答例 世俗のけがれに染まらず、自らの信じる正しい道を追求しようという儒教的立場を主張しようとしている。社会の矛盾に対する懐疑と絶望を抱えつつも、決して屈服しない孤高の精神の持ち主と言えよう。

句形

◇書き下し文に直し、太字に注意して、句形のはたらきを書こう。

1 子**非**三閭大夫**与**　（　　）（　　）

2 **何故**至於斯　（　　）（　　）

3 **安能**以身之察察、受物之汶汶者**乎**　（　　）（　　）

4 **寧**赴湘流、葬於江魚之腹中　（　　）（　　）

5 **不復**与言　（　　）（　　）

答
1 子は三閭大夫に非ずや／疑問
2 何の故に斯に至る／疑問
3 安くんぞ能く身の察察たるを以つて、物の汶汶たるを受くる者ならんや／反語
4 寧ろ湘流に赴きて、江魚の腹中に葬らるとも／比較・選択
5 復た与に言はず／一部否定

五柳先生伝

陶潜〔陶淵明集〕

教718 P.98〜P.99

【大意】 1 教718 98ページ1〜2行

先生と呼ばれる人があり、その人はどこの出身か、姓名は何というのかも明らかにはしなかった。先生の住まいの辺りには五本の柳の木があったので、その柳の木にちなんで「五柳」を呼び名としていた。

【書き下し文】

❶先生は何許の人なるかを知らざるなり。❷亦其の姓字を詳らかにせず。❸宅辺に五柳樹有り、因りて以つて号と為す。

【現代語訳】

❶先生はどこの（出身の）人かわからない。❷またその姓名を明らかにはしていない。❸（先生の）住まいの辺りに五本の柳の木があり、それによって呼び名としたのである。

語句の解説 1

教718 98ページ

❶**先生不レ知ニ何許人一也**　先生はどこの人であるかわからない。五柳先生については、わからないことが多かったことを示している。

【大　意】　2　教718 98ページ3～6行

先生はものしずかで口数も少なく、栄誉や利益にも気持ちを動かさなかった。書物を読むことを好むが、細かな意味の解釈までは求めない。自分の気持ちにかなうことがあると、とても喜び楽しんで食事も忘れた。酒を飲むことを好むけれど、貧しい暮らしなので、望むようには飲めなかった。親戚や旧友が酒席を設けて先生を招くと、先生はそこにある酒を飲み尽くした。先生の目的は酒に酔うことだけであった。

【書き下し文】

❶閑靖にして言少なく、栄利を慕はず。❷書を読むを好むも、甚だしくは解することを求めず。❸意に会すること有る毎に、便ち欣然として食を忘る。❹性酒を嗜むも、家貧しくして常には得る能はず。❺親旧其の此くのごときを知り、或いは置酒して之を招けば、造り飲みて輒ち尽くす。❻期するは必ず酔ふに在り。❼既に酔ひて退き、曽て情を去留に吝かにせず。

【現代語訳】

❶ものしずかで口数が少なく、栄誉や利益に心を寄せることがない。❷書物を読むことを好むけれど、細かなところまで意味を解することは求めなかった。❸(自分の)心にかなうことがあるたびに、すぐに喜び楽しみ食事を忘れる。❹根っから酒を飲むことを好むが、家が貧しいためいつも(酒を)手に入れられるとはかぎらなかった。❺親戚や旧友が、(先生が)そのような様子であることを知り、時には酒席を設けてこれ(＝先生)を招くと、(先生は)出かけて行っていつも(あるだけの酒を)飲み尽くす。❻期待することは必ず酔うことにあった(＝酔うことだけを望んでいた)。❼やがて酔って帰り、(そのとき)一度も去ろうか留まろうかためらうことはなかった。

語句の解説 2

教718 98ページ

❶**閑靖少レ言、不レ慕ニ栄利一**　先生の人柄が示された一文。ものしずかで口数も少なく、栄誉や利益に関心を持つこともない人物だと述べられている。

❷**不レ求ニ甚解一**　「甚」は、普通よりも程度が高い、「解」は、解き明かす・理解する、の意味。直前の「好レ読レ書」の内容を受けている。

1 「不求甚解」とは、どういう意味か。

答 書物を読むことは好むけれど、だいたいの内容がわかればよく、細部まで解き明かそうとはしない、という意味。

❸**毎レ有レ会レ意、便欣然忘レ食** 心にかなうことがあるたびに、すぐに喜び楽しみ食事を忘れる。自分の気持ちにかなうことがあったときの先生の様子を伝えている。素直に喜び、食事も忘れるほど夢中になるのである。

❹**性** 生まれつき。根っから。

❹**不レ能二常得一** いつも(酒を)手に入れられるとはかぎらなかった。

＊不二常～一＝いつも～とはかぎらない。一部否定の意を表す。

❺**其如レ此** 「其ノ」は、先生が、という意味。「如レ此」は、「性嗜レ酒、家貧不レ能二常得一」をさす。先生が酒好きなのに家が貧しくていつも酒を飲めるとはかぎらないということを述べている。

❺**或** 時には。

❺**造** 出かけて行き。「造ル」は「至ル」と同意。

❺**輒** そのたびに・いつも、の意。すぐに・たやすく、の意もある。

❻**期在二必酔一** 先生の思いを述べている。先生は酒席に呼ばれたら必ず酔って帰ろうという思いでいたのである。

❼**曽不レ吝二情去留一** 一度も去ろうか留まろうかためらうことはなかった。先生は、酒席から帰ろうとするときに、もう少し飲んでから帰ろうか、などと迷ったことが一度もないというのである。

【大　意】 3 教718 98ページ7行～99ページ1行

先生の家は小さくて狭く、着物は粗末で、飲食も十分とは言えないが、先生は安らかで落ち着いている。そして、文章を書いて一人楽しむ。先生は人生の成功や失敗に気持ちを迷わせることなく、思うままに生きて、一生を終えたのである。

【書き下し文】

❶環堵蕭然として、風日を蔽はず。❷短褐穿結し、箪瓢屡空しきも、晏如たり。❸常に文章を著して自ら娯しみ、頗る己が志を示す。❹懐ひを得失に忘れ、此れを以つて自ら終はる。

【現代語訳】

❶小さく狭い家はもの寂しいさまで、(冷たい)風や(強い)日差しを遮るものはない。❷短い粗末な着物は破れを結んで繕い、飯や飲み物を入れる器はたびたび空になるが、(先生は)安らかで落ち着いている。❸いつも文章を書いて一人楽しみ、少しばかり自分の思いを表す。❹人生の成功や失敗に心を煩わさず、このように自分の思うように生き、一生を終えた。

語句の解説 3

教718 98ページ

❶不レ蔽二風日一 「風日」は、冷たい風や強い日差しのこと。小さく粗末な家で、これらを遮ることができない、ということ。

❷短褐穿結、箪瓢屢空 前の「環堵蕭然、不レ蔽二風日一」とともに、先生の暮らしぶりを表している。「短褐穿結」からは、短い粗末な着物を、破れた箇所を繕って着ていること、「箪瓢屢空」からは、食べるものがないときもあることがわかる。

❷晏如也 安らかで落ち着いている。貧しい暮らしの中でも落ち着いている五柳先生の態度がわかる。「也」は置き字で訓読しない。

❸頗 少しばかり。いささか。ここでは、多く、の意ではない。

教718 99ページ

❹以レ此自終 「以レ此」は、このように、の意。前に述べた先生の生き方をさす。先生はこのように自分の思うように生き、その一生を終えたと語られている。

【大　意】 4　教718 99ページ2～7行

この五柳先生をたたえる文には、春秋時代の斉の隠者の言葉である、『貧しさや身分の低さを憂えることがなく、財産や身分の高さに憧れることをしない。』を引いて、先生の生き方と重なることを示している。また、酒を飲みながら詩を作り楽しむという、先生の暮らしぶりを挙げて、昔の伝説上の帝王と言われた、無懐氏や葛天氏のようでもあると、褒めたたえている。

【書き下し文】

❶賛に曰はく、「黔婁言へる有り、『貧賤に戚戚たらず、富貴に汲汲たらず。』と。❷其れ茲若き人の儔を言ふか。❸酬觴して詩を賦し、以つて其の志を楽しむ。❹無懐氏の民か、葛天氏の民か。」と。

【現代語訳】

❶賛（＝人物の行跡をまとめてたたえる文）に言うには、「（春秋時代の斉の隠者である）黔婁の言葉に、『貧しさや身分の低さに憂え心配することなく、財産や身分の高さに（憧れて）あくせく勤めることはしない。』とある。❷（先生は）このような人のたぐいを言うのであろうよ。❸（先生は）酒を飲みかわしながら詩を作り、それで自分の心を楽しませた。❹（先生は、伝説上の帝王で、人々に安らぎを与えたという）無懐氏の民であったのだろうか、（または同じく）葛天氏の民であったのだろうか。」と。

語句の解説 4

教718 99ページ

❷其言二茲若人之儔一乎 このような人のたぐいを言うのであろうよ。「黔婁」と先生との共通点を指摘している。

＊其～乎。＝～であろうよ。感嘆の意を表す。

2　「其志」とは何か。

答　五柳先生自身の心。

❹**無懐氏之民歟**（むかいしのたみか）、**葛天氏之民歟**（かつてんしのたみか）　無懐氏の民であったのだろうか、葛天氏の民であったのだろうか。

＊〜歟（か）。＝〜か。疑問の意を表す。

学習の手引き

一　**五柳先生の人物像を、本文の記述をもとに整理しよう。**

考え方　五柳先生と呼ばれるようになった理由や、その性格、周囲の人々との接し方、暮らしぶりなどから、人物像を整理してみよう。

解答例　五柳先生は、自分のことは語らず、言葉数も少なく、人に名前を知られることも、栄誉や利益を求めることも望まない。書物を読むことは好むが、深く解釈しようとまではしない。家が貧しいので、好きな酒も思うようには飲めないが、親戚や友人たちが酒席に招いてくれることもある。そのときには深く酔うまで飲み尽くすと、満足して帰宅する。衣類や食べ物にも事欠くこともあるが、いつも安らかな気持ちで過ごしている。文章を書くことを楽しみ、少しだけ自分の思いをつづるなど、慎ましくも自分の思うように生きている人物である。

二　**五柳先生の生き方のどのような点を、「無懐氏」（718 九九・5）や「葛天氏」（718 九九・6）の民のようだと言うのか、説明してみよう。**

考え方　「無懐氏」と「葛天氏」の二人の帝王と、それぞれの民との関係はどのようであったかをもとに、五柳先生の生き方を考えよう。

解答例　「無懐氏」と「葛天氏」の二人の帝王の時代、その民たちは、帝王の治世に守られて、安らかに暮らしていた。五柳先生も自分の暮らしの貧しさ、苦しさを悩むのではなく、親戚や友人たちとの交流を楽しみ、その思いやりに感謝して生きていた点が、二人の帝王の時代の民と共通する。

句形

◇**書き下し文に直し、太字に注意して、句形のはたらきを書こう。**

1　**不能**常得　（　　　　）（　　　　）

2　**其**言茲若人之儔**乎**　（　　　　）（　　　　）

3　無懐氏之民**歟**　（　　　　）（　　　　）

答

1　常には得る能はず／一部否定

2　其れ茲若き人の儔を言ふか／感嘆

3　無懐氏の民か／疑問

春夜宴二従弟桃花園一序

李白〔李太白文集〕

教718 P.100～P.101

【大　意】 1 教718 100ページ1～4行

人生は夢のようにはかないものであり、歓び楽しむ歳月はわずかだ。古人をみならい、楽しめるときは、昼夜の別なく楽しむべきである。まして今は美しい春の季節である。

【書き下し文】

❶夫れ天地は万物の逆旅にして、光陰は百代の過客なり。❷而して浮生は夢のごとし、歓を為すこと幾何ぞ。❸古人燭を乗りて夜遊ぶ、良に以有るなり。❹況んや陽春我を召くに煙景を以つてし、大塊我に仮すに文章を以つてするをや。

【現代語訳】

❶そもそも、天地は万物を迎え入れる宿屋であり、流れゆく歳月は永遠に過ぎ去っていく旅人である。❷そして、定めない人生は夢のよう（にはかないもの）であり、歓び楽しむ歳月はどれだけ（の時間）だろうか。❸昔の人々が、灯火を手に持って夜も遊び楽しんだのは、まことに理由のあることなのだ。❹ましてや、うららかな春の季節はかすみたなびく春景色で私を招き、大地は大自然の美しい景色を私に貸し与えているのだから、（楽しむべきなのは）いうまでもない。

語句の解説 1　教718 100ページ

❶夫　そもそも。文の初めに置き、発語のはたらきをして、議論の話題を提示する。

❶者　ここでは、主語を明確に提示し、強調するはたらきをする語。一般に文末に「也」を用いて呼応させる。

❷而　そして。接続詞。ここでは、「しかシテ」「しこうシテ」と訓読して順接の意を表す。

❷若　～のようである。比況の意を表す。

❷＊幾何。　どれだけか。疑問の意を表す。数量や時間、程度を尋ねるときに用いる。

1　「若夢」とは、どういうことのたとえか。

答　はかないものであることのたとえ。

❸有レ以也　「以」は、ここでは名詞。わけ・理由・原因、の意。

❹況～ヲヤ　ましてや、～いうまでもない。さらに程度の進んだ内容を補足する、抑揚の意を表す。

❹文章　あや・模様、の意。ここでは、大自然の美しい景色のこと。

文章を書く資質、ととる説もある。

【大　意】 2 教718 100ページ5～8行

兄弟たちは私を除き詩才を持つ者ばかりだ。景色をめで、花咲く木の下、月光のもとで酒に酔う。美しい詩歌ができるはずだ。できなければ罰として酒三杯を飲むことにしよう。

【書き下し文】

❶桃花の芳園に会して、天倫の楽事を序す。❷群季の俊秀は、皆恵連たり。❸吾人の詠歌は、独り康楽に慚づ。❹幽賞未だ已まず、高談転た清し。❺瓊筵を開きて以つて花に坐し、羽觴を飛ばして月に酔ふ。❻佳詠有らずんば、何ぞ雅懐を伸べん。❼如し詩成らずんば、罰は金谷の酒数に依らん。

【現代語訳】

❶桃の花のかぐわしく咲く庭園に集い、一族の兄弟の楽しみを述べる。❷(ここに集まる)多くの若い優秀な従弟たちは、みな謝恵連のよう(に詩に巧み)である。❸(年長の)私の詠歌だけが、謝霊運に(及ばず)恥ずかしく思う。❹心静かに景色をめでることは尽きず、俗世間を離れた高尚な話は、ますます清らかになる。❺立派な宴席を開いて、花の咲く木の下に腰を下ろし、盛んに杯を交わして月光のもとで酒に酔う。❻美しい詩歌が生まれなければ、どうして風雅な思いを述べられようか、いや、述べられない。❼もし詩ができなければ、その罰は金谷園の例にならって酒三杯を飲ませることにしよう。

語句の解説 2

教718 100ページ

❷**為** ～である。主語に対して、それが何であるかを判断する。

❸**独** ただ～・ただ～だけ・ただ～にすぎない。限定の意を示す副詞として動詞の前に置く。

❸**慚** 恥ずかしく思う。

❹**已** 停止する。終わる。

❹**転** 副詞。程度がますます深まる意を表す。

❺**羽觴** 「觴」は、杯、の意。

2 「坐花」「酔月」とは、それぞれどういう意味か。

答 「坐花」＝桃の花の咲く木の下に座る。「酔月」＝月を眺めながら酒に酔う。

❻**何** どうして。ここでは文末に「ン」があるので、反語の意を表す。

❼**如詩不成** 「如～」は、もし～ならば、の意で仮定を表す。

❼**依** ～に倣おう。「依」は、依拠する・よりどころにする、の意。

学習の手引き

一 本文の構成を、⑴四字句・六字句と⑵対句に注目して、整理してみよう。

考え方 この文章は、四字・六字の句を基本とし、対句を多用するという表現技巧によって、極めてリズミカルな印象である。このような対句を連ねる文章を「駢儷文」という。

解答例

ア (夫)天地者万物之逆旅也／光陰者百代之過客也 ── 対句

イ (而)浮生若夢／為歓幾何 ── 四字句

ウ 古人秉燭夜遊／良有以也 ── 六字句と四字句

エ (況)陽春召我以煙景／大塊仮我以文章 ── 対句

オ 会桃花之芳園／序天倫之楽事 ── 六字句・対句

カ ①群季俊秀、②皆為恵連／③吾人詠歌、④独慚康楽 ── 四字句・隔句対(①と③、②と④がそれぞれ対句)

キ 幽賞未已／高談転清 ── 四字句・対句

ク 開瓊筵以坐花／飛羽觴而酔月 ── 六字句・対句

ケ 不有佳詠／何伸雅懐 ── 四字句

コ 如詩不成／罰依金谷酒数 ── 四字句と六字句

⑴ イ・ウ・オ・カ・キ・ク・ケ・コ

⑵ ア・エ・オ・カ・キ・ク

二 「況陽春……以文章。」(718・3)とはどういうことか、説明してみよう。

考え方 「況んや～をや」の抑揚形に注目。まず程度の低いものを例として押さえ、そのあとに程度の高いものを提示している。

解答例 人生ははかなく、楽しめるときはわずかしかないので、古人が夜も遊んだのは当然のことであり、まして今夜のように美しい春の夜であれば、なおさら楽しむべきだ、ということ。

三 「雅懐」(718・8)とは、具体的にどのようなことについての思いか、説明してみよう。

解答例 自然の景色(「坐花」「酔月」「幽賞未已」)と、そこに集まった人々の姿(「高談転清」「飛羽觴」)への思い。

句形

◇書き下し文に直し、太字に注意して、句形のはたらきを書こう。

1 **為**歓**幾何** (　　　)(　　)

答 1 歓を為すこと幾何ぞ／疑問

捕レ蛇ヲ者ノ説

柳 宗元〔柳先生文集〕

教718 P.102〜P.105

【大 意】 1 教718 102ページ1〜5行

永州には猛毒を持つ珍しい蛇がいたが、その蛇は薬になるため、租税の代わりにすることができた。そのため、永州の人々は争って毒蛇を捕らえようと走り回った。

【書き下し文】

❶永州の野に異蛇を産す。❷黒質にして白章あり。❸草木に触れなば尽く死し、以つて人を齧まば、之を禦ぐ者無し。❹然れども得て之を腊にし以つて餌と為さば、以つて大風・攣踠・瘻癘を已め、死肌を去り、三虫を殺すべし。❺其の始め、太医王命を以つて之を聚め、歳ごとに其の二を賦し、能く之を捕らふること有る者を募りて、其の租入に当つ。❻永の人、争つて奔走す。

【現代語訳】

❶永州の原野では異蛇（＝珍しい蛇）を産出する。❷（その蛇は）黒い地肌に白い模様がある。❸（その蛇が）草木に触れると全て枯れ、そして人をかむとこれ（＝蛇の毒）を防ぎ止める方法はない。❹しかし捕らえてこれ（＝異蛇）を干し肉にして、これ（＝干し肉にした蛇）を薬とすると、ハンセン病・手足のひきつり・悪質のできものを治し、腐った皮膚を取り除き、人間の腹の中にいる三匹の虫を殺すことができる。❺最初は、宮中の侍医が天子の命令によってこれ（＝異蛇）を集め（ることになり）、一年にその二匹を年貢として割りあて、（そして）これ（＝異蛇）を捕らえることのできる者を募集して、その（＝蛇を捕らえた者の）納入すべき租税にあてた。❻（そのため）永州の人々は、（先を）争って（蛇捕りに）走り回った。

語句の解説 1

教718 102ページ

○説 物事について自分の見解や主張を述べる文章の文体の名。

❶異蛇 普通とは違った珍しい蛇。「異」は、普通とは違うことをいう。

❷而 ここでは順接を表す置き字。

❸以 そして。接続詞。

❸無三禦レ之 者一 これを防ぎ止める方法はない。つまり、その蛇にかまれれば死ぬということ。「之」は、異蛇の持つ毒をさす。「禦」は、抵抗する・防ぎ止める、の意。「者」は、ここでは、手段・方法、の意で用いられている。

❹然 そうではあるが。しかし。逆接の接続詞。

❹**以為餌**　これを薬としたならば。これを薬とすると。
「以」は、ここでは目的語が省略されていて、これ(＝干し肉にした蛇)を、の意。
「餌」は、ここでは、薬、の意。
❹**可**　ここでは可能の意を表し、〜できる、と訳す。
❹**已**　治し。「已」は、ここでは「瘉」と同義の動詞の用法。瘉す・治す、の意。

❺**以王命**　天子の命令によって。
「以」は、ここでは、手段・方法を表す。
❺**歳**　ここでは、一年間、の意。
❺**募有能捕之者**　これを捕らえることができる者を募集して。「之」は異蛇をさす。「能」は、(能力があって)〜できる、の意を表す。
❺**租入**　租税の納入。または、納入すべき租税。

【大　意】　2　教718 102ページ6行〜103ページ2行

永州に住む蔣氏は、三代にわたり蛇を捕らえて租税に代えてきたが、祖父も父も蛇を捕らえる仕事で死に、自分も死にそうになったことがたびたびあると言う。私は哀れに思い、蔣氏にもとどおりの納税方法に戻してやろうと言った。

【書き下し文】

❶蔣氏といふ者有り、其の利を専らにすること三世なり。❷之を問へば則ち曰はく、「吾が祖も是れに死し、吾が父も是れに死す。❸今吾嗣ぎて之を為すこと十二年、幾ど死せんとする者数なり。」と。❹之を言ふに、貌甚だ慼める者のごとし。❺余之を悲しみ且つ曰はく、「若之を毒とするか。❻余将に事に莅む者に告げて、若の役を更へ若の賦を復せんとす。❼則ち何如。」と。

【現代語訳】

❶(永州に)蔣氏という者がいて、(その家は)その利益(＝毒蛇を捕らえて租税に代えるという特権)を独占することが三代続いていた。❷(私が)これ(＝蛇を捕らえる仕事)について尋ねると、(蔣氏が)答えて言うには、「私の祖父はこれ(＝蛇を捕らえる仕事)で死に、私の父もこれ(＝蛇を捕らえる仕事)で死にました。❸今、私が跡を継いでこれ(＝蛇を捕らえる仕事)をすることが十二年になりますが、もう少しで死にそうになったことがたびたびありました。」と。❹こう話すのに、(蔣氏の)表情はたいへん悲しんでいる者のようであった。❺私はこのことを哀れに思いさらに言うには、「あなたは蛇を捕らえる仕事を苦痛とするのか。❻(そうであれば)私が政治にあたる者に言って、あなたの(蛇を捕らえる)仕事を変え、あなたの年貢(を納める方法)をもとにもどしてやろうと思う。❼それならどうであろうか。」と。

語句の解説 2

❶専二其利一 その利益を独占すること。
「専」は、ほしいままにする・一人占めにする、の意。
「其利」は、ここでは、毒蛇を捕らえて租税に代えることをいう。

❶矣 ここでは、断定を表す置き字。

❷則 いわゆる「レバ則」。～すると・～すれば(そのとき)、などの意を表す。ここでは、～すると、の意で、確定条件を表す。

❷死二於是一 蛇を捕らえる仕事で死に。
「於」は、動作の対象を表す。

「是」は、近接するものを表す指示代名詞で、ここでは、作者から問われた蛇を捕らえる仕事をさす。

1 「其利」「是」は、それぞれ何をさすか。

答 「其利」は、毒蛇を捕らえて租税の代わりに納めるという特権(利益)をさし、「是」は、毒蛇を捕らえる仕事をさす。

❸幾 もう少しで～、の意を表す。

❸者 ～(する)こと。上にくる内容を名詞化している。

❸数 たびたびある。頻繁である。

❹若二甚感者一 たいへん悲しんでいる者のようであった。
「若レ～」は、～のようだ、の意。比況を表す。

❺余 一人称代名詞。私。ここでは、作者のこと。

❺悲レ之 蔣氏が話す蛇捕りの仕事の内容と、蔣氏の悲しそうな表情を、作者が哀れに思った、ということ。

❺且 さらに。そのうえ。内容をさらに重ね加えることを表す。

❺若 二人称代名詞。あなた。おまえ。ここでは、蔣氏のこと。

教718 103ページ

❺毒レ之乎 蛇を捕らえる仕事を苦痛とするのか。
「～乎」は、～(なの)か、の意。ここでは軽い疑問を表し、相手に念を押す表現となっている。

❻将下…復中若賦上 租税の納入方法をもとどおりにしようか、と提案しているのである。「将」は再読文字で「まさニ～ントす」と読む。ここでは意志を表し、(すぐに)～しようとする、の意。

❼＊～何如。 ～はどうであるか。状態や様子を問う疑問の意を表す。

【大意】 3 教718 103ページ3行～104ページ5行

蔣氏は、蛇を捕らえる仕事は、租税の取りたてのひどさに比べればましであり、自分が生き残っているのは蛇を捕らえる仕事のおかげだと言った。

【書き下し文】

❶蔣氏大いに慼み、汪然として涕を出だして曰はく、「君将

【現代語訳】

❶蔣氏はひどく悲しみ、涙をしきりに流して言うには、「あなたは哀れんでこれ(＝私)を生かしてやろうとなさるのでしょうか。❷

に哀れみて之を生かさんとするか。❷則ち吾が斯の役の不幸は、未だ吾が賦を復する不幸の甚だしきに若かざるなり。❸嚮に吾斯の役を為さずんば、則ち久しく已に病みしならん。❹吾が氏三世是の郷に居りしより、今に積みて六十歳なり。❺而して郷隣の生は日に蹙り、其の地の出を殫くし、其の廬の入を竭くす。❻号呼して転徙し、飢渇して頓踣す。❼風雨に触れ、寒暑に犯され、毒癘を呼嘘して、往往にして死する者相藉けり。❽曩に吾が祖と居りし者、今其の室、十に一も無し。❾吾が父と居りし者、今其の室、十に二三も無し。❿吾と居ること十二年なる者、今其の室、十に四五も無し。⓫死せるに非ざれば而ち徙りしのみ。⓬而るに吾は蛇を捕らふるを以つて独り存す。

語句の解説 3

❶**君**　二人称代名詞。敬意を含む表現。ここでは、作者のこと。

❶**将哀而生之乎**　哀れんで私を生かしてやろうとするのか。「之」は、蔣氏自身をさす。「将」は再読文字。「～乎」は、～(なの)か、の意。疑問を表す。

❷**則**　ここでは条件を表し、それならば、の意。

それならば、私のこの(蛇を捕らえる)仕事の不幸(の程度)は、私の租税(を納める方法)をもとにもどすことの不幸のひどさに及ばないのです。❸以前から私がこの(蛇を捕らえる)仕事をしていなかったならば、もうとっくに(生活に)疲れ苦しんでいたでしょう。❹私の一家三代がこの村に住みついてから、今日まで(年月が)積もり積もって六十年になります。❺そして村人の生活は日に日に窮迫し苦しみ、その土地の産物を(租税として)出し尽くし、その家の収入を納め尽くしました。❻(そして)大声で泣き叫びながら(他の土地へ)移っていき、(そのあげく)空腹と、のどの渇きで倒れ伏すのです。❼風雨に打たれ、寒さや暑さにさらされ、(人体を害する)毒気を吸い込んで、しばしば死んでいく者が重なり合っています。❽以前に私の祖父と(この村に)住んでいた者は、今ではその家は、十軒に一軒もありません。❾私の父と(この村に)住んでいた者は、今ではその家は、十軒に二、三軒もありません。❿私と(この村に)住んで十二年になる者は、今ではその家は、十軒に四、五軒もありません。⓫(一家全員が)死んだのでなければ、ただ(他の土地へ)移ってしまっただけなのです。⓬けれども私は蛇を捕らえることで、ただ一人(この村に)生き残っているのです。

❷**吾斯役之不幸、未若復吾賦不幸之甚也**　私の仕事の不幸など、納税方法をもとにもどすことに比べたら何ほどでもない、ということ。

＊「未若～」＝まだ～には及ばない。比較の意を表す。

「復二吾賦一」は、私の租税をもとにもどす、ということ。租税を蛇で納める特権を放棄し、他の村人たちと同じ租税の納め方にもどすことをいう。

2 「斯役」は何をさすか。

答 毒蛇を捕らえる仕事。

❸曏 以前から。過ぎ去った時を表す。

❸吾不レ為二斯役一 私がこの仕事をしていなかったならば。仮定の条件にあたる内容。

❸則 ～ならば。～すると。ここでは条件を表す。

❸久已病矣 もうとっくに苦しんでいただろう。

「久已」は、以前からずっと・とっくに、の意で、強調表現。

「病」は、疲れ苦しむ・うれえる、の意。ここでは、税による困窮で、生活に疲れ果てることをいう。

「矣」は、ここでは推量を表す置き字。

❹自 ～から。起点を表す。

❹積二於今一六十歳矣 今日まで積もり積もって六十年になる。

「積」は、ここでは、(年月が)積もり積もって、ということ。

「於」は、時間を表す。

「矣」は、ここでは断定を表す置き字。

❺而 順接・逆接両方の用法を持つ接続詞。ここは順接。

❺殫 出し尽くし。「獣類を殺し尽くす」が原義。そこから、尽くす、の意になった。

❺竭 納め尽くす。「渇」(＝水が涸れる)の借用で、尽くす、の意。「殫其地之出」と「竭其廬之入」で対句になっているため、「殫」と同義の異字を用いたもの。

教718 104ページ

❼往往 しばしば。つねづね。

❽曩 以前に。もともと。

❽与 ～と。「与二～一」で、～と、の意を表す。

❽室 ここでは、家・家族、の意。

❽焉 断定の語気を表す置き字。

⓫徙爾 ただ移っただけだ。

「～爾」は、ただ～(する)だけだ、の意。限定を表す。

⓬而 けれども。しかし。接続詞。ここは逆接。

⓬吾以レ捕レ蛇 私は蛇を捕らえることで。

「以」は、原因・理由を表す。～によって・～ので、の意。

【大意】 4 教718 104ページ6行～105ページ1行

さらに蔣氏は、村人たちは毎日税の取りたてに苦しめられるが、自分は一年に二度、命の危険を冒すだけで、あとは安らかに生きており、彼らと比べて長生きしているのであるから、この蛇を捕らえる仕事を苦痛とは感じないと言った。

【書き下し文】

❶悍吏の吾が郷に来たるや、東西に叫囂し、南北に隳突す。❷譁然として駭かす者、鶏狗と雖も寧きを得ず。❸吾恂恂として起き、其の缶を視て吾が蛇尚ほ存すれば、則ち弛然として臥す。❹謹んで之を食ひ、時にして焉を献ず。❺退きて其の土の有を甘食し、以つて吾が歯を尽くす。❻蓋し一歳の死を犯す者二たびなり。❼其の余は則ち熙熙として楽しむ。❽豈に吾が郷隣の旦旦に是れ有るがごとくならんや。❾今此に死すと雖も、吾が郷隣の死に比ぶれば、則ち已に後れたり。❿又安くんぞ敢へて毒とせんや。」と。

【現代語訳】

❶荒々しい役人が私の村に来ると、あちこちでわめきたて、あちこちで(物に)あたりちらします。❷がやがや騒いで驚かすことは、(人はもちろん)鶏や犬でさえも落ち着いていられない(ほどです)。❸(そんなとき)私は恐れ心配しながら起き上がって、その(蛇を入れてある)ほとぎ(の中)をよく見て、私の蛇がそのまま生きていれば、ほっとして気がゆるみ(再び)横になります。❹慎重にこれ(＝蛇)を飼い、(蛇を納める)そのときにこれ(＝蛇)を献上します。❺(自分の家に)戻ってその土地の産物をおいしく食べ、それで私の寿命を全うするのです。❻思うに一年の間に死の危険を冒すことは(たった)二回です。❼それ以外のときには(人生を)喜び楽しんでいます。❽どうして私の村の人々が毎日毎日このよう(に命がけの生活)であるのと同じでありましょうか(、いや、同じではありません)。❾今、たとえこれ(＝蛇を捕らえる仕事)で死んだとしても、私の村の人々の死に比べれば、すでに(私は村の人々以上の寿命を得て、)死に遅れている(＝長生きしている)のです。❿そのうえどうして進んで(蛇を捕らえる仕事を)苦痛と感じるでしょうか、いや、苦痛だとは感じません。」と。

語句の解説 4

教718 104ページ

❶叫囂乎東西、隳突乎南北　村中の至る所で、役人がわめきたて威嚇しながら税を取りたてている様子を表している。
「乎」は、「於」に同じで、動作の行われる場所を表す。
「東西」「南北」は、ともに・あちこち、の意。ここでは、村中で、ということ。

❷駭者　驚かすことは、の意。
「者」は、〜(する)こと、の意。上の語を名詞化している。

❷雖　ここは、〜でさえも、の意。

❷寧　落ち着いていること。心安らかな状態をいう。

❷焉　断定の意の置き字。
❸尚　そのまま。変わらず。もとの状態が継続していることを表す。
❸則　いわゆる「レバ則」。ここでは条件を表し、～すれば(そのとき)、の意。
❹謹食之　慎重に蛇を飼い。租税の代わりに献上する蛇なので、大事に養い育てるのである。「之」は、「異蛇」をさす。「食」は、「養」に同じ。
❹時　そのときに。ここでは、蛇を献上するにふさわしいとき。
❹焉　これ。ここでは指示代名詞で、「異蛇」をさす。
❺以　そして。それで。接続詞。
❻蓋　文頭において、思うに・そもそも、の意を表す。
❻犯死者　ここでは、命がけで蛇を捕らえることをいう。

3　「一歳之犯死者二焉。」とは、どういう意味か。

答　一年のうちで(租税のために蛇を追って)死の危険を冒すのは二回だけだという意味。

❽豈若吾郷隣之旦旦有是哉　命がけであることが年に二回だけの自分と、毎日である村人とが同じであるはずはない、ということ。
「豈～哉」は、どうして～か、いや、～ない、の意。反語の意を表す。
「是」は、指示代名詞。ここでは、重税のために命がけの生活をしていることをさす。
❾雖　ここは、逆接仮定条件を表す。たとえ～としても、の意。
❾乎　「於」に同じで、動作の行われる場所を表す。

教718 105ページ

❾則已後矣　(死ぬことが)すでに遅れているのだ。つまり、他の村人たちよりもずっと長生きしているということ。
「矣」は、ここでは断定の意を表す置き字。
❿又　そのうえ。
❿安敢毒耶　どうして苦痛と感じようか、いや、感じない。
「敢」は、進んで～する・思いきって～する、の意。
＊安敢～耶。＝どうして～か、いや、～ない。反語の意を表す。

【大意】　5　教718 105ページ2～5行

私は話を聞いてますます悲しくなった。孔子の「苛政は虎よりも猛し。」という言葉は真実であったのだ。だからこの「捕蛇者の説」を書き、為政者が読んでくれるのを期待するのである。

【書き下し文】

❶余聞きて愈悲しむ。❷孔子曰はく、「苛政は虎よりも猛

【現代語訳】

❶私は(蔣氏の話を)聞いてますます悲しくなった。❷孔子が言われるには、「苛酷な政治は、人を殺す虎よりも凶暴なものだ。」と。

し。」と。❸吾嘗て是れを疑へり。❹今蔣氏を以つて之を観れば、猶ほ信なり。❺嗚呼、孰か賦斂の毒是の蛇よりも甚だしき者有るを知らんや。❻故に之が説を為りて、以つて夫の人風を観る者の得んことを俟つ。

❸私は以前これ(＝この言葉)を疑っていた。❹(しかし)今、蔣氏(の話の内容)によってこれ(＝この言葉)を考えると、やはり真実である。❺ああ、誰が租税をわりあてて取りたてることの害毒が、この蛇(の猛毒)よりもひどいものであることを知っていようか、いや、誰も知らない。❻だから(私は)この(「捕蛇者の説」という)意見文を書き、そしてあの為政者が(これを)手に入れて(読み、この状況を悟って)くれるのを期待するのである。

語句の解説 5

❶而 順接・逆接両方に用いる接続詞。ここは順接。

❶愈 副詞。ますます。一段と。

❷苛政猛於虎也 厳しくむごい政治は、虎よりも凶暴である。

「—於～」は、～よりも—だ、の意。比較を表す。「於」は、ここでは比較を表す置き字。「也」は、ここでは肯定を表す置き字。

4 **本文で「苛政」「虎」にあたるものはそれぞれ何か。**

答 「苛政」…賦斂之毒

「虎」…蛇(異蛇)

❸嘗 以前に。今までに。

❸疑乎是 これを疑った。「是」は、孔子の「苛政猛於虎」也」という言葉をさす。

「乎」は、「於」に同じで、ここでは目的語を導くはたらきをする。

❹猶信 やはり真実である。

「猶」は、それでもまだ・やはり、の意。

「信」は、まこと・真実、の意。

❺嗚呼 ああ。感嘆の意を表す。

❺孰知賦斂之毒有甚是蛇者乎 誰が租税をわりあてて取りたてることの害毒が、この蛇よりもひどいものであることを知ろうか、いや、誰も知らない。

＊孰～乎。＝誰が～か。いや、誰も～ない。反語の意を表す。

「甚是蛇」は、「甚於是蛇」の形から、比較を表す「於」を省略したもの。

❻故 だから・それゆえ、の意。

❻為 (「捕蛇者の説」を)書いて。ここでは「つくル」と読む動詞。

❻以 そして。接続詞。

❻夫 あの。指示代名詞。

❻焉 断定を表す置き字。

学習の手引き

一　第一段落の記述から蛇について整理し、「永之人、争奔走」（718 一〇三・5）した理由を説明してみよう。

解答例　○蛇について…〈産地〉永州

〈外見〉黒い地肌に白い模様

〈毒性〉・蛇に触れた草木が枯れる・蛇にかまれた人は助からない（＝死ぬ）

〈干し肉にしたときの薬効〉・ハンセン病・手足のひきつり・悪質のできものを治す・腐った皮膚を取り除く・人の腹の中にいる三匹の虫を殺す

○「永之人、争奔走」した理由…蛇が薬になるために、納入すべき租税の代わりにすることができたから。

二　第三段落の蔣氏の言葉に表れた、蔣氏と郷隣の違いを整理しよう。

解答例　○蔣氏…蛇を捕らえる仕事をすることで、一家三代が六十年間、この村で生き残って住んでいる。

○郷隣…租税の取りたてに疲れ苦しんで、一家全員が死ぬか、他の土地へ移住して、そこでしばしば飢えて死ぬ。（祖父の代では一割以下、父の代では二、三割以下、自分の代では半数以下ほどの家しか村に残っていない。）

三　第四段落の蔣氏の言葉に表れた心理を整理し、「安敢毒耶。」（718 一〇五・1）と述べる理由を説明してみよう。

解答例　村人が毎日役人による租税の取りたてに恐れ苦しんで生活しているのに対して、自分は蛇を捕まえるために一年に二回、死の危険を冒すのみで、あとは人生を楽しんで村人より長生きしている。よって、自分の仕事を苦痛だと感じないのである。

四　作者は、「夫観人風者」（718 一〇五・4）に何を期待してこの文章を書いたのか、説明してみよう。

考え方　結論にあたる第五段落に注目する。為政者がこの文章を読むことで何をすることを期待しているのかを考える。

解答例　為政者が苛酷な租税の取りたての現状を知り、その状況を速やかに改善することを期待して書いた。

句形

◇書き下し文に直し、太字に注意して、句形のはたらきを書こう。

1　**則何如**　（　　）（　　）

2　**未若**復吾賦不幸之甚也　（　　）（　　）

3　又**安敢**毒**耶**　（　　）（　　）

4　**孰**知賦斂之毒有甚是蛇者**乎**　（　　）（　　）

答

1　則ち何如／疑問

2　未だ吾が賦を復する不幸の甚だしきに若かざるなり／比較

3　又安くんぞ敢へて毒とせんや／反語

4　孰か賦斂の毒是の蛇よりも甚だしき者有るを知らんや／反語

言語活動　漁父の歌の意味

教718 P.106

活動の手引き

一　『孟子』の離婁編上に載る話を読み、「滄浪の歌」の読み取り方が、「漁父の辞」と『孟子』とでどのように異なるか、説明してみよう。

考え方　「漁父の辞」では滄浪の歌の前に、漁父が屈原に対し「聖人は物に凝滞せずして、能く世と推移す。世人皆濁らば、何ぞ其の泥を淈して、其の波を揚げざる。衆人皆酔はば、何ぞ其の糟を餔らひて、其の釃を歠らざる。何の故に深く思ひ高く挙がりて、自ら放たれしむるを為すや。」と言っている。聖人は物事にこだわらずに世の中といっしょに移り変わるもので、世の中の人々が濁っているならば、いっしょに濁り、人々が酔っているならば、いっしょに酔えばいいのに、どうして深く考えてお高くとまり、自分から追放されるようなことをしたのかと、疑問を投げかけている。これは、聖人なら周りに合わせればよいと漁父が考えていたということである。そして、滄浪の川を周りにたとえ、周りが清ければ自分も清く、周りが濁っていれば自分も汚くていいと伝えていると考えられる。『孟子』では滄浪の歌のあとに、孔子が歌の内容は「自ら之を取るなり」と言い、「夫れ人必ず自ら侮りて、然る後人之を侮る。家必ず自ら毀りて、而る後人之を毀る。国必ず自ら伐ちて、而る後人之を伐つ。」と説明している。さほど汚れていないであろう冠のひもを洗われることと、汚い足を洗われることは、川が清いか濁っているかによって決められた、川の状況に合わせた行いであるから、川がその結果を招いたというのである。孔子は滄浪の川を自分のたとえと捉え、自分が自分を侮れば、他人も自分を侮り、自分で我が家を破滅させるようなことをすれば、他人がその家を破滅させるものであり、自分で自国の政治を混乱させれば、他国がその国を攻めるものだと、まず自分が物事の悪くなる原因を作っているのだと説いている。つまり、自分が清く正しくしていれば、それにふさわしいよいことが起き、自分が悪いことをしていれば、それにふさわしい悪いことが起きるということである。孔子は続けて『書経』の太甲編を引用し、「天の作せる孼ひは、猶ほ違くべし。自ら作せる孼ひは、活くべからず。」と、天災よりも自分で招いた災いのほうが逃れられないと言い、自分の身を律することを強く説いている。

解答例　「漁父の辞」では、川を周りの状況にたとえ、周りが清ければ自分も清くいて、周りが濁っていれば自分もそれに合った行動をすればいいと、周りに合わせて生きることを歌っていると読み取っており、『孟子』では、川を自分にたとえ、自分が清く正しくしていれば、それにふさわしいよいことが起き、自分が悪いことをしていれば、それにふさわしい悪いことが起きると読み取っている。

漢詩の鑑賞

●古体詩とは

六世紀以前の詩を一般に**古体詩**または**古詩**といい、七世紀(唐代)以後の詩を**近体詩**という。ただし、近体詩成立以後も、古体詩形式の作品は作られた。

古体詩の特徴として、①平仄の法則がない(平仄＝平声の字と仄声の字の配列で作り出される韻律で、近体詩には厳格な規則がある)、②首聯・尾聯(→ガイド65ページ)以外の聯をすべて対句にするものはあまりない、③換韻(＝途中で韻の種類を変えること)するものもある、④偶数句末以外でも韻を踏む、⑤奇数句でできている詩がある、などがあげられる。

古体詩はとても自由な詩体であり、長い詩の中に豊富な内容をたっぷり盛り込んで、物語をうたいあげることもできる。

行行重行行〔文選〕

教718 P.108～P.109　教719 P.316～P.317

●主　題　教718 108ページ1行～109ページ1行　教719 316ページ1行～317ページ1行

遠く旅する夫を思う妻の嘆き。

●五言古詩　韻　離・涯・知・枝／緩・返・晩・飯

【書き下し文】

○行き行き重ねて行き行く
❶行き行き重ねて行き行く
❷君と生きながら別離す
❸相去ること万余里
❹各　天の一涯に在り
❺道路　阻しく且つ長し
❻会面　安くんぞ知るべけんや

【現代語訳】

○今日も明日も旅路を重ねている
❶(あなたは)今日も明日も旅路を重ねていて、
❷あなたと生きながら離れ離れになってしまいました。
❸(二人は)互いに一万里以上も遠く離れて
❹それぞれ天の一方の果てにいます。
❺(二人を隔てる)道は険しくてそのうえ遠く、
❻会えるかどうかどうして知ることができましょうか、いや、知ることはできません。
❼北方の異民族の地から来た馬は北風に身を寄せ、

❼胡馬は北風に依り
❽越鳥は南枝に巣くふ
❾相去ること日に已に遠く
❿衣帯　日に已に緩し
⓫浮雲　白日を蔽ひ
⓬游子　顧返せず
⓭君を思へば人をして老いしむ
⓮歳月　忽ち已に晩れぬ
⓯棄捐して復た道ふこと勿からん
⓰努力して餐飯を加へよ

❽南方の越の国から来た鳥は南側の枝に巣を作るといいます。
❾互いの距離は日増しに遠くなり、
❿(心配のあまりやせ細ってしまって)私の衣服と帯は日増しに緩くなります。
⓫浮き雲が輝く太陽の光を覆い隠してしまい、
⓬旅人(＝あなた)は振り返ることはしません。
⓭あなたを思うと(その気がかりな思いが)私を老けこませ、
⓮歳月はたちまちのうちに過ぎ去ってゆくのです。
⓯(あなたのことは)うち捨ててもうこれ以上何も言うのはやめましょう、
⓰どうかつとめて食事を十分にとり、お体を大切にしてください。

語句の解説

教718 108ページ　教719 316ページ

❶**行行重行行**　旅を果てしなく続けていることを言っている。
ここでは、今日も明日も旅路を重ねている、と訳す。

1　**第一句に「行」が四つも使われているのはなぜか。**

答　夫が日々遥か遠く旅を続けていることを強調するため。

❷**与レ君生別離**　あなたと生きながら離れ離れになってしまいました。「与レ～」は、直後に名詞(句)を伴い、～と、の意を表す。

❸**相**　ここでは、お互いに、の意。

❸**万余里**　一万里以上。

❺**且**　そのうえ。ここでは、添加の意を表す。

❻**安可レ知**　どうして知ることができましょうか、いや、知ることはできません。「安～」は、反語の意を表す。

❼**依**　寄りかかり。身を寄せ。

❽**巣**　巣を作る。

❾**日已**　一日一日。日増しに。ここでは、「已」に強い意味はない。

2　**「衣帯日已緩」とは、どのような意味か。**

答 心配のあまり、やせ細ってしまい、衣服が緩くなる、という意味。

⓫**白日(はくじつ)** 輝く太陽。「浮雲」は、よその女性など、何か夫の心を惑わすもの、「白日」は、夫をたとえているのであろう。

⓬**游子(ゆうし)** 故郷を離れ、他郷にいる人。旅人。

3 「游子」とは、**誰をさすか。**

答 作者である妻の、夫をさす。作者は、旅を続けている夫を心配しているのである。

⓭**令人老** 私を老けこませる。「令――～」は、――に～させる、という使役の意を表す。

4 「人」とは、**誰をさすか。**

答 作者である妻をさす。

⓮**歳月忽已晩(さいげつたちまちすでにくれヌ)** 歳月はたちまちのうちに過ぎ去ってゆくのです。「忽」は、突然に・たちまちに、の意。「晩」は、夕暮れとなる・終わりに近づく、の意。ここでは、過ぎ去ってゆく、と訳す。

⓯**勿復道** 教718 109ページ 教719 317ページ もうこれ以上何も言うのはやめましょう。「復」は、直前に否定語を伴い、二度と～しない、の意を表す。

⓰**加餐飯** 食事を十分にとり、お体を大切にしてください。

責子(子を責む)

陶潜〔陶淵明集〕

教718 P.109 教719 P.317

●**主題** 教718 109ページ2～9行 教719 317ページ2～9行

不肖の息子たちへの父の愛情。誇張したユーモラスな口調に、深い父性愛が感じられる。●五言古詩 韻 実・筆・匹・術・七・栗・物

【書き下し文】

○子を責む

❶白髪(はくはつ) 両鬢(りょうびん)を被(おお)ひ

❷肌膚(きふ) 復(ま)た実(み)たず

❸五男児(ごだんじ)有りと雖(いえど)も

❹総(すべ)て紙筆(しひつ)を好(この)まず

【現代語訳】

○子供たちを責める

❶白髪が両方の鬢のあたりを覆い、

❷肌はもはや張りもない。

❸(私には)五人の男の子がいるが、

❹みな紙や筆(＝学問)を好まない。

❺(長男の)阿舒はとっくに十六歳にもなったのに、

❻怠け者であるのはもともとほかに並ぶものがないほどだ。

❺阿舒は已に二八
❻懶惰　故より匹ひ無し
❼阿宣は行志学
❽而も文術を愛せず
❾雍・端は年十三
❿六と七とを識らず
⓫通子は九齢に垂んとして
⓬但だ梨と栗とを覓むるのみ
⓭天運　苟しくも此くのごとくんば
⓮且く杯中の物を進めん

❼(次男の)阿宣はもうすぐ十五歳になろうとしていて、
❽けれども学問を好まない。
❾(三男の)雍と(四男の)端とは十三歳になるが、
❿六と七とを見分けられない。
⓫(末っ子の)通はいまにも九歳になろうとしていて、
⓬(それなのに、)ただ梨と栗とを探し求めるばかりだ。
⓭天が与えた運命がもしもこのようなものなら、
⓮ひとまず杯中の酒を飲むこととしよう。

語句の解説

教718 109ページ　**教719** 317ページ

❶**鬢**　頭の耳に近い側面の髪で、ほおひげの上から髪に連なるもの。

❷**不㆓復実㆒**　もはや張りもない。皮膚が衰え、つやがなくなると言っている。「不㆓復～㆒」は、二度と～ない・もとに戻ることのない、の意を表す。「実」は、充実する、の意。

5　「不復実」とは、どのような意味か。

答　肌は昔のようなみずみずしい張りを、もう二度と取り戻すこともなく、年老いてしまっているという意味。

❸**雖㆑有㆓五男児㆒**　私には五人の男の子がいるが。「雖」は、ここでは逆接の確定条件(～であるけれども)の意。なお、逆接の仮定条件(～であるとしても)の意を表すこともある。

❺**已二八**　とっくに十六歳。ここでは、「已」は動詞の前に置き、過去や完了を表す。「二八」は、九九乗法による表記である。

❻**懶惰**　怠けること。おこたること。「怠惰」と同じ。

❻**故**　平素から。もともと。なお、強調の意と捉えて、まったく、と解釈することもできる。

❻**無㆑匹**　並ぶものがない。「匹」は、相当する・釣り合う、の意。

❼**行**　もうすぐ～になろうとしている。年数などがある数値に近づく意を表す。

❽而　けれども。それなのに。ここでは逆接の意。

❽文術　ここでは、学問、の意。

❿不レ識二六与一レ七　六と七とを見分けられない。「～与レ―」は、～と―と、という並列の意を表す。六と七は足すと十三になる。雍と端が十三歳であることから、しゃれで言ったものと思われる。

⓫垂二九齢一　いまにも九歳になろうとしていて。「垂」は、一定の数量に接近する意を表す。

⓬但　ただ。動詞の前に置き、動作や行為の範囲を限定する。呼応する句末の語に、「ノミ」と添えて読むことが多い。

⓭苟如レ此　もしもこのようなものなら。「苟」は仮定を表す。「如」は比況を表す。中世文法では順接仮定条件を表す「ずんば」（打消「ず」の連用形＋係助詞「は」に撥音「ん」が介入し、「は」が連濁によって「ば」に変化したもの）という連語がある。ここでは、その類型として、「如」を「ごとクンバ」と訓読している。

⓮且　ひとまず。動詞の前に置き、行為などをさしあたり行うことを表す。

6　「且」とは、どのような意味か。

答　まあ、ひとまず、というような意味。

石壕吏　杜甫〔杜工部集〕

教718 P.110～P.111　教719 P.318～P.319

●主題

戦乱による民衆の苦悩。石壕村に投宿した杜甫の実見がそのまま鮮明に淡々とうたわれている。作者の感情は一切表現されないが、それが逆に読者を動かす。

●五言古詩　韻　村・人・看／怒・苦・戍／死・矣／人・孫・裙／衰・帰・炊／絶・咽・別

【書き下し文】1　教718 110ページ1～3行　教719 318ページ1～3行

○石壕の吏

❶暮れに石壕の村に投ず

❷吏有り　夜　人を捉ふ

❸老翁　牆を踰えて走り

【現代語訳】1

○石壕村の役人

❶日暮れに石壕の村に宿をとった。

❷役人がやって来て夜分に徴兵のため、人をつかまえる。

❸老夫は家の土塀を越えて逃走し、

❹老婦が門口に出て（役人と）応対した。

❹老婦　門を出でて看る

…

語句の解説 1

教718 110ページ　教719 318ページ

❸**牆**　家のまわりにめぐらした土塀。

❸**走**　逃走し。

【書き下し文】 2

教718 110ページ4～11行　教719 318ページ4～11行

❺吏の呼ぶこと一に何ぞ怒れる
❻婦の啼くこと一に何ぞ苦しき
❼婦の前みて詞を致すを聴くに
❽三男　鄴城に戍る
❾一男　書を附して至る
❿二男　新たに戦死すと
⓫存する者は且く生を偸むも
⓬死する者は長く已みぬ
⓭室中　更に人無く
⓮惟だ乳下の孫有るのみ
⓯孫には母の未だ去らざる有るも
⓰出入に完裙無し

【現代語訳】 2

❺役人の大声は、なんとまあ怒りたけっていることか。
❻老婦の泣き声は、なんとまあつらそうであることか。
❼老婦がすすみ出て（役人に）訴えるのに、（私が）聞き耳を立てたところ、
❽「三人の息子は、鄴城で守備につきました。
❾一人の息子が手紙を（人に）ことづけてよこしました。
❿（その手紙によると）他の二人の息子は近ごろ戦死したとのことです。
⓫存命の息子はまあなんとか生きていますが、
⓬死んだ二人の息子は永遠におしまいです。
⓭家の中にはまったく誰もおらず、
⓮ただ乳離れしていない孫がいるだけです。
⓯（この）孫にはまだ家を去らずにいる母親がおりますが、
⓰外出するにも整ったスカートもないありさまです。
⓱この老婦は体力こそ衰えていますが、
⓲どうかお役人さまにお供して今夜にでも行くところに行かせてください。

⑰老嫗　力衰ふと雖も
⑱請ふ　吏に従ひて夜帰せん
⑲急ぎ河陽の役に応ぜば
⑳猶ほ晨炊に備ふるを得んと

⑲すぐにも河陽の労役の徴用につけば、
⑳これでもまだ朝の飯炊きの仕度ぐらいはできるでしょう。」と（言った）。

語句の解説 2

教718 110ページ　教719 318ページ

⑤吏呼　役人の大声。「呼」には、①大声でさけぶ、②呼びつける、の二つの意があるが、ここでは、①。

⑤一何怒　なんとまあ怒りたけっていることか。「一」には、詠嘆を表す副詞「何」と併用して、あとに置く形容詞や動詞を強調する用法がある。

⑥婦啼　老婦の泣き声。「啼」は、声をあげて泣く、という意。

⑦聴　主語は作者。老婦の訴えに聞き耳を立てている。意識してきくのが「聴」、無意識のうちにきこえてくるのが「聞」である。

⑦致　ここでは、差し出す、の意。「致詞」は、言葉を差し出す→訴える、の意となる。

7　**老婦の「詞」はどこからどこまでか。**

答　第八句から第二十句まで。

⑧戍　守備につく。「戍」は、辺境や国境を守る・守備する、の意。

⑩新　①～したばかり。②近ごろ・最近。ここでは、②の意。

⑪偸生　なんとか生きていますが。死ぬ定めにあるものが、生を盗んでいるとしている。いつ死ぬとも知れないということ。

⑫已矣　「已」は、完全に終わる、という意。「矣」は置き字で、ここでは、完了の意とも感嘆の意ともとれる。

⑬室中　家の中。「室」は、厳密には、家族のいる居間をさす。これに対して、「堂」は客間とする表座敷をさす。

⑬更無人　まったく誰もおらず。「更」は、否定の強調の意。「人」は、ここでは、徴兵の対象になる成年男子のことであろう。

⑭惟有乳下孫　ただ乳離れしていない孫がいるだけです。「惟」は、「たダ～ノミ」と呼応して読まれることが多い。「乳下孫」は、乳房にぶらさがっている孫、の意。

⑮有母未去　まだ家を去らずにいる母親がおりますが。当時の習慣では、子がないまま寡婦（＝未亡人）となった場合は、たいてい実家に戻ったのであろう。

⑰雖衰　衰えていますが。「雖」は、ここでは、逆接の確定条件を表し、～であるが・～であるけれども、の意。

⑱請　どうか～させてください。ここでは自分の行為の許可を求めている。相手に依頼する場合は、どうか～してください、と訳す。

⑱夜帰　今夜にでも行くところに行かせてください。「帰」は、「帰

趨」の意で、落ちつくべきところに落ちつくことを表す。なお「夜帰」と読んでもよい。

⑲応二河陽役一　河陽の労役の徴用につけば。「応」は、労役につく・徴用に従う、の意。

⑳得レ備　準備することができるでしょう。仕度ができるでしょう。「得」は可能の意を表す。

【書き下し文】3　教718 111ページ1〜2行　教719 319ページ1〜2行

㉑夜久しくして語声絶え
㉒泣きて幽咽するを聞くがごとし
㉓天明　前途に登らんとして
㉔独り老翁と別る

【現代語訳】3

㉑夜がふけて話し声も途絶えると、
㉒(孫の母が)声をしのんでむせび泣くのが聞こえたような気がした。
㉓夜明けに(私が)旅路に就くときに
㉔ただ老翁(=老夫)とだけ別れの挨拶をしたのだった。

語句の解説 3

教718 111ページ　教719 319ページ

8　誰の「語声」か。

答　官吏と老婦の話し声。

㉒**如レ聞**　聞こえたような気がした。「如」は、ここでは「ごとシ」と読み、比況の意を表して、〜のようである、と訳す。作者が眠ろうとしてまだ眠れない状態で、夢うつつに聞いたことをいうのであろう。

㉓**前途**　これから先の道のり。作者は司功参軍として、石壕村から華州に向かうところであった。

㉔**独与二老翁一別**　ただ老翁とだけ別れの挨拶をした。「独」は「ひとリ」と読むが、〜だけ、の意であり、人数を数えるときの、(人)一人、の意ではないので注意。「老翁」は、おじいさん、の意で、ここでは「老夫」のこと。

9　**「独与老翁別」には、どのような気持ちがこめられているか。**

答　老婦が夜のうちに役人に連行されて、朝にはもう家にはいないことを暗示し、つらい気持ち、何もできなかったことへの無力感がこめられている。

学習の手引き

一　「行行重行行」の詩は、前半八句と後半八句で押韻が変わっている。前半と後半で歌い手も変わっていると考えた場合、それぞれ誰の立場から詠まれていると解釈することができるか。

考え方　夫婦それぞれが置かれた現状と相手を思いやる心情とを重視して解釈してみよう。【現代語訳】では、全体が妻の立場から歌われた形で訳しているので、夫の立場からの解釈の仕方に注意する。

解答例　〈前半八句〉旅先の夫の立場から、故郷に残してきた妻を慕って詠まれている。

〈後半八句〉妻の立場から、旅先の夫を慕って詠まれている。

二　「責子」詩に見える五人の子の特徴をまとめよう。また、最後の二句にこめられた作者の気持ちを説明してみよう。

考え方　五人の子供の誇張された描写と対比して、作者の気持ちを考えてみよう。

解答例　〈五人の子の特徴〉みな勉強嫌いである。舒…十六歳で怠け者。宣…十五歳で勉強することを好まない。雍・端…十三歳だが数がわからない。通…九歳になるのに食べることしか頭にない。

〈作者の気持ち〉五人の子供はしかたのない不肖者ばかりだということを「天運」としつつも、子供の紹介の表現にはユーモラスな口調があり、深い父性愛が感じられる。よって、できが悪くてもかわいい子供ばかりで幸せと言えよう、という気持ちだと考えられる。

三　「石壕吏」詩について、時間の経過に注意して全体の構成を整理してみよう。

考え方　時間の経過を基準にすると、日暮れと夜・夜更けと夜明けに区分できる。この区分に従って、構成を確認してみるとよい。

解答例　〈日暮れ〉石壕村に宿をとる。（❶句）

〈夜〉役人に捕まえられそうになった老夫は逃げたが、老婦が役人と応対している話し声が聞こえた。それは役人の怒気に満ちた大声や老婦のつらそうな泣き声であった。さらに、自分の家族の悲惨な状況を役人に訴え、逃げた老夫に代わり、自分が役人について行きますという老婦の話し声であった。（❷〜⓴句）

〈夜更け〉老婦と役人の話し声は聞こえなくなったが、孫の母がかすかにむせび泣く声だけが聞こえたような気がした。（㉑〜㉒句）

〈夜明け〉旅路に就くときに、ただ老翁とだけ別れの挨拶をした。そこには老婦はもういなかった。（㉓〜㉔句）

長恨歌　白居易〔白氏文集〕

教718 P.112〜P.117　教719 P.320〜P.325

●主題

永遠に続く恋の情念と悲しみ。最後の二句の「長」と「恨」とを詩題とする。玄宗皇帝（詩中では漢の皇帝とされている）と楊貴妃との悲恋を幻想的に歌いあげた長編叙事詩で、抒情性を含む物語を詩に綴った。男女の愛情を題材にした点に、当時としての斬新さがある。

●七言古詩　韻　二句から八句ごとに換韻し、全百二十句の中に三十一の韻が用いられている（韻字は各現代語訳の最初に掲載）。

【書き下し文】 1 教718 112ページ1～9行
教719 320ページ1～9行

○長恨歌

❶漢皇　色を重んじて傾国を思ふ
❷御宇　多年求むれども得ず
❸楊家に女有り　初めて長成す
❹養はれて深閨に在り　人未だ識らず
❺天生の麗質は自づから棄て難く
❻一朝　選ばれて君王の側らに在り
❼眸を廻らして一笑すれば百媚生じ
❽六宮の粉黛　顔色無し
❾春寒くして浴を賜ふ　華清の池
❿温泉　水滑らかにして凝脂を洗ふ
⓫侍児　扶け起こすに嬌として力無し
⓬始めて是れ新たに恩沢を承くる時
⓭雲鬢　花顔　金歩揺
⓮芙蓉の帳暖かにして春宵を度る
⓯春宵短きを苦しみ　日高くして起く
⓰此れより君王は早朝せず

【現代語訳】 1 韻 国・得・識・側・色／池・脂・時／揺・宵・朝

○永遠の悲しみの歌

❶漢の皇帝は女色を好まれ、美女を(得たいと)思っておられた。
❷皇帝の位にあって長年(美女を)探し求めても得られなかった。
❸楊氏の家に娘がいて、やっと年ごろになったばかりで、
❹養育されて奥深くにある女子の部屋にいたので、まだ誰も見知っていなかった。
❺だが生まれついての美貌は捨ておかれたままでいるはずもなく、
❻ある日突然、選ばれて天子のおそばにお仕えする身となった。
❼(彼女が)ひとみをくるりと動かしてかすかに笑うと、極度のなまめかしさがあふれ、
❽皇后の宮殿の美女たちも美しさに見おとりがした。
❾春まだ寒く、(彼女は)華清宮の温泉での沐浴を賜った。
❿温泉の湯水はなめらかで白く柔らかく潤いのある肌にふり注ぐ。
⓫侍女が支え起こそうとすると、なまめかしくもまた力なげである。

⓬これがはじめて天子のご寵愛をうけたときである。

⓭豊かな髪、花のように美しい顔、金の髪飾り。

⓮はすの花が刺繍されたとばり(の中)は暖かく、その中で(二人は)心地よい春の夜をすごす。

⓯春の夜の短さを嘆き、日が高くのぼったころに寝床から起きだす。

⓰この日より、天子は朝のまつりごとに関与されなくなった。

語句の解説 1

教718 112ページ 教719 320ページ

❶**重レ色**(おもンジテいろヲ) 女色を好まれ。「好色」という直接的な表現を避けた。

❷**求不レ得**(もとムレドモえず) 探し求めても得られなかった。「動詞＋不レ得」は、～しようにもできない、の意を表す口語的な用法。

❸**初長成**(はじメテちょうせいス) やっと年ごろになったばかりで。「初」は、事態が発生して間もない意を表す。「長成」は「成長」と同意。

❺**天生麗質**(てんせいノれいしつ) 生まれついての美貌。天が生みなした麗しい素質、の意。

❺**難二自棄一**(すテがたクおのヅカラ) 捨ておかれたままでいるはずもなく。全体の原意は、それ自体として放っておかれることは困難だ(＝ありえない)、となる。「自棄」は、かってにうち棄てたままでおく、の意。

1 **「難自棄」とは、どういう意味か。**

答 捨ておかれたままでいるはずもないほど美しいという意味。

❻**一朝**(いっちょう) ある日突然。「一旦」と同意。

❼**廻レ眸一笑**(めぐラシテひとみヲいっしょうスレバ) (彼女が)ひとみをくるりと動かしてかすかに笑うと。「廻眸」には、振り向く、という意味もある。「一」は、「百媚」の「百」と呼応させた表現。

❽**無二顔色一**(なシがんしょく) 美しさに見おとりがした。「顔色」は、容貌の美しさ、の意。

❾**賜レ浴**(たまフよくヲ) 沐浴を賜った。皇帝が楊貴妃に、華清宮の温泉で湯浴(ゆあ)みするよう特別に仰せられたということ。

❿**洗二凝脂一**(あらフぎょうしヲ) 白く柔らかく潤いのある肌にふり注ぐ。「洗」は、注ぎかけること。現代日本語の「あらう」の意ではない。

⓫**侍児**(じじ) 貴人のそばに仕えて雑用をする侍女のうち、若い侍女の意。

⓫**無レ力**(なシちから) 力なげである。自分の体を支える力もない、の意。

⓬**始是**(はじメテこレ) これがはじめて。「始是」は、今こそちょうど～である、の意を表すが、ここではこのように訳す。

⓭**雲鬢**(うんびん) 豊かな髪。雲のように豊かで美しい髪。詩語としての「雲」には、ほかに、長い・多い、という意味もある。次の「花顔」も同じく「形容詞＋名詞」の構造で、花のように美しい顔、の意。

⓮**芙蓉**(ふよう) はすの花。「蓮」が「憐」の発音に通じることから、中国では、はすの花は愛情の象徴とされる。

⓮**帳**(とばり) とばり。牀(しょう)(＝寝台)にめぐらすカーテンの類いをさす。

⓮**度**(わたル) ここでは、すごす、の意。「渡」と同じ。

⓯**日高起**(ひたかクシテおク) 日が高く昇ったころに寝床から起きだす。太陽がすでに高く昇ってしまってから起きること。白居易の詩句にしばしば見られる表現。

⓰**従レ此**(よりこレ) この日より。「従」は、「自」と同じく時間の起点を表す。

⓰**不二早朝一**(ずそうちょうセ) 朝のまつりごとに関与されなくなった。古来、天子の政治決定は早朝に下された。「朝廷」とは、これに由来する言葉である。

【書き下し文】2 教718 112ページ10行～113ページ3行 教719 320ページ10行～321ページ3行

⑰歓びを承け宴に侍して閑暇無く
⑱春は春の遊びに従ひ夜は夜を専らにす
⑲後宮の佳麗　三千人
⑳三千の寵愛　一身に在り
㉑金屋　粧ひ成りて嬌として夜に侍し
㉒玉楼　宴罷みて酔ひて春に和す
㉓姉妹弟兄　皆　土を列ぬ
㉔憐れむべし　光彩の門戸に生ずるを
㉕㉖遂に天下の父母の心をして
男を生むを重んぜず　女を生むを重んぜしむ

【現代語訳】2 韻 暇・夜／人・身・春／土・戸・女

⑰(天子の)お心に巧みに合わせ、宴席に付き従い、片時もそばを離れる暇もなく、
⑱春には春の行楽にお供し、夜には夜の時間を独り占めする。
⑲後宮にはうるわしい美人が三千人もいたが、
⑳三千人への天子の寵愛が、彼女一人に集まった。
㉑黄金の御殿では、化粧をこらして、なまめかしく夜にはおそばに仕え、
㉒立派な高殿での酒宴が終わると、酔ったその姿態は、陶然として春の雰囲気に溶けこむ。
㉓(彼女の)姉妹兄弟はそれぞれみな国土を分け与えられ、諸侯となる。
㉔ああ、驚くほどまぶしい光が(楊氏)一門に輝いている。
㉕㉖かくて天下の父母の心に、男の子を生むことを貴ばないで女の子を生むことを貴ばせるようになった。

語句の解説 2

教718 112ページ 教719 320ページ

⑰**承レ歓**　天子のお心に巧みに合わせ。天子が歓楽を欲するときは、うまくそれに気持ちを合わせて奉仕する、という意。「楊貴妃が玄宗の喜びを承ける→気に入られる」と、とる説もある。
⑱**専レ夜**　夜の時間を独り占めする。「専」は、占有する・独り占めする、の意。
⑲**後宮**　宮女の居場所である奥御殿のこと。
⑲**三千人**　中国語の「三」は、多数であることを示す字。「三千」を実数とするかどうかは疑問だが、宮女の数を「数万」とする注釈書もある。⑳「一身」との数の対比もされていることに注意。

教718 113ページ 教719 321ページ

㉑**金屋**　黄金の御殿。皇后の御殿。私的歓楽の場。
㉒**玉楼**　立派な高殿。公的な宴席の建物。
㉓**皆**　それぞれみな。なお、古典中国語の「皆」は、二人・二つ、の意を表す場合もあり、現代日本語とは微妙に用法が違う。
㉔**可レ憐**　間投詞的に文頭に置かれ、強い感動を表現する。ここ

では、なんと驚いたことに、といった意。「かわいそう」という意味ではないので注意。

㉕㉖遂（ついニ） かくて。ある状況に引き続いて、次の状況が出現することを表す。結局・とうとう、という訳よりも使用率は高い。

【書き下し文】 3 教718 113ページ4〜11行 教719 321ページ4〜11行

㉗驪宮（りきゅう） 高き処（たかきところ） 青雲（せいうん）に入り
㉘仙楽（せんがく） 風に飄りて（かぜにひるがえりて）処処（しょしょ）に聞こゆ
㉙緩歌（かんか） 縵舞（まんぶ） 糸竹（しちく）を凝らし
㉚尽日（じんじつ） 君王（くんおう） 看れども足かず
㉛漁陽（ぎょよう）の鼙鼓（へいこ） 地を動（どよも）して来たり
㉜驚破（きょうは）す 霓裳羽衣（げいしょうういい）の曲
㉝九重（きゅうちょう）の城闕（じょうけつ） 烟塵（えんじん）生じ
㉞千乗万騎（せんじょうばんき） 西南（せいなん）に行く
㉟翠華（すいか） 揺揺（ようよう）として行きて復た止まる
㊱西（にし）のかた都門（ともん）を出づること百余里（ひゃくより）
㊲六軍（りくぐん）発せず 奈何（いかん）ともする無く
㊳宛転（えんてん）たる娥眉（がび） 馬前（ばぜん）に死す
㊴花鈿（かでん）は地に委てられて人の収むる無く

㉕㉖令二天下父母心一 不レ重レ生レ男重レ生レ女 天下の父母の心に、男の子を生むことを貴ばないで女の子を生むことを貴ばせるようになった。「令二―ヲシテ〜セ一」は、―に〜させる、という使役の意を表す。

【現代語訳】 3 韻 雲・聞／竹・足・曲／生・行／止・里・死／収・頭・流

㉗驪山にある華清宮は、高くそびえ大空の青雲にかくれ入り、
㉘仙界の音楽のような美しい旋律が、風にのってあちらこちらから耳に入る。
㉙ゆるやかなテンポの歌と静かな舞、弦楽器と管楽器が音をゆるやかに弾いて演奏し、
㉚一日中、天子は鑑賞して飽きることがない。
㉛突然、北方漁陽の地からわきおこった馬上で鳴らす攻め太鼓の音が、大地を揺り動かして攻めて来て、
㉜(西域伝来の舞曲である)霓裳羽衣の曲を打ち砕いた。
㉝(戦火によって、)天子の宮城にも、煙やちりがまきあがり、
㉞千乗万騎(に守られた天子の一行)は、西南の方向蜀の成都をめざして逃避した。
㉟天子の旗はゆらゆらと揺れ動き、進んでは立ちどまる。
㊱都の城門から西方に百里ほど進んだ。
㊲天子の軍隊は出発しようとせず、どうすることもできない。
㊳すんなりした美しいまゆの人(＝楊貴妃)は、あえなく馬前に死んでいった。

㊵翠翹　金雀　玉搔頭
㊶君王　面を掩ひて救ひ得ず
㊷廻り看て　血涙　相和して流る

㊴らでん細工の花の首飾りは地にうち捨てられたままで、拾いあげる者もない。
㊵散らばるかわせみの羽の髪飾り、すずめの形をした金のかんざし、玉製の簪。
㊶天子は手で顔を覆ったまま(楊貴妃を)助けることもできず、
㊷振り返ってみつめるその顔には、悲しみのあまり、血と涙が混じり流れ落ちていた。

語句の解説 3

教718 113ページ　教719 321ページ

㉗**入青雲**　高くそびえ大空の青雲にかくれ入り。「入青雲」は、高くそびえ立つことの比喩。

㉘**処処聞**　あちらこちらから耳に入る。「聞」は、無意識的に聞こえてくる、という意を表す。「処処」は「到所」と似た意で、日本語の「ところどころ」の意ではないので注意。

㉙**凝糸竹**　弦楽器と管楽器が音をゆるやかに弾いて演奏し。「凝」は、音を引き延ばして演奏する意を表す。

㉚**尽日**　一日中。終日。

㉚**看不足**　天子は鑑賞して飽きることがない。玄宗の歓楽の絶頂を描写している部分である。

㉛**動地**　大地を揺り動かして。

㉜**驚破**　打ち砕いた。「破」は、破壊・破裂を意味し、切迫した場面展開を表す。なお、「破」を大曲の第三段の名であり、切迫した、ゆるやかな音楽に突然切迫したリズムが入ることであるとする説もある。

㉝**九重城闕**　皇帝の宮城。「城闕」とは、城門の両側につくられた高楼。陽数(=奇数)の最大である「九」をあわせて用いることで、皇帝の住む宮城全体を示している。

㉞**千乗万騎**　「千乗」は、多数の車、「万騎」は、多数の騎兵、の意。皇帝の隊列を示す慣用句。

㉟**揺揺**　ゆらゆらと揺れ動くさま。不安な心理状況を暗示する。

㉟**行復止**　進んでは立ちどまる。「復」は、ここでは、二つの動作の連続を意味し、～したり―したり、と訳す。

㊱**西出都門百余里**　「都の城門から西方に百里ほど進んだ」地は、具体的には長安から西の方向にある馬嵬の駅のこと。

㊲**六軍**　皇帝の軍隊、の意。「一軍」は、正式には一万二千五百人をさすが、ここでは数字にこだわる必要はない。

㊲**不発**　出発しようとせず。

㊲**無奈何**　どうすることもできない。「奈何」は「如何」と同じで、手段や方法を問う疑問詞。

2　「六軍不発」のは、なぜか。

答 内乱の原因が楊一族にあるとして、その処刑を求めたため、軍が出動しなかったから。

㊳**馬前死** 兵士たちの要求で、玄宗がやむを得ず楊貴妃を殺させたことをいう。「馬前」を皇帝の馬前と限定する必要はなく、兵馬や馬嵬駅をも含むイメージと捉えられる。

㊴**委レ地** 地にうち捨てられたままで。「委」は、そのままの状態で手がつけられず放置されている、という意。

㊶**掩レ面** 手で顔を覆ったまま。玄宗が楊貴妃の死を直視できない状態であることを描写する。

㊶**救不レ得** 助けることもできず。

㊷**血涙相和流** 悲しみのあまり、血と涙が混じり流れ落ちていた。涙が尽きて目から血が出るという悲しみの極みを表している。

【書き下し文】 4 教718 114ページ1～6行 教719 322ページ1～6行

㊸黄埃散漫　風蕭索
㊹雲桟縈紆　剣閣に登る
㊺峨嵋山下　人の行くこと少に
㊻旌旗　光無く　日色薄し
㊼蜀江は水碧に　蜀山は青く
㊽聖主　朝朝暮暮の情
㊾行宮に月を見れば傷心の色
㊿夜雨に鈴を聞けば腸断の声
51天旋り　日転じて　竜馭を廻らす
52此に到り躊躇して去る能はず
53馬嵬坡の下　泥土の中
54玉顔を見ず　空しく死せし処

【現代語訳】 4 韻 索・閣・薄／青・情・声／馭・去・処

㊸黄色い砂塵が周辺に立ちこめて、風はもの寂しげに吹きすさぶ。
㊹高く雲に入る桟道はうねうねと曲がりくねり、（難所の）剣閣山を越え登る。
㊺峨嵋山のふもとには、道ゆく人の姿もまばらで、
㊻天子の所在を示す旗は光彩がなく、太陽の光まで弱く薄い。
㊼蜀の川は深緑の色をたたえ、蜀の山は青く連なり、
㊽天子は、朝な夕な、悲しみの心（で妃を思い続ける）。
㊾天子の旅先での宮殿で月を目にすると、その光に胸を痛め、
㊿夜の雨に鈴の音を耳にすれば、その音にはらわたが断ち切れんばかりである。
51時局が大きく変わり、天子が蜀から長安へ帰ることになった。
52ここの地にさしかかると、ためらって、立ち去ることができない。
53この馬嵬の坂のあたり、泥土の中に、
54（楊貴妃の）美しい顔は見えず、ただ死んだ場所だけがむなしく残っている。

語句の解説　4

教718 114ページ　教719 322ページ

㊺峨嵋山（がびさん）　成都の西南にある名山。蜀の地を象徴するための表現であり、玄宗一行がここを実際に通過したわけではない。

㊺少二人行一（まれニひとノゆクコト）　道ゆく人の姿もまばらで。

㊻無レ光日色薄（なクひかりにっしょくうすシ）　光彩がなく、太陽の光まで弱く薄い。蜀の地は山深く霧が多く、日差しが少ない。この地の風土に、玄宗の権威失墜や、楊貴妃を失った虚脱感が暗示されている。

㊼碧（みどり）・青（あお）　山川の美を表すが、同時に玄宗の悲哀を暗示している。

㊽聖主（せいしゅ）　聖明な君主、玄宗をさす。この詩で玄宗を表す呼称は、ほかに、漢皇、君王、漢家天子がある。

㊾見レ月（みレバつきヲ）　月を目にすると。「見」は、無意識的に目に入る、という意。次句の「聞」に呼応する。

㊿鈴（すず）　「鈴」については、①駅伝の馬の鈴、②桟道（さんどう）にかけてある鈴、③夜警の鈴、④行宮の風鈴、⑤寝室に入る際の用人が鳴らす鈴、など諸説ある。ここでは、蜀の地の風物一般と考える。
なお、玄宗は楊貴妃をいたみ、この鈴の音から「雨霖鈴（うりんれい）」を作曲したといわれるが、定かではない。

3　「此」は、どこをさすか。

答　楊貴妃が死んだ場所、つまり馬嵬坡をさす。

52躊躇（ちゅうちょシテ）　ためらって。心ひかれて立ち去りがたい様子である。玄宗は、長安への帰途時に、再び馬嵬坡を通過したのである。

52不レ能レ去（ずあたハさル）　立ち去ることができない。「能」は可能を表す。

53坡（は）　斜面のある場所、坂や堤や丘などを示す。

54玉顔（ぎょくがん）　美しい顔。楊貴妃その人をさす。「玉」とは、山から産する白い半透明な宝石類のこと。

【書き下し文】5

教718 114ページ7行～115ページ1行　教719 322ページ7行～323ページ1行

55君臣（くんしん）　相顧（あいかえり）みて尽（ことごと）く衣（ころも）を霑（うるお）し
56東（ひがし）のかた都門（ともん）を望（のぞ）み馬（うま）に信（まか）せて帰（かえ）る
57帰（かえ）り来（き）たれば　池苑（ちえん）　皆旧（みなきゅう）に依（よ）る
58太液（たいえき）の芙蓉（ふよう）　未央（びおう）の柳（やなぎ）
59芙蓉（ふよう）は面（おもて）のごとく柳（やなぎ）は眉（まゆ）のごとし

【現代語訳】5

韻　衣・帰／旧・柳／眉・垂・時／草・掃・老

55天子も臣下も互いに振り返って涙に上衣をぬらすばかりで、
56東の方の都の門を目ざして、馬の歩みにまかせて帰って行く。
57(長安に)帰ってみると、宮中の池も庭もそれぞれみな昔のままだ。
58太液池のはすの花も、未央宮の柳も。
59はすの花は(楊貴妃の)顔のようで、柳の葉は(かの人の)眉のようだ。
60これらを前にしては、どうして涙を流さずにいられようか、いや、いられない。

60 此れに対して如何ぞ涙垂れざらん
61 春風 桃李 花開く夜
62 秋雨 梧桐 葉落つる時
63 西宮 南苑 秋草多く
64 宮葉 階に満ちて 紅掃はず
65 梨園の弟子 白髪新たに
66 椒房の阿監 青娥老いたり

語句の解説 5

教718 114ページ 教719 322ページ

55 **相顧** 互いに振り返って。顔を見合わす、の意ともとれる。

55 **霑レ衣** 涙に上衣をぬらすばかりで。「衣」は、「衣裳(＝上着とスカート)」の「衣」の部分。

56 **信レ馬** 馬の歩みにまかせて。最愛の人である楊貴妃を失って、放心している玄宗の姿・心情を巧みに表現している。

57 **依レ旧** 昔のままだ。「依旧」は、もとどおり・相変わらず、の意。

59 **柳 如レ眉** 柳の葉はかの人(＝楊貴妃)の眉のようだ。なお、「柳眉」は、美人を形容する語。

60 **如何 不ニ 涙垂一** どうして涙を流さずにいられようか、いや、いられない。反語表現で、強意を表している。

63 **多ニ秋草一** 秋草が生い茂り。玄宗を訪れる人もまれになったことを示している。

64 **宮葉満レ階 紅不レ掃** 宮殿では紅葉が階段に散り敷いたまま、掃きとられもしない。「階」は、階段、「紅」は、紅葉、の意。玄宗の孤独・不遇・失意を暗示している表現である。また、「紅」と「白」と「青」との色彩対比が以下に続くことに注意。

教718 115ページ 教719 323ページ

65 **白髪新** 今は白髪が目立つようになり。「新」には、～したばかり・最近・近ごろ、の意がある。

61 (暖かい)春風が吹き、桃や李が花を開く夜も、
62 (冷たい)秋の雨が降り、青桐の葉が散るときも(、悲しみはいっそうつのる)。
63 (時は流れ、)西の宮殿にも南の苑にも、秋草が生い茂り、
64 宮殿では紅葉が階段に散り敷いたまま、掃きとられもしない。
65 (かつて天子が養成した)宮廷の歌舞教習生も、今は白髪が目立つようになり、
66 皇后の宮殿、椒房に仕えた女官である阿監も、その若々しい美しさは衰えてしまった。

【書き下し文】 6 教718 115ページ2～5行 教719 323ページ2～5行

67 夕殿に蛍飛びて思ひ悄然

【現代語訳】 6 韻 然・眠・天／重・共・夢

67 夜の御殿に飛ぶ蛍を見ては、心細い物思いにふけり、
68 ぽつんと一つともる灯の灯芯を切り尽くして深夜になっても、い

㊳孤灯　挑げ尽くして未だ眠りを成さず
㊴遅遅たる鐘鼓　初めて長き夜
㊵耿耿たる星河　曙けんと欲する天
㊶鴛鴦の瓦冷ややかにして霜華重く
㊷翡翠の衾寒くして誰と与共にせん
㊸悠悠たる生死　別れて年を経たり
㊹魂魄　曾て来たりて夢に入らず

つまでも眠りにつくことができない。
㊴遅々とした時刻を告げる音に、秋の夜がはじめて長く感じられる。
㊵明るい銀河の流れに、やっと今、夜明けの近づいたことを知る。
㊶おしどりの形の瓦には、冷え冷えとして霜の花が重たく降り、
㊷かわせみを刺繍したかけぶとんは寒くて、ともに寝る人もいない。
㊸はるか遠く生と死に分け隔てられて久しい歳月が流れた。
㊹(楊貴妃の)たましいは、(天子の)夢の中にさえ訪れたためしはない。

語句の解説 6

教718 115ページ　教719 323ページ

㊲**夕**　夜。古典中国語の「夕」は、「夕方」も含む夜全体を意味する。

㊳**孤灯**　ぽつんと一つともる灯。楊貴妃を失った玄宗の孤独感を象徴する表現である。

㊴**初　長夜**　秋の夜がはじめて長く感じられる。楊貴妃を失った悲しみを表す。

㊵**欲レ曙　天**　やっと今、夜明けの近づいた。
「欲」は、今まさにある状態になりつつあることを示す。

㊶㊷**鴛鴦・翡翠**　どちらも夫婦仲のよさを象徴する。

㊸**生死**　「生」は玄宗のいる世界、「死」は楊貴妃のいる世界を表す。

㊹**魂魄**　たましい。「魂」は人間の精神に付随し、「魄」は人間の肉体に付随するとされる。また、死後、「魂」は天に上り、「魄」は地上にとどまると考えられていた。

㊹**不ニ曽来　入一レ夢**　天子の夢の中にさえ、訪れたためしはない。
「曽」は、これまで・以前に、の意で、「不ニ曽〜一」は、いっこうに〜ない・一度も〜ない、という、強い否定の意を表す。

【書き下し文】　7

教718 115ページ6行〜116ページ1行　教719 323ページ6行〜324ページ1行

㊺臨邛の道士　鴻都の客
㊻能く精誠を以つて魂魄を致す

【現代語訳】　7

韻　客・魄・覓／電・遍・見／山・間／起・子・是

㊺蜀の臨邛出身の道士で、長安に旅住まいする者がいた。
㊻精神を集中させた念力で、死者のたましいを呼び寄せることができるという。
㊼天子の寝つかれないほどの物思いに感じ入り、

❼❼君王　展転の思ひに感ずるが為に
❼❽遂に方士をして殷勤に覓めしむ
❼❾空を排し気を馭して奔ること電のごとく
❽⓿天に昇り地に入りて之を求むること遍し
❽❶上は碧落を窮め　下は黄泉
❽❷両処　茫茫として　皆見えず
❽❸忽ち聞く　海上に仙山有り
❽❹山は虚無縹緲の間に在りと
❽❺楼閣は玲瓏として五雲起こり
❽❻其の中　綽約として仙子多し
❽❼中に一人有り　字は玉真
❽❽雪の膚　花の貌　参差として是れならん

❼❽（道士は）さっそく方士（＝術を用いて不老長生を求める人）に命じて、（楊貴妃のたましいを）念入りに探し求めさせた。
❼❾（方士は）大空を押し開き大気に乗って稲妻のように駆けめぐり、
❽⓿天上に昇り地下にもぐってこれ（＝楊貴妃のたましい）をすみずみまで探し求めた。
❽❶上は天上をくまなく探し求め、下は地下にいたるまで探したが、
❽❷どちらも果てしなく広がるばかりで、（楊貴妃のたましいは）見あたらなかった。
❽❸（そのとき）ふと耳にしたのは、海上には仙人の住む山があり、
❽❹その山は何もない遠くぼんやりしたあたりにあるという。
❽❺楼閣は透明な美しさで五色の雲が湧きおこり、
❽❻その中には、しとやかな女の仙人がたくさんいる。
❽❼その中に一人、名は玉真といい、
❽❽雪のような白い肌、花のような美しい顔、ほとんど求める人（＝楊貴妃）そのものであろうと（思われる）。

語句の解説 7

教718 115ページ　教719 323ページ

❼❺**道士**　道教の修行を積み、道教の術を行う人。
❼❺**客**　本来住むべき所を離れて、臨時によそへ行っている人。ほかに、旅行者（旅客）、いそうろう（食客）、などの意がある。
❼❻**精誠**　ここでは、道家の精神集中法をさす。
❼❻**致**　呼び寄せる。招き寄せる。「招致」の「致」である。

4　「思」とは、どのような思いか。

答　楊貴妃を思慕してやまない玄宗の思い。

❼❽**遂**　そのまま。そうして。ある状態が抵抗なく進む場合に用いられる。ここでは、さっそく、と訳している。
❼❽**教二方士殷勤覓一**　方士に命じて、念入りに探し求めさせた。「教」は、「使」と同じで、使役形を構成する。「教二――～一」で、――に～させる・――に命じて～させる、と訳す。
❼❾**馭レ気**　大気に乗って。「馭」は、「御」と同じ意味で、操ること。

❽⓪遍　すみずみまで。ゆきわたったさまを表す。
❽②両処　ここでは、「碧落」と「黄泉」をさす。
❽②茫茫　果てしなく広がる様子。
❽③忽聞　ふと耳にしたのは。「忽」には、ほかに、思いがけなく・あっという間に、という意味がある。
❽③仙山　渤海にあるという伝承に基づく。蓬萊山、方丈山、瀛州山。
❽④間　あたり。漠然とした空間をさす。

❽⑤楼閣　高い建物。高殿。

教718 116ページ　教719 324ページ

❽⑦字　名。呼び名。
❽⑧雪膚花貌　雪のような白い肌、花のような美しい顔。生前の「凝脂」「花顔」(❿・⓭句)とまったく変わらない美しさを表す。「貌」は、ここでは、顔・顔つき、の意。

【書き下し文】　8　教718 116ページ2～7行　教719 324ページ2～7行

❽⑨金闕の西廂に玉扃を叩き
❾⓪転じて小玉をして双成に報ぜしむ
❾①聞道く　漢家天子の使ひなりと
❾②九華帳裏　夢中驚く
❾③衣を攬り枕を推し起ちて徘徊し
❾④珠箔　銀屛　邐迤として開く
❾⑤雲鬢半ば垂れて新たに睡りより覚め
❾⑥花冠整へず　堂を下り来たる
❾⑦風は仙袂を吹きて飄颻として挙がり
❾⑧猶ほ霓裳羽衣の舞に似たり
❾⑨玉容　寂寞　涙　欄干

【現代語訳】　8　韻　扃・成・驚／徊・開・来／挙・舞・雨

❽⑨立派な御殿の西側の建物を訪れて、玉製の扉を叩き、
❾⓪(楊貴妃の侍女の)小玉に伝言してそば仕えの双成に取り次がせる。
❾①漢の皇帝の使いであると聞いて、
❾②華麗なとばりの中で、(玉真は)はっと夢から覚めた。
❾③(玉真は)上衣を手にとり枕を手で押しやり、起きあがって行きつ戻りつし、
❾④真珠のすだれと銀の屛風が次々と途切れなく開かれ(、玉真はその姿を見せ)る。
❾⑤雲のようにふわりとした美しい黒髪は、起きがけでなかばくずれて傾き、
❾⑥美しい冠もきちんとしないままに、奥の間から下りてくる。
❾⑦風は仙人の衣のたもとを吹きあげ、風にひらひらとひるがえり、
❾⑧あたかもかの霓裳羽衣の舞のように見える。
❾⑨玉のように白く輝く美しい容貌は寂しげであり、涙がとめどなくはらはらと流れる。

⑩梨花一枝　春　雨を帯ぶ

⑩一枝の梨の花が、春の日のやわらかな雨にぬれているかのような風情であった。

語句の解説 8

教718 116ページ　教719 324ページ

⑨転　取り次いで。伝言して。

⑨聞道　聞くところによれば。～と聞く。「道ふを聞く」の意。「道」は口語的表現で、「説」と同じ意味。唐詩ではよく用いられる。

⑨九華帳裏　華麗などばりの中で。「九」は、数の多いことを表す。「裏」は、事物や心の内側、の意。

⑨起　徘徊　起きあがって行きつ戻りつし。皇帝の使者の来訪に対する玉真（＝楊貴妃）の動揺を描写する。

⑨新　睡　覚　起きがけで。たった今、目覚めたばかり。「新」は、～したばかり、の意。

⑨堂　奥まった広間。または、建物の高いところをさす。

⑨猶似　霓裳羽衣　舞　あたかもかの霓裳羽衣の舞のように見える。「猶似」は、あたかも～ようだ、の意。「霓裳羽衣曲」は㉜（718 113・6 719 321・6）に出てくる。

⑨玉容　玉のように白く輝く美しい容貌。「玉」は美称。「花顔」「玉顔」「花貌」なども同じ。

⑩梨花一枝春帯　雨　涙が玉真の白い顔に流れるさまをたとえた表現。

【書き下し文】 9　教718 116ページ8行～117ページ2行　教719 324ページ8行～325ページ2行

⑩情を含み睇を凝らして君王に謝す

⑩一別　音容　両つながら眇茫

⑩昭陽殿裏　恩愛絶え

⑩蓬萊宮中　日月長し

⑩頭を廻らして下のかた人寰を望む処

⑩長安を見ずして塵霧を見る

⑩唯だ旧物を将つて深情を表し

【現代語訳】 9　韻　王・茫・長／処・霧・去／扇・鈿・見

⑩（玉真は）胸の思いをこめ、じっとひとみをこらして、天子に感謝の言葉を申し上げる。

⑩「お別れしてから、お声もお姿も、どちらも遠くぼんやりしたものになってしまいました。

⑩（生前、）昭陽殿でいただきました愛情は断ちきられ、

⑩（人の世ならぬこの仙境の）蓬萊宮で、はや長い月日を送りました。

⑩振り返って、はるか下界、人間の住む世界を眺めるとき、

⑩長安の都は見えず、一面に塵霧が目に入るばかりです。

⑩今はただ思い出の品で深い思いを示し、

⑩らでん細工の箱と金のかんざしを（使者に）ことづけて持っていか

108 鈿合　金釵　寄せ将て去らしむ
109 釵は一股を留め　合は一扇
110 釵は黄金を擘き　合は鈿を分かつ
111 但だ心をして金鈿の堅きに似しめば
112 天上　人間　会ず相見んと

せましょう。
109 (二股の)かんざしは脚の一方を、箱はふたを手元に残します。
110 金のかんざしは黄金の脚を二つに引きさき、らでん細工の箱は細工を分け(て、ふたとみを別々にし)ます。
111 ただ二人の心を、この黄金やらでん細工のように堅固にしておきさえすれば、
112 天上世界と人間世界とに別れていても、いつかきっと会えるでしょう。」と。

語句の解説 9

教718 116ページ　教719 324ページ

101 謝二君王一 天子に感謝の言葉を申し上げる。天子に挨拶する(=言葉を告げる)、とする説もある。

5 「謝」の内容はどこまでか。

答 「天上人間会相見」まで。

102 一別 楊貴妃が殺されてからの別離のことを言っている。
103 昭陽殿 生前の世界・人間の住む世界を象徴する。
103 恩愛 もともとは、男から女への一方的な愛情を意味するが、ここでは相思別離(=互いに相手を思いながらの別離)を言う。
104 蓬萊宮 死後の世界・不老不死の世界・仙人の世界を象徴する。
104 日月長 仙人の世界では人間界と時間感覚が異なることのほか、不幸な時間はひどく長く感じられることも意味する。
105 処 〜するとき。〜すると。〜する場合。
106 不レ見 見えず。目に入らず。「見」は、無意識的に目に入る、の意。意識的に見る場合は、「視」「観」などを用いる。
106 塵霧 ①ちりが霧のように立ちこめる様子、②世俗の汚れ、の意があるが、ここでは①。「兵乱」の意とする説もある。
107 将二旧物一 思い出の品で。「将」は、口語的表現で、「以」「用」などと同じはたらきをする。
108 寄 将 去 ことづけて持っていかせる。「寄」は「託」と同義。「将」は、動詞のあとにつく口語的助字で、軽くリズムを添える。半分を方士に持っていかせるのは、方士が楊貴妃に会った証拠とする意味もある。

教718 117ページ　教719 325ページ

109 一股 (二股になったかんざしの)脚の一方。
110 擘 引きさき。手によってさき。
111 但 令三心 似二金鈿 堅一 ただ二人の心を、この黄金やらでん細工のように堅固にしておきさえすれば。「令」は使役を表し、

112 天上人間　天上世界と人間世界とに別れていても。ほかに、天上世界か人間世界かいずれにおいて、とする説もある。
「但令二——一」は、ただ—を〜させさえすれば、の意。

112 会　きっと〜になるだろう。必ず〜であろう。強い可能性を示す。

【書き下し文】10　教718 117ページ3〜7行　教719 325ページ3〜7行

113 別れに臨んで殷勤に重ねて詞を寄す
114 詞中に誓ひ有り　両心のみ知る
115 七月七日　長生殿
116 夜半　人無く　私語の時
117 天に在りては願はくは比翼の鳥と作り
118 地に在りては願はくは連理の枝と為らんと
119 天長地久　時有りて尽くとも
120 此の恨みは綿綿として尽くる期無からん

【現代語訳】10　韻　詞・知・時・枝・期

113 （使者との）別れにあたって丁重にさらに伝言を託した。
114 その言葉の中の誓いは、（天子と楊貴妃の）二人しか知らないものであった。
115 「七月七日長生殿で、
116 夜もふけ人かげもなく、ささやきをかわしたとき、
117 『大空にあっては比翼の鳥となり、
118 地上にあっては連理の枝とな（って、いつもともにあ）ろう』と誓いましたね。」と。
119 天地は永遠ではあるが、それでもいつかは滅びるときが訪れるとしても、
120 この（二人の相思別離の恋の）悲しみは、どこまでも、いつまでも連なって絶えず、決して尽きるときはないだろう。

語句の解説 10

教718 117ページ　教719 325ページ

114 有レ誓　具体的には、「在レ天願作二比翼鳥一　在レ地願為二連理枝一」の誓いのことである。

115 七月七日長生殿　恋愛の抒情をうたいあげた長編の「長恨歌」の結末に、七夕伝説と「長生」という永遠性を表す語とを配したのである。「七日」は、「なぬか」と読む場合もある。

116 私語　ささやくこと。ひそひそと話すこと。恋人、夫婦での会話。

117 比翼鳥　愛し合う男女の仲のよさをたとえた表現。

118 連理枝　夫婦の深い愛情をたとえた表現。

119 有レ時尽　人間存在が絶対的でないことを指摘している表現。

120 此恨　永遠に成就することができなくなった、恋の情念、悲しみ・恨み。

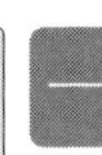

学習の手引き

一　いくつかの場面にまとめ、歌のあらすじを整理してみよう。

考え方　場所の移動や状況・季節の変化などに注意してみよう。

解答例　第一の場面（❶〜㉖句）…深窓に育ち成長したばかりの楊貴妃が、玄宗皇帝の後宮に入り、たちまち皇帝の愛を独占し、華清宮で歓楽の日々を送る。その寵愛は楊氏一門にまでも及ぶ。

第二の場面（㉗〜㊹句）…幸福の絶頂にあったさなかに、安禄山（あんろくざん）の乱がおこり、二人は突如として奈落の底に突き落とされる。玄宗は宮廷を離れ、楊貴妃は玄宗の目前で悲劇的な死を迎える。

　玄宗は逃避行を続け、蜀の成都でわびしく過ごす。時局が変わり、治安が回復された長安へ帰りながら楊貴妃を思う。

第三の場面（(55)〜(74)句）…長安へ一人帰った玄宗は、楊貴妃なき宮殿で妃を思い、傷心の日々を送る。

第四の場面（(75)〜(120)句）…神仙の術を体得した道士が、玄宗のために方士に命じて楊貴妃を探させ、仙界（＝幻想的な死後の世界）に楊貴妃を見つける。

　女仙となった楊貴妃が現れ、方士の訪れに驚く。玄宗を恋い慕う楊貴妃は、二人で交わした誓いと愛をたたえる。

二　玄宗の楊貴妃に対する気持ち、楊貴妃の玄宗に対する気持ちが表れた箇所を抜き出してみよう。

考え方　人間世界と天上世界とを対比させて、それぞれでの二人の言動に注意してみよう。

解答例　玄宗…「㊲無奈何、㊳宛転娥眉馬前死、㊶君王掩面、㊷血涙相和流、㊾行宮見月傷心色、㊿夜雨聞鈴腸断声、(53)馬嵬坡下泥土中、(54)不見玉顔、(55)霑衣、(56)信馬帰、(58)太液芙蓉未央柳、(59)芙蓉如面柳如眉、(60)対此如何不涙垂、(68)孤灯挑尽未成眠、(69)初長夜、(71)冷、(72)寒」

楊貴妃…「(93)攬衣推枕起徘徊、(95)雲鬢半垂、(96)花冠不整、(99)玉容寂寞涙欄干、(100)梨花一枝春帯雨、(111)但令心似金鈿堅、(112)天上人間会相見、(117)在天願作比翼鳥、(118)在地願為連理枝」

三　「此恨」（718 二七・6 (719) 三五・6）とはどのような思いか、説明してみよう。

考え方　末尾の「天長地久有時尽　此恨綿綿無尽期」を中心にして考える。楊貴妃の非業な死によって、冥界においてさえも玄宗と会えないことを「恨」としているのではない。また、「怨」のように、満たされない感情を意味するのでもない。もし「怨」であれば、生きながらに寵愛を失った楊貴妃が玄宗を思って嘆き続けるという内容になるはずである。「恨みは……尽くる期（とき）無からん」という言葉にこめられた愛の運命への思いを読み取ろう。

解答例　相思相愛の恋人の誓いも無になり、永遠にともにありたいと願っても、それは成就できないことである。この愛の情念は悲傷な思いである「恨」となって、そのまま「尽くる期無く」永遠に持続する。このように、死という必然性によって成就不可能な愛の運命への思いをうたいあげたのである。しかしまた、この「恨」の存在が永遠であれば、それは逆説的ではあるが、その永遠ゆえにこそ、愛の永遠性を確かめる賛歌にもなるという願いでもあると考えられる。

言語活動 『源氏物語』と『白氏文集』

『源氏物語』の桐壺の巻の現代語訳を読んで、「長恨歌」と比べてみよう。

考え方 桐壺の巻の冒頭の部分と「長恨歌」の一部のあらすじをあげておく。

○「桐壺巻」…桐壺の更衣は、あまり高貴な身分ではなかったが、特別に帝の寵愛を受けていた。身分の高い者も低い者もこれを妬むので、更衣は病弱になり、そうすると帝は哀れにも思ってさらに寵愛が深まる。人々は、中国でもこのようなことが原因で世が乱れたと、楊貴妃の例まで出してうわさをする。そんな中で、更衣は世にもまれな美しい皇子を生んだ。すると、妃たち・女房たちの更衣いじめはさらにひどくなり、皇子が三歳の年、更衣は病気にかかってあっけなく死んでしまった。……

○「長恨歌」…唐の玄宗皇帝（詩の中では漢の皇帝）は長年絶世の美女を探し求め、ついに楊家の娘（楊貴妃）を得た。皇帝は楊貴妃に夢中になり、政務もおろそかになる。後宮には三千人の美女がいたが、皇帝の寵愛は楊貴妃一人に集まった。彼女の姉妹兄弟も諸侯に封ぜられる。そんなある日、ついに反乱が勃発して宮城は火に包まれ、皇帝の一行は長安を捨てて蜀の成都を目ざして落ちて行った。馬嵬の駅までたどり着いたとき、兵士たちが騒ぎ出し、とうとう楊貴妃は殺されてしまった。……

『源氏物語』の桐壺の巻と「長恨歌」とは、どのようなところが類似しているか。登場人物や物語の展開などを比較し、わかったことを発表し合おう。

考え方 「長恨歌」の玄宗皇帝と楊貴妃、『源氏物語』の桐壺の巻の帝と桐壺の更衣の間に起きる出来事や人物の心情を比較していく。

解答例
・絶世の美女（楊貴妃・桐壺の更衣）が天子（玄宗皇帝・桐壺帝）の愛妾となり、格別の寵愛を受ける。天子は周囲の目も気にせずその寵姫ただ一人に愛情を注ぎ、他のあまたの女人をかえりみなくなる。
・寵愛が過ぎて、天子の政務がおろそかになる。（「長恨歌」では楊貴妃の生前、桐壺の巻では桐壺の更衣の生前、また死後にもおろそかになっている。）
・天子の寵愛のはなはだしさにより、寵姫が周囲から妬みや恨みをかう。その妬みや恨みが寵姫の死の原因となるが、天子は救うことができない。（「長恨歌」では兵士の要求によって殺され、桐壺の巻では心労から病になる。）
・寵姫の死後も天子は悲嘆にくれ続け、何かにつけ寵姫を思い出す。思いが断ち切れず、寵姫のよすがを追い求め、形見の品を手にする。（「長恨歌」では、方士が楊貴妃の霊からかんざしの片割れや箱のふたを、桐壺の巻では、女官が桐壺の更衣の母から故人の形見の品を受け取る。）

諸家の文章㈡

※教719では、「諸家の文章」として学習します。

●宋・元代の文章

宋代（九六〇―一二七九）は、欧陽脩、蘇軾などにより、国家のあり方や道徳などを説く名文が多数著された。また、とくに南宋（一一二七―一二七九）の時代以降、印刷技術が発展すると、多様な書物が出版されるようになった。個人的・日常的な出来事や心情を述べた随想・紀行文・日記はその一つであり、元代（一二七九―一三六八）にかけてこうした文章が多く書かれるようになった。

「医薬談笑」は、唐宋八大家（ガイド39ページ）の一人・蘇軾による随想。「病は気から」をめぐる、師弟のユーモラスなやりとり。

「賢母辞二拾遺一」は、元末明初の文人・陶宗儀による随想。拾った大金をめぐる、母、子、金の落とし主のやりとりを描いている。

●明・清代の文章

明代（一三六八―一六四四）は、庶民の勢いが伸長した時代で、小説や戯曲など庶民にもわかる白話（＝口語）で書かれた作品に傑作が多かった。重厚ではないが華やかで活気に満ちた一時期と言える。

清代（一六四四―一九一二）には、漢民族に対する言論弾圧の動きもあり、非政治的なものが多く書かれた。その文章は、端的かつ論理的、また、古典の教養に裏打ちされた格調高いものとなっている。

「売レ柑者ノ言」は、元末明初の劉基による論説。売柑者の言葉を借りて、当時の為政者を諷刺したもの。

「為レ学ヲ」は、清代中期の文人・彭端淑による論説。学ぶ者の心得を、対句的な具体例を用いて述べている。

医薬談笑

蘇軾〈東坡志林〉

教718 P.120～P.121

P.328～P.329

【大意】 1　教718 120ページ1～5行　教719 328ページ1～5行

欧陽文忠公は、「船酔いした人に、医者が船頭の手の汗のしみ込んだ船の一部を削って粉末にして飲ませたら、病が治ったという。『本草注別薬性論』にも『汗を止めるには、竹の扇を粉末にして飲むとよい。』と書いてある。」と言った。

【書き下し文】

❶欧陽文忠公嘗て言ふ、「疾を患ふ者有り。❷医其の疾を得るの由を問ふに、曰はく、『船に乗りて風に遇ひ、驚きて之を

【現代語訳】

❶欧陽文忠公が以前言われたことには、「病気にかかった者がいた。❷医者がその病気になった理由を聞くと、（病気にかかった者が）言うことには、『船に乗って風に遭遇して、驚いてこれ（＝病気）

得たり。』と。❸医多年の柂牙の柂工の手汗の漬くる所と為る処を取りて、刮りて末とし、丹砂・茯神の流ひに雑ふ。❹之を飲みて癒ゆ。❺今『本草注別薬性論』に云ふ、『止汗には、麻黄の根節及び故き竹扇を用ゐ、末と為して之を服す。』」と。

になってしまったのです。』と。❸医者は長年使用した舵を操作するときに握る部分の、船頭の手の汗のしみ込んでいるところを取って、削って粉末にして、丹砂・茯神の類に混ぜた。❹(その患者は)これを飲んで病気が治った。❺一方『本草注別薬性論』には、『汗を止めるには、麻黄の根や節と古い竹の扇を使って、粉末にしてこれを飲む(とよい)。』と書いてある。」と。

語句の解説 1

教718 120ページ　教719 328ページ

❶〜公　ここでは、年長者に対する尊称を表す。

❶患レ疾者　病気にかかった者。「疾」は、病気のこと。

❷医　医者。

❷得レ疾之由　病気になった理由。「由」は、理由・事情、の意。

❸多年　長年。

❸為二柂工手汗所一レ漬処　船頭の手の汗に漬けられたところを。船頭の手の汗のしみ込んでいるところを。「漬」は、水に浸す・しみ込ませる、の意。

＊為二――所一レ〜。＝――に〜される。受身の意を表す。

❸刮末　削って粉末にして。

❸雑　混ぜる。

❸流　類。種類。

❹癒　病気がよくなる。病気が治る。

❺今　一方。

❺為レ末　粉末にして。

【大　意】 2

教718 120ページ6〜7行　教719 328ページ6〜7行

欧陽文忠公はまた、「医者が患者の心中を察して薬を用いることは多く、実際に効き目がある場合もある。」と言った。

【書き下し文】

❶文忠因りて言ふ、「医の意を以つて薬を用ゐること、此の比ひ多し。❷初めは児戯に似たりとするも、然れども或いは験有り。❸殆ど未だ致詰し易からざるなり。」と。

【現代語訳】

❶文忠公はそこで言われた、「医者が(病気の原因となった患者の)気持ちを考えて薬を用いることには、これと同じようなことが多い。❷はじめは子供の遊びのようだと思っても、実際に効き目がある。❸おそらく薬の効能というのはよくわからないものだ。」と。

語句の解説 2

教718 120ページ　教719 328ページ

❶因　そこで。

❶以レ意　（病気の原因となった患者の）気持ちを考えて。「意」は、ここでは、心のはたらき・思い・気持ち、の意。

1　**「医以意用薬」とは、どういう意味か。**

答　医者が、病気の原因となった患者の気持ちを考えて薬を用いるという意味。

❶多二此比一　これと同じようなことが多い。「比」は、類・同類、の意。

❷児戯　子供の遊び。たわいもないこと。

❷或　ことによると。もしかすると。

❸殆　おそらく。多分。

❸未レ易二致詰一也　直訳すると、いまだ物事をつき詰めて知ることは簡単ではない、となる。「致詰」は、物事をつき詰めて知ること、の意。

【大　意】　3　教718 120ページ8行〜121ページ3行　教719 328ページ8行〜329ページ3行

私がそこで、「筆や墨を飲ませれば怠惰が治るでしょうか。もしそうなら、伯夷の手を洗った水を飲んだら欲張りを治すことが、比干の食べ残しを食べたらこびへつらいをやめることが、樊噲の盾をなめたら臆病を治すことができるでしょう。」と言うと、文忠公は大笑いした。

【書き下し文】

❶予因りて公に謂ふ、「筆墨を以つて焼きて灰となし学ぶ者に飲ましめば、当に昏惰を治すべけんや。❷此れを推して之を広めば、則ち伯夷の盥水を飲まば、以つて貪を療やすべく、比干の餕余を食らはば、以つて佞を已むべく、樊噲の盾を舐めば、以つて怯を治すべし。」と。❸公遂に大いに笑ふ。

【現代語訳】

❶私はそこで文忠公に言った、「筆や墨を焼いて灰にして学生に飲ませると、愚かで怠惰なことを治すことができるでしょうか、いや、できません。❷このことから判断して広げて言えば（＝これを拡大解釈すれば）、伯夷の手を洗った水を飲んだら、欲張りを治すことができ、比干の食べ残しを食べたら、こびへつらいをやめることができ、樊噲の盾をなめたら、臆病を治すことができるでしょう。」と。❸文忠公はとうとう大笑いなさった。

語句の解説　3

教718 120ページ　教719 328ページ

❶謂　話しかける。告げる。「謂」は、相手に対して話しかけたり、何かを評価して言ったりするときに使われる。「曰」は、発言の内容を示すときに使われ、発言の最後に「ト」を送ることが多い。

❶当二治一昏惰一耶　愚かで怠惰なことを治すことができるでしょうか、いや、できません。

＊当レ〜耶。＝〜することができようか、いや、できない。反語の意を表す。「当レ」は再読文字。

教718 121ページ　教719 329ページ

❷推レ此而広レ之　ここから判断して広げて言えば。これを拡

大解釈すれば。「推」は、ここでは、おしはかって判断する、の意。

❷飲伯夷之盥水　伯夷の手を洗った水を飲んだら。「飲まば」は、「未然形＋ば」。「未然形＋ば」は、順接の仮定条件（〜れば・〜たら）を表す。もし「已然形＋ば」（飲めば）であれば、順接の確定条件を表し、「飲んだので」という意味になる。

❷可以療貪　それ（＝伯夷の手を洗った水を飲んだこと）によって欲張りを治すことができる。「療」は、病気を治す、「貪」は、満足せず欲張ること・むさぼること、の意。

❷已佞　こびへつらいをやめる。「已」は、やめる・終わる・治す、などの意。「佞」は、おもねる・こびへつらう、の意。

❷治怯　臆病を治す。「怯」は、臆病である様子を表す。

❸遂　とうとう。その結果。

学習の手引き

一　欧陽脩があげた例と、それに対して蘇軾が返した例は、何を薬として用いることで、どのような効能を持たせていると言えるか、それぞれについて説明してみよう。

考え方　「病は気から」（病気は気の持ちようで、軽くも重くもなる）ということわざを思い出してみよう。そのうえで、欧陽脩があげた、病気の原因となる患者の気持ちを考え、医学的な根拠がないものを薬として用いることで病気が治る場合があるという例と、これに反論するために蘇軾があげた、欧陽脩の説を拡大解釈した、現実にはあり得ない例を、それぞれ列挙してみるとよい。

解答例　〈欧陽脩があげた例〉・船頭の手の汗がしみこんだ舵の一部を粉末にしたもの→船酔いが治る効果。
・古い竹の扇を粉末にしたもの→汗を止める効果。
〈蘇軾が返した例〉・筆や墨を焼いた灰→学生の怠惰を治す効果。
・（清廉潔白な）伯夷の手を洗った水→欲張りを治す効果。
・（直言居士の）比干の食べ残し→こびへつらいを治す効果。
・（勇猛果敢な）樊噲の盾→臆病を治す効果。

二　蘇軾の発言の意図を考え、それを聞いた欧陽脩が「大笑」した理由を推測してみよう。

解答例　蘇軾の発言の意図は、患者の気持ちを病気の原因と考えて薬を用いるのも効き目があるかもしれない、という欧陽脩の説を、現実にはあり得ない古代の人々の例を次々にあげてその滑稽さを示すことで完全に否定しようというものである。一方、欧陽脩は、弟子の蘇軾が自分の説を巧みに論破したことに対して、おかしさと、一本とられたという満足感を感じたために、大笑いしたと考えられる。

句形

◇書き下し文に直し、太字に注意して、句形のはたらきを書こう。

1　**為**柂工手汗所漬処
（　　　　　　　）（　　　）

2　**当**治昏惰**耶**
（　　　　　　　）（　　　）

答
1　柂工の手汗の漬くる所と為る処（を）／受身
2　当に昏惰を治すべけんや／反語

賢母辞㆓拾遺㆒

陶宗儀〔南村輟耕録〕

【大意】　1　教718 122ページ1～8行　教719 330ページ1～8行

聶以道が長官をしていた江右の村で、ある朝野菜を売っていた村人が十五錠の紙幣を拾い、その母に献上した。母親は怒って、そのお金は盗んだのだろう、急いですぐに返すべきだ、と言った。子は、母の命令に従い、もとの拾った所へ(紙幣を)持って行った。

【書き下し文】

❶聶以道江右の一邑に宰たるの日、村人の早に出でて菜を売る有り、至元鈔十五錠を拾得し、帰りて以つて母に奉ず。❷母怒りて曰はく、「盗み来たりて我を欺くに非ざるを得んや。❸縦ひ遺失有るも、亦三両張に過ぎざるのみ。❹寧くんぞ一束の理有らんや。❺況んや我が家未だ嘗て此れ有らざれば、立ちどころに禍ひ至るべし。❻急ぎ速やかに送還すべし。❼我を累はすことを為す毋かれ。」と。❽之を言ふこと再びなるも、子従はず。❾母曰はく、「必ず是くのごとくんば、我須らく之を官に訴ふべし。」と。❿子曰はく、「拾得の物、何人にか送還せん。」と。⓫母曰はく、「但だ元拾ひし処に於いて俟候せば、定めて失主の来たる有らん。」と。⓬子遂に命に依りて携へ往く。

【現代語訳】

❶聶以道が江右のある村で長官として治めていた日、朝早く(家を)出て野菜を売っている村人が、至元紙幣十五錠を拾い、(家に)帰って母に献上した。❷母親は怒って言った、「(お金を)盗んできて私をだましていないことがあろうか、いや、だましているのだ。❸仮に落とし物があったとしても、わずかな枚数にすぎないはずだ。❹どうして一束(もの紙幣)のはずがあろうか、いや、そんなはずはない。❺まして我が家に今までこんなもの(＝大金)があったことはないのだから、すぐに災いが訪れるに違いない。❻急いですぐに返すべきだ。❼私をわずらわせることをしてはいけない。」と。❽(母は)これを繰り返して言ったが、子は従わなかった。❾母は言った、「どうしてもそのようにする(＝お金を返さない)ならば、私はこれを役人に訴えないとならない。」と。❿子は言った、「拾った物を、誰に返せばよいのか。」と。⓫母は言った、「ただもとの拾った場所で待っていれば、きっと落とし主が来るだろう。」と。⓬子はとうとう(母の)命令に従って(紙幣を)持って(拾った場所へ)行った。

語句の解説 1

教718 122ページ　教719 330ページ

一　○賢母辞㆓拾得㆒　賢母は落とし物を拾うことをこばむ。「賢母」は、ここでは、正直で善良な母親、というような意味。「拾遺」は、落とし物を拾うこと、の意。

❶**早**　朝早く。

❶**奉**　献上する。

❷**得レ非二盗来而欺一レ我乎**　（お金を）盗んできて私をだましていないことがあろうか、いや、だましているのだ。

＊得レ非二〜一乎。＝〜でないことがあろうか、いや、〜だ。反語の意を表す。

❸**縦有二遺失一**　仮に落とし物があったとしても。「縦〜（モ（トモ））」は、仮に〜としても・たとえ〜であっても、と訳し、仮定を表す。

❸**不レ過二三両張一耳**　わずかな枚数にすぎないはずだ。「〜耳」は、限定を表す。

❹**寧有二一束之理一**　どうして一束（もの紙幣）のはずがあろうか、いや、そんなはずはない。「理」は、論理・理屈、の意。

＊寧〜。＝どうして〜か、いや、〜ない。反語の意を表す。

❺**況我家未二嘗有一レ此**　まして我が家に今までこんなもの（＝大金）があったことはないのだから。「況」は、ここでは、まして〜である、の意。大金を手にすると災いが訪れるのが常であるが、まして我が家のように大金などにまるで縁のない場合は、なおいっそう災いが来そうだ、と言っているのである。

【大意】　2　教718 123ページ1〜4行　教719 331ページ1〜4行

しばらくして紙幣を探す者が現れた。村人は紙幣を数えずそのまま返した。見ていた人たちがお金を分けて村人にお礼をさせようとしたが、落とし主は「金は三十錠あったのに今は半分しかない。お礼をすることはできない。」と言った。二人は口論となり、役所に行った。

❺**立当二禍至一**　すぐに災いが訪れるに違いない。「当二〜一」は再読文字で、ここでは推定を表し、きっと〜だろう、の意。

❻**送還**　返す。

❼**毋二累一レ我為一也**　私をわずらわせることをしてはいけない。

＊毋二〜一。＝〜してはいけない。禁止の意を表す。

「也」は、ここでは置き字として、読まない。

❽**弗レ従**　従わない。「弗」は、漢代以降は「不」とほぼ同意。

❾**必**　ここでは、どうしても、の意。

1　「如是」とは、どのようにすることか。

答　自分（＝母親）の言うとおりにせず、お金を返さないこと。

❾**我須レ訴二之官一**　私はこれを役人に訴えないとならない。「須」は再読文字で「すべかラク〜ベシ」と読み、ここでは、〜しなければならない、の意。「官」は、ここでは、役人、の意。

❿**送二還何人一**　誰（＝どのような人）に返せばよいのか。

＊何〜。＝どのような〜。疑問の意を表す。

⓫**定有二失主来一矣**　きっと落とし主が来るだろう。「定」は、ここでは、きっと・必ず、の意。「失主」は、落とし主のこと。「矣」は、ここでは推量の意を表す置き字で、読まない。

【書き下し文】

❶頃間、果たして鈔を尋ぬる者を見る。❷村人本より朴質にして、竟に其の数を詰はず、便ち以つて付還す。❸傍観の人、皆分かち取りて賞と為さしめんとす。❹失主靳しみて曰はく、「我元三十錠あるに、今纔かに一半のみ。❺安くんぞ之に賞すべけんや。」と。❻争閙して已まず、相持して庁事の下に至る。

【現代語訳】

❶しばらくして、予想どおり紙幣を探している者が現れた。❷村人はもともと純朴な性格だったので、結局その（紙幣の）数を問うことなく、すぐに（紙幣を）返した。❸そばで見ていた人たちは、みな（紙幣を）分けて礼金にさせようとした。❹（しかし）落とし主は（礼金を与えることを）惜しんで言った、「私（のお金）はもともと三十錠あったのに、今はわずかに半分しかない。❺どうしてこれにほうびを与えることができようか、いや、できない。」と。❻口論して終わらず、互いに言い張って役所に行った。

語句の解説 2

教718 123ページ　教719 331ページ

❶果　ここでは、予想どおり・案の定、の意。

❶尋レ鈔者　紙幣を探している者。「尋」は、ここでは、探す、の意。

❷本　朴質　もともと純朴な性格だったので。ここでは、「朴」は、純朴である様子、「質」は、性質・性格、の意。

❷竟不レ詰二其数一　結局その（紙幣の）数を問うことなく。「竟」は、とうとう・結局、「詰」は、問う・質問する、の意。

❷便以付還　すぐに（紙幣を）返した。

❸令二分取為一レ賞　（紙幣を）分けて礼金にさせようとした。「賞」は、ここでは、ほうびとして与える金・礼金、の意。

＊令二〜一。＝〜させる。使役の意を表す。「使」「教」などと同意。

2　「令分取為賞」とは、どういう意味か。

答　紙幣の一部を分けて、お金を拾ってくれた礼金として与えさせようとする、という意味。

❹靳　惜しんで。

❹纔一半　わずかに半分しかない。

❺安可レ賞レ之　どうしてこれにほうびを与えることができようか、いや、できない。

＊安可レ〜。＝どうして〜できようか、いや、〜できない。反語の意を表す。

【大　意】　3　教718 123ページ5〜9行　教719 331ページ5〜9行

聶以道が村人とその母親を取り調べたところ、村人の言葉は真実であった。そこで落とし主には失ったものは三十錠、村人には得たものは十五錠という供述書を作成させ、落とし主に、「この金は（三十錠あればおまえの金だろうが、十五錠しかないので）天が賢母に賜ったものだろう。ほかに探しに行くのがよい。」と言い、母子に金を与えた。この話を聞いた者は痛快だと称賛した。

【書き下し文】

❶聶村人を推問するに、其の辞実なり。❷又暗に其の母を喚び之を審らかにするに、合せり。❸乃ち二人をして各失ひし者は実に三十錠、得し者は実に十五錠の文状を具せしめ、官に在きし後、却つて失主に謂ひて曰はく、「此れ汝の鈔に非ず。❹必ず天賢母に賜ひ、以つて老を養はしむる者ならん。❺若し三十錠ならば、則ち汝の鈔なり。❻自ら別に尋ね去るべし。」と。❼遂に母子に給付す。❽聞く者快なりと称す。

【現代語訳】

❶聶以道が村人を取り調べたところ、その言葉は真実であった。❷またひそかに彼の母を呼び、これ(＝事情)を明らかにすると、(村人と母の言葉は)一致していた。❸そこで(聶以道は)二人(＝落とし主と村人)にそれぞれ失ったものは実際に三十錠、得たものは実際に十五錠という供述書を作成させ、役所で正式に受け取った後、また落とし主に向かって言った、「これはおまえの金ではない。❹きっと天が賢母に与えて、老年の生活をまかなわせようとしたものであろう。❺もし三十錠あるのならば、おまえの金であろう。❻自分でほかに探しに行くのがよい。」と。❼そこで(聶以道は)母子に(紙幣を)与えた。❽(この話を)聞いた者は痛快だと称賛した。

語句の解説 3

教718 123ページ　教719 331ページ

❶推問　取り調べたところ。

❶其辞実　その言葉は真実であった。「辞」は、ここでは、言葉、の意。

❷暗　ひそかに。人知れず。

❷審　明らかにすると。しっかり調べると。

❷合　ここでは、一致する、の意。

❸俾二人各具……文状　二人(＝落とし主と村人)に、……という供述書を作成させ。「俾」は、「使」「令」などと同じで、「俾—〜…(—ヲシテ…ヲ〜〈セ〉しム)」の形で、—に…を〜させる、という使役の意味を表す。

❸却　ここでは、また、の意。

❸此非汝鈔　これ(＝村人が拾った紙幣)はおまえの金ではない。

❹必天賜賢母　きっと天が賢母に与えて。ここでの「賜」は、上の者が下の者に与える、の意。

❹養老者　老年の生活をまかなわせようとしたものであろう。

❺若三十錠　もし三十錠あるのならば。「若〜」は、もし〜ならば、の意で、仮定を表す。

❻可自別尋去　自分でほかに探しに行くのがよい。「可」は、ここでは、〜するのがよい、という適当の意味を表す。

❼給付　与える。

❽聞者称快　(この話を)聞いた者は痛快だと称賛した。

学習の手引き

一　金を拾得した母と子、および金を落とした失主の心理を、それぞれ整理しよう。

考え方　子の気持ちは「帰以奉レ母」（718 三・2 719 三〇・2）や「言レ之再、子弗レ従」（718 三・5 719 三〇・5）、「争闘不レ已」（718 三・3 719 三・3）などから考えよう。

解答例　・母…他人の金を盗んだのであれば、我が子であろうと訴える覚悟だ。たとえ本当に拾ったのだとしても、持ち慣れない大金を得て災いが起きるだけなので、落とし主に返すべきだ。

・子…思わぬ大金を拾い、母を喜ばせようと持ち帰ったところ、母から持ち主に金を返せときつく言われ、とまどっている。また、金をそっくり返したのに、落とし主が半分しかないとうそをついたことが許せない。

・失主…村人に金を拾ってもらったが、礼金は出したくない。

二　聶以道は、どのような理屈を用いて両者の主張を裁いたのか、説明してみよう。

考え方　「此非二汝鈔一。……」（718 三・7 719 三・7）以下の、聶以道が失主に語った言葉の内容をよく捉えよう。

解答例　落ちていた金が三十錠であれば失主のものであろうが、十五錠しかなく額が一致していないという理屈を用いて、これは失主が落とした金ではなく、天が賢母に賜ったものであると裁いた。

句形

◇書き下し文に直し、太字に注意して、句形のはたらきを書こう。

1　**得非**盗来而欺我**乎**　（　　）（　　）

2　**寧**有一束之理　（　　）（　　）

3　**毋**累我為也　（　　）（　　）

4　送還**何**人　（　　）（　　）

5　皆**令**分取為賞　（　　）（　　）

6　**安**可賞之　（　　）（　　）

答

1　盗み来たりて我を欺くに非ざるを得んや／反語

2　寧くんぞ一束の理有らんや／反語

3　我を累はすことを為す毋かれ／禁止

4　何人にか送還せん／疑問

5　皆分かち取りて賞と為さしめんとす／使役

6　安くんぞ之に賞すべけんや／反語

売柑者言

劉基〔誠意伯文集〕

教718 P.124～P.125　教719 P.332～P.333

【大　意】 1　教718 124ページ1～2行　教719 332ページ1～2行

杭の地で売られていた柑子は、一年を通して形が崩れることなく、つやや潤いがあり金色に光っていた。市価の十倍もしたが、市場に並べると人々は我先にとこの柑子を買った。

【書き下し文】

❶杭に果を売る者有り。❷善く柑を蔵す。❸寒暑に渉りて潰えず、之を出だせば燁然たる玉質にして金色なり。❹市に置けば賈十倍すれども、人争ひて之を鬻ふ。

【現代語訳】

❶杭の地にくだものを売る者がいた。❷(その者は)うまく柑子を貯蔵していた。❸冬と夏を経ても形が崩れることなく、これ(＝柑子)を取り出すと、つやがあって美しい玉のような潤いのある地肌で金色だった。❹市場に並べると値段が(市価の)十倍もしたけれども、人々は我先にとこの柑子を買った。

語句の解説 1　教718 124ページ　教719 332ページ

❷善 うまく。

❷蔵 貯蔵する。

❸渉二寒暑一 冬と夏を経ても。「渉」は、ここでは、経る・経過する、の意。

❹置二于市一 市場に並べると。「于」は、ここでは場所を示す置き字で、読まない。

【大　意】 2　教718 124ページ3～4行　教719 332ページ3～4行

私も柑子を一つ買ったが、切ると煙のようなものが出てつんと鼻をつく。その中はひからびて、ふるわたのようになっていた。私は普通でないと思って、その理由を尋ねてみた。

【書き下し文】

❶予貿ひて其の一を得たり。❷之を剖くに烟有るがごとく、口鼻を撲つ。❸其の中を視れば、則ち乾きて敗絮のごとし。

【現代語訳】

❶私も買ってその(柑子)一つを手に入れた。❷これ(＝買った柑子)を切ると煙のようなものが上がり、つんと鼻をついた。❸その中をよく見ると、ひからびてふるわたのようになって(腐って)いた。

❹予怪しみて之を問ふ。

❹私は普通ではないと思ってこれ(＝ひからびてふるわたのようになっている理由)を尋ねてみた。

語句の解説 2

教718 124ページ　教719 332ページ

❶予　私。一人称の代名詞。

❸則　いわゆる「レバ則」。〜すると・〜すれば(そのとき)、などの意を表す。ここでは、〜すると、の意で確定条件を表す。

❹怪　普通ではないと思って。

【大　意】　3　教718 124ページ5〜8行　教719 332ページ5〜8行

(柑子を)売る者は笑いながら言った。「私は長年この仕事で生計を立てているが、これまで一度も苦情はなかった。あなたにだけ不満足な柑子が渡ったのか。また、私が詐欺をはたらいたと思ったようだが、詐欺をしている人はたくさんいる。

【書き下し文】

❶売る者笑ひて曰はく、「吾が業は是れ年有り。❷吾是れに頼りて以つて吾が軀を食ふ。❸吾之を售り、人之を取り、未だ嘗て言有らず。❹而るに独り子の所に足らざるか。❺世の欺を為す者寡なからず。❻而して独り我のみならんや。❼吾子未だ之を思はざるなり。

【現代語訳】

❶売る者は笑って言った、「私の仕事はすでに長年たったものです(＝私は長年この仕事をしています)。❷私はこれ(＝この職業)によってわが身を養っている(＝生計を立てている)のです。❸私はこれ(＝柑子)を売って、人はこれを買って、これまで一度も苦情を言われたことはありません。❹それなのにただあなたの所だけに満足できないものが渡ったのでしょうか。❺世の中で詐欺を行う者は少なくありません。❻どうして私だけでしょうか、いや、私だけではありません。❼あなたはまだこのことを考えめぐらさないのです。

語句の解説 3

教718 124ページ　教719 332ページ

❶業　職業。仕事。技能。

❶有レ年矣　すでに長年たったものです。「矣」は、ここでは断定の意を表す置き字。

❸未二嘗有一レ言　これまで一度も苦情を言われたことはない。「未二〜一」は再読文字。以前に起きたことを表し、「嘗」とともに用いることが多い。「未二嘗〜一」は、これまで〜したことがない、と訳す。

❹而　しかし。ここでは逆接の意。

❹独　ただ。ここでは限定の意を表す。

❹不レ足　満足できない。「足」は、十分である・そなわる、の意。
❹乎　文末に置き、ここでは疑問の意を表す。
❺為レ欺　詐欺を行う。
❺不レ寡　少なくない。「寡」は、少ない・少し、の意。
❻而　ここでは順接の意で、特に訳さない。
❻独　我　也乎　どうして私だけでしょうか、いや、私だけではありません。
＊独〜　也乎。＝〜だけだろうか、いや、〜だけではない。限定・反語の意を表す。
❼未二之思一也　まだこのことを考えめぐらさないのです。
「未二〜一」は、まだこれを(に)〜しない、の意。

【大　意】　4　教718 125ページ1〜5行　教719 333ページ1〜5行

将軍や大臣は外見は立派だが、それに相当する実績が伴っていない。社会的混乱、政治的不正、制度的欠陥があっても、何の対応策もとらないまま俸禄を貪るだけで、恥というものを知らない。

【書き下し文】

❶今夫れ虎符を佩び皐比に坐する者は、洸洸乎として干城の具なり。❷果たして能く孫・呉の略を授くるか。❸大冠を峨くし長紳を拖く者は、昂昂乎として廟堂の器なり。❹果たして能く伊・皐の業を建つるか。❺盗起こりて而も禦ぐを知らず、民困しみて而も救ふを知らず、吏姦にして而も禁ずるを知らず、法斁れて而も理むるを知らず。❻坐ながら廩粟を糜やして、而も恥づるを知らず。

【現代語訳】

❶さてそもそも、将軍のしるしである虎の形をした割り符を身につけ虎の皮(の敷物の上)に座っている者は、勇ましいさまで君主の盾となり城となって国を守る武士の資質(があると見える者)です。❷(この者が)本当に孫子と呉子の戦略を授けることができますか。❸大きな冠を高々とかぶり礼服の帯を長く引く(高官の服装をしている)者は、意気揚々としているさまで大臣の器量(があると見える者)です。❹(この者が)本当に(名臣の)伊尹や皐陶のような手柄をたてることができますか。❺盗賊が出現しているのに防ぎ止めることを知らない、人民が(貧しく)苦しんでいるのに助けることを知らない、役人が不正であるのに取り締まることを知らない、制度が崩れているのに修正することを知らない。❻何もしないまま俸禄を貪っているのに、恥じることを知らない。

語句の解説　4

教718 125ページ　教719 333ページ

一　❶夫　そもそも。文頭に置き、話題を提示する。

❷果　本当に。
❷能授二孫・呉之略一耶　孫子と呉子の戦略を授けることができますか。「能」は、〜できる、の意で、直後に動詞を置き、可能を表す。「耶」は文末に置き、ここでは疑問を表す。
❹能建二伊・皋之業一耶　伊尹や皋陶のような手柄をたてることができますか。「建レ業」は、手柄をたてる、の意。
❺盗　盗賊。
❺而　〜のに。接続詞で、ここでは逆接を表す。
❺禦　防ぎ止める。
❺禁　取り締まる。
❺法斁　制度が崩れているのに。「斁」は、ここでは、崩れる、の意。
❻坐　何もしないまま。何の対応も取れずにいること。

【大　意】　5　教718 125ページ6〜9行　教719 333ページ6〜9行

豪華で贅沢な役人の生活は、誰でも手本にしたいと思う。柑子のように外は金色に、中はふるわたにしたいものだ。なぜ売果者だけつまびらかにするのか。」と。売果者の、役人の中身は私の柑子以上に腐っていると開き直る論理に対して、私は返事をすることができなかった。

【書き下し文】

❶其の高堂に坐し大馬に騎り、醇醴に酔ひて肥鮮に飫く者を観るに、孰か巍巍乎として畏るべく、赫赫乎として象るべからざらんや。❷又何くに往くとして、其の外を金玉にして其の中を敗絮にせざらんや。❸今子是れを之れ察せずして、以つて吾が柑を察す。」と。❹予黙然として以つて応ずる無し。

【現代語訳】

❶その（役人が）立派な御殿に住み堂々とした馬に乗り、美酒に酔っておいしい料理に満足するところを眺めると、誰が高大なさまで畏敬するに値し、光り輝くさまで手本とするに値しないことがありましょうか、いや、誰も手本とするに値しないことはありません（＝誰もが手本となります）。❷いったいどこに行っても、その外観を金玉で飾りその中をふるわたにしないことがありましょうか。❸さてあなたはこのことをつまびらかにしないで、私の柑子をつまびらかにしようとしています。」と。❹私は黙ったまま返事をすることができなかった。

語句の解説 5

教718 125ページ　教719 333ページ

❶飫　満足する。
❶孰不二巍巍乎可レ畏、赫赫乎可レ象也　誰が高大なさまで畏敬するに値し、光り輝くさまで手本とするに値しないことがありましょうか、いや、値するでしょう。「可」はともに、ここでは、〜に値する・〜に足る、の意。直後に動詞を置き、評価を表す。

＊孰（たれカ）〜也（ンや）。＝誰が〜か、いや、〜ではない。反語の意を表す。

❷又（また）　いったい。否定文や反語文に用いて語調を強めるはたらき。

❷何（いずクニ）　どこに。「何」は、場所を問うときに用いる。

1　**「金玉其外敗絮其中」とは、何をたとえたものか。**

答　外見ばかりを飾って内実が伴わない将軍や大臣。

学習の手引き

一　**「売柑者」の主張を整理し、「予黙然無以応。」の理由を説明してみよう。**

解答例　・たまたま悪い柑子があなたの所へ渡っただけだ。世の中には詐欺をはたらく者が多くいる。私だけではない。

・今の将軍や大臣は、外見ばかり立派で実績が伴っていない。

・為政者の豪奢な外見は、誰もが手本にしたいと思う。

・今の世の中、誰もが外見ばかりで内実がない。柑子だけが外見だけではいけない理由はない。

→売柑者が売り物の柑子を、外見は立派でも実績が伴っていない為政者にたとえ、外見ばかりで中身が腐っているのは、自分が売っている柑子も為政者も同じだと開き直ってみせたから。

❸是（こレヲ）之（こレ）不（ず）レ察（さっセ）　このことをつまびらかにしないで。倒置した目的語「是」と動詞「不レ察」の間に「之」を置いて、倒置であることを表し、強調表現となっている。「―ヲ之〜レス（―ヲこレ〜ス）」の形である。「察」は、詳しく見る・つまびらかにする、の意。

❹無（な）二以（もッテ）応（おうズル）一　返事をすることができなかった。「無二以テ〜一」は、〜できない、と訳し、不可能の意を表す。

句形

◇**書き下し文に直し、太字に注意して、句形のはたらきを書こう。**

1　**独**我也**乎**
（　　　　　　　　）（　　　　）

2　**孰**不巍巍乎可畏、赫赫乎可象**也**
（　　　　　　　　）（　　　　）

答
1　独り我のみならんや／限定・反語
2　孰か巍巍乎として畏るべく、赫赫乎として象るべからざらんや／反語

為(レ)学(ヲ)　彭端淑〔白鶴堂文録〕

教718 P.126~P.128　教719 P.334~P.336

【大意】1　教718 126ページ1~3行　教719 334ページ1~3行

世の中の物事に難易がないことと同様に、学問にも難易はない。一生懸命に取り組めば難しいことでも簡単になり、簡単なことでも一生懸命に取り組まなければ難しくなってしまうのだ。

【書き下し文】

❶天下の事に難易有りや。❷之を為さば、則ち難き者も亦易し。❸為さずんば、則ち易き者も亦難し。❹人の学を為すに難易有りや。❺之を学ばば、則ち難き者も亦易し。❻学ばずんば、則ち易き者も亦難し。

【現代語訳】

❶世の中の物事に難易があるだろうか。❷これ(＝ある物事)を(一生懸命)行えば、難しいこともまた簡単になる。❸(一生懸命)行わなければ、簡単なことでもまた難しくなる。❹人が学問を行うにあたって難易があるだろうか。❺(一生懸命)これを学べば、難しいこともまた簡単になる。❻(一生懸命)学ばなければ、簡単なことでもまた難しくなる。

語句の解説 1

教718 126ページ　教719 334ページ

❶乎(や)　~か。文末に置き、疑問の意を表す。直前が終止形なら「や」、連体形(体言)なら「か」と読むのが原則。

❷為(なサバ)　行えば。「為」は、ここでは、行う・する・やる、の意。

❷則(すなわチ)　ここでは仮定条件を表し、~すれば(そのとき)、の意。

❷亦(また)　~もまた。添加の意を表す。「~モ亦」の形が多い。

【大意】2　教718 126ページ4行~127ページ1行　教719 334ページ4行~335ページ1行

才能に恵まれなくても勉学に励んで目的を達成すれば、自分の本当の資質はわからない。逆に才能に恵まれていても、勉学の努力もせず才能を発揮しなければ、愚かで平凡なことと何の変わりもない。「昏・庸・聡・敏」のはたらきは、努力しだいでいかようにも変化する。

【書き下し文】

❶吾が資の昏にして、人に逮ばざるや、吾が材の庸にして、人に逮ばざるや、旦旦にして之を学び、久しくして怠らず、

【現代語訳】

❶自分の資質が愚かで、人(の資質)に及ばないとしても、自分の才能が平凡で、人(の才能)に及ばないとしても、毎日勉学に励んで、長いこと怠らなければ、目的に達しても、また自分が本当に愚かで

成に迄るも、亦其の昏と庸とを知らざるなり。❷吾が資の聡にして、人に倍するや、吾が材の敏にして、人に倍するや、屏棄して用ゐざれば、其の昏と庸と以つて異なる無きなり。❸聖人の道、卒に魯に于いてや之を伝ふ。❹然らば則ち昏・庸・聡・敏の用、豈に常有らんや。

平凡であるかはわからない。❷自分の資質が人の二倍聡明であっても、自分の才能が人の二倍鋭敏であっても、(学ぶことを)捨てて(その能力を)用いなければ、その愚かで平凡なこととなんら変わらない。❸孔子の教えは、結局鈍感な者(である弟子の曽子)によって伝えられた。❹それならば「昏・庸・聡・敏」のはたらきが、どうして定まったものであろうか、いや、定まったものではない(＝努力しだいで変化する)。

語句の解説 2

教718 126ページ　教719 334ページ

❶資　ここでは、資質・素質、の意。

❶与　～と。「～与レ―」の形で、～と―と、という並列の意を表す。

1 「不知其昏与庸」とは、どういうことか。

答 目的を達成したとしても、それが努力の結果なのか、能力の結果なのかはわからないということ。

2 なぜ「無以異」なのか。

答 人より優れた才能を勉学によってさらに磨いたり維持しようとしたりせず、才能を発揮していかなければ、愚かで平凡な人物が才能を発揮することなく何もできないことと、結果的に変わりがないから。

❸卒　ここでは、ついに・結局、の意。

❹豈有レ常哉　どうして定まったものであろうか、いや、定まったものではない。「豈～哉(乎・邪)」の形で、どうして～か、いや、～ない、という反語の意を表す。

【大意】 3　教718 127ページ2～8行　教719 335ページ2～8行

蜀の国に裕福な僧と貧乏な僧がいた。貧乏な僧が南海の普陀山に行きたい旨を告げると、裕福な僧は、自分は数年来舟を買って普陀山に行きたいと思っているのに行くことができないのだから、水筒と椀しか持たないあなたが行くのも無理だ、と言った。しかし翌年、貧乏な僧は、普陀山に行って帰ってきた。人が志を立てることは、蜀の僧侶のようなもので、裕福か貧乏かは関係ない。

【書き下し文】

❶蜀の鄙に二僧有り。❷其の一は貧にして、其の一は富た

【現代語訳】

❶蜀の辺境の地に二人の僧がいた。❷そのうちの一人は貧乏で、

り。❸貧者富者に語りて曰はく、「吾南海に之かんと欲す、何如。」と。❹富者曰はく、「子何をか恃みにして往かん。」と。❺曰はく、「吾一瓶一鉢あれば足れり。」と。❻富者曰はく、「吾数年にして舟を買ひて下らんと欲すれども、猶ほ未だ能はざるなり。❼子何をか恃みて往かん。」と。❽越えて明年、貧者南海より還りて、以つて富者に告ぐ。❾富者に慚づる色有り。❿西蜀の南海を去ること、幾千里なるかを知らざるなり。⓫僧の富者至ること能はずして、貧者之に至る。⓬人の志を立つること、顧ふに蜀鄙の僧のごとくならざらんや。

そのうちの一人は裕福だった。❸貧乏な僧は裕福な僧に語りかけて言った、「私は南海の普陀山に行こうと思うが、どうであろうか。」と。❹裕福な僧は言った、「あなたは何を頼りにして行くつもりなのか。」と。❺(貧乏な僧は)言った、「私には一つの水筒と一つの椀があれば十分だ。」と。❻裕福な僧は言った、「私は数年来舟を買って(南海の普陀山に)行きたいと思っているが、依然としてまだ実現できないでいる。❼(それなのに)あなたは何を頼りにして行くつもりなのか。(水筒と椀だけでは行けやしない。)」と。❽月日を経て翌年、貧乏な僧は南海の普陀山から戻ってきて、裕福な僧に(このことを)告げた。❾裕福な僧はきまり悪そうな顔つきをした。❿西にある蜀から南海の普陀山までの距離は、何千里あるかわからない(ほど、はなはだ遠い)。⓫裕福な僧は(普陀山に)行き着くことができず、貧乏な僧はこれ(=普陀山)に行き着くことができた。⓬人が志を立てることは、考えてみるに蜀の辺境の僧のようなものでないだろうか、いや、蜀の辺境の僧のようなものである。

語句の解説 3

教718 127ページ　教719 335ページ

❸＊何如。 どうであろうか。様子や状態を問う疑問の意を表す。方法や手段を問う「如何」と区別する。

❹恃 頼りにして。あてにして。

❻欲二買レ舟而下一 舟を買って(南海の普陀山に)行きたいと思っているが。「欲」は、〜したい、という願望の意。「下」は、ここでは、(川の上流から下流に)行く、の意。

❻未レ能也 まだ実現できないでいる。「能」は、〜できる、の意だが、否定語と組み合わせて「不レ能二〜一」などの形で、〜できない、という不可能の意を表すときに用いられることが多い。ここでは、再読文字の「未」と組み合わせて、まだ〜できない、の意味を表している。

❽越 ここでは、月日を経て、の意。

❽自 〜から。「自二〜一」の形で、起点の意を表す。

3 なぜ富僧は「有慚色」となったのか。

答 頼りとするものがないために実現できないと思っていたことを、貧僧は頼るものなしにたやすく実現したから。

❿**西蜀之去ニ南海一** 西にある蜀から南海の普陀山までの距離は。
「去」には、隔てる・離れる、の意がある。

⓬**顧** ここでは、考えてみるに、の意。

⓬**不レ如ニ蜀鄙之僧一哉** 蜀の辺境の僧のようなものでないだろうか、いや、蜀の辺境の僧のようなものである。
＊不ニ～一哉。＝～でないだろうか、いや、～である。反語の意。

【大　意】 4 教718 127ページ9行～128ページ1行 教719 335ページ9行～336ページ1行

聡明で俊敏であっても、学ばなければその才能を無駄にする。逆に、愚かで平凡であったとしても、自分の才能を見限らずに努力すれば、目的に到達することができるのである。

【書き下し文】

❶是の故に聡と敏とは、恃むべくして恃むべからざるなり。❷自ら其の聡と敏とを恃みて学ばざる者は、自ら敗る者なり。❸昏と庸とは、限るべくして限るべからざるなり。❹自ら其の昏と庸とを限らずして学に力めて倦まざる者は、自ら力むる者なり。

【現代語訳】

❶こういうわけで聡明であることと鋭敏であることとは、頼りにするべきであると同時に頼りにしてはいけない。❷自分でその聡明さと鋭敏さとを頼りにして学ばない者は、自分(でその才能)をだめにする者である。❸愚かであることと平凡であることとは、(自分の能力を)限定するようで限定することはない。❹自分でその愚かで平凡なことを限定することなく学問に励んで怠らない者は、(才能に頼らずに)自分で励む者である(＝自分で目的に達するのである)。

語句の解説 4

教718 127ページ 教719 335ページ

❶**可レ恃而不レ可レ恃也** 頼りにするべきであると同時に頼りにしてはいけない。「不可」は、ここでは、禁止を表す。「不レ可ニ～一」の形は、～してはならない、の意。

❹**不レ倦** 怠らない。「倦」は、ここでは、飽きる・怠る、の意。

学習の手引き

一 蜀の辺境に住む二僧の話を通して、作者は何を言おうとしているのか、説明してみよう。

考え方 「僧ノ富者不レ能レ至、而貧者至レ之。」(718 一二七・7 719 三三五・7)を軸に考えよう。一般的には旅をするなら、裕福なほうが有利なはずである。この逸話は、前後の文章の具体例として挿入された話であり、前後の内容では、才能の有無にかかわらず、怠らず努力したかどうかによって結果が決まるのだと述べられている。二僧の逸話では、才能の有無が財産の有無に置き換えられている。

解答例　自分にはじめから備わっているものが上等なものであったとしても、それを意欲的に用いなければ無駄になってしまう。逆に、自分に上等なものが備わっていなかったとしても、意欲的に取り組むことによって、不可能に思えたことでも実現できるということ。

二　**「昏・庸」「聡・敏」が学ぶ者の態度に及ぼす影響の違いを整理し、作者は学問において何が重要だと考えているのか、説明してみよう。**

考え方　第二段落の最後の一文や、第四段落の後半部分を参考に考えよう。

解答例　「聡・敏」のような才能は、あれば頼りになるが、それを積極的に活用しなければ、宝の持ち腐れで、せっかくの才能も無駄になってしまう。逆に「昏・庸」のように才能に恵まれなくとも、一生懸命に努力をすることで、不可能に思えたことを達成することもできる。したがって学問においては、「昏・庸」か「聡・敏」かにとらわれることなく、学び続ける努力をすることが重要だと考えている。

句形

◇**書き下し文に直し、太字に注意して、句形のはたらきを書こう。**

1　吾欲之南海、**何如**
（　　　　　　）（　　　）

2　**不如**蜀鄙之僧**哉**
（　　　　　　）（　　　）

答　1　吾南海に之かんと欲す、何如／疑問
　　2　蜀鄙の僧のごとくならざらんや／反語

言語活動　文章表現のいろいろ

教718 P.129　教719 P.337

活動の手引き

一　**「賢母拾遺を辞す」と「売柑者の言」は、その表現や内容にどのような特徴があるか。「医薬談笑」や「学を為す」の特徴を参考にしながら話し合ってみよう。**

考え方　「賢母拾遺を辞す」は、拾った金をすぐに返すことにする正直で善良な母子の姿と、礼金を与えるのを惜しんで嘘をつく卑劣な金の落とし主の姿が、対比によってわかりやすく描かれている。そして、役所の長官である聶以道が機転を利かせて母子を救うという、読み手の溜飲を下げる勧善懲悪の内容となっている。

「売柑者の言」は、柑子を売る者の言い分が中心である。柑子についての話から、世の中に詐欺がはびこり、将軍や大臣、役人のように、外見が立派で豪華な生活を送っていても実績が伴わないことも多いという糾弾へと広がり、役人たちの実態が中身が腐った柑子の状態にたとえられている。それに対して作者の劉基の返事は示されていないことで、読み手に考えさせる内容となっている。

以上のことなどをもとに話し合ってみよう。

史記の群像

●司馬遷と『史記』

司馬遷（前一四五？～前八六？）は、前漢の歴史家。夏陽（現在の陝西省）の人。太史令（＝宮廷内の記録などをつかさどる官）だった父・司馬談の命を受け、二十歳から地方をめぐり、古い記録などを集めた。父亡きあと自らも太史令となったが、前九九年、奮戦むなしく異民族である匈奴の捕虜となった将軍の李陵の弁護をして、武帝の怒りを買い、宮刑（＝生殖能力を奪う刑）に処せられた。のちに大赦により出獄、中書令となり、着手していた修史事業に専念。ついに中国の歴史書の典型をなす、不朽の名著『史記』を著した。

『史記』は百三十巻、五十二万六千五百字という膨大な分量であり、その中には司馬遷の歴史観や人間観が表現されている。

「管鮑之交」の管仲と鮑叔は、ともに春秋時代の斉の政治家。鮑叔は、才能はあるが貧しい管仲をよく理解しており、敵味方に分かれたときも敗者側の管仲の命乞いをし、斉の桓公に推挙した。桓公に宰相として仕えた管仲は、桓公を覇者に押し上げた。

孫臏は、戦国時代の斉の兵法家。魏の武将・龐涓に才を妬まれ、両足を切断された。だが、斉の威王の軍師として龐涓を敗死させ、魏の太子を捕虜にして、世にその名を知られた。

張儀は、戦国時代の遊説家。蘇秦とともに鬼谷先生に学んで諸国を遊説、秦の恵王の信を得て宰相となる。韓・魏・趙・燕・斉・楚とそれぞれに同盟を結び（連衡の策）、蘇秦の死後、蘇秦の唱えた合従の策を破った。

荊軻は、戦国時代の刺客。燕の太子丹の命を受けて秦王政（＝後の始皇帝）の暗殺を謀るが、未遂に終わり、殺された。

管鮑之交 〔史記〕

教718 P.132～P.135　教719 P.340～P.343

■桓公　心に管仲を殺さんと欲す（桓公　心に管仲を殺そうと願う）

【大　意】1　教718 132ページ2行～133ページ3行　教719 340ページ2行～341ページ3行

斉の君主である襄公が、魯の桓公を殺したので、襄公を恐れ、弟の糾は管仲、召忽を守り役として魯に逃げた。もう一人の弟、小白は鮑叔を守り役として莒に逃げた。後に雍林の人が襄公のあとの君主、無知を殺すと、斉の大夫は小白を君主にしようと呼んだ。魯も無知の死を聞いて兵とともに糾を斉に送り、管仲にも兵を率いさせて小白の道を遮らせた。管仲が小白を射るが、小白は死んだふりをして管仲を欺いて斉に行き、君主として桓公となる。小白が死んだと思い、ゆっくり斉に向かった糾は君主になれず、魯の兵は、斉の兵に侵入を阻まれた。

【書き下し文】

❶初め襄公の魯の桓公を酔殺するや、群弟禍ひの及ぶを恐る。❷故に糾魯に奔る。❸其の母は魯の女なり。❹管仲・召忽之に傅たり。❺小白莒に奔る。❻鮑叔之に傅たり。❼小白少きより大夫高傒に好善なり。

❽雍林の人無知を殺すに及び、君を立てんことを議し、高・国先づ陰かに小白を莒より召す。❾魯無知の死を聞き、亦兵を発して公子糾を送る。❿而して管仲をして別に兵を将ゐ、莒の道を遮らしむ。⓫射て小白の帯鉤に中つ。⓬小白詳り死す。⓭管仲人をして馳せて魯に報ぜしむ。⓮魯の糾を送る者、行くこと益遅し。⓯六日にして斉に至れば、則ち小白已に入り、高傒之を立つ。⓰是れを桓公と為す。⓱桓公の鉤に中たるや、詳り死し以つて管仲を誤らしめ、已にして温車の中に載りて馳せ行く。⓲亦高・国の内応する有り、故に先づ入りて立つを得、兵を発して魯を距む。

【現代語訳】

❶かつて襄公が魯の桓公を酔わせて殺すと、（襄公の）弟たちはわざわいが（自分にも）及ぶのを恐れた。❷そのため（弟の一人）糾は魯に逃げた。❸その（＝糾の）母は魯（出身）の女だった。❹管仲と召忽がこれ（＝糾）の守り役となった。❺（別の弟の）小白は莒に逃げた。❻鮑叔はこれ（＝小白）の守り役となった。❼小白は若いときから大夫の高傒と親しかった。

❽雍林の人が（襄公を殺し斉の君主を自称する）無知を殺すと、君主を立てることを相談し、（斉の大夫の）高氏と国氏は、まずひそかに莒から小白を呼んだ。❾魯でも無知の死を聞いて、また兵を発して公子である糾を（斉に）送る。❿そして管仲に別の兵を率いさせて、莒から（斉へ来る小白）の道を遮らせた。⓫（管仲が矢を）射て小白の帯の留め金に当てた。⓬小白は死んだふりをした。⓭管仲は使者に馬を走らせて（小白を射たと）魯に報告させた。⓮魯の糾を（斉に）送る部隊は、のんびり進んだ。⓯六日かけて斉に到着すると、すでに小白が（斉に）入っていて、高傒がこれ（＝小白）を（斉の君主に）立てていた。⓰これが桓公である。⓱桓公（＝小白）は帯の留め金に（管仲の射た矢が）当たると、死んだふりをして管仲を誤解させ、そのうちに（遺体を載せる）温涼車に乗って（斉に）急いで行った。⓲また高氏・国氏と通じていたので、先に（斉に）入って（君主として）立つことができ、兵を発して魯の（軍の侵入を）防いだ。

語句の解説 1

教718 132ページ　教719 340ページ

❶初　ここでは、かつて、の意。これより前に無知が雍林で殺される場面の描写があり、ここでは無知が殺される前のことを述べるため、このように始めている。

❶**襄公**（じょうこう）　春秋時代の斉の君主。斉は、もとは前十一世紀末に太公望（たいこうぼう）呂尚（りょしょう）に与えられた地。戦国時代の前三八六年に田氏（でんし）が国を奪った。前二二一年に秦に滅ぼされる。

❶**之**（の）　ここでは「の」と読み、主格を表す。

❶**酔殺**（すいさつスルヤ）　「酔殺」は、ここでは、酔わせて殺すこと。酔わせたところを部下に襲わせて殺した。「や」は、～すると、の意。

❶**群弟**（ぐんてい）　（襄公の）弟たち。「群」は、ここでは、複数いることを示している。

❶**恐二禍 及一**（おそルわざわヒノおよブヲ）　わざわいが（自分に）及ぶことを恐れた。「禍」は、ここでは、襄公に殺されるなどのよくないことをさしている。襄公はむやみに人を殺し、しばしば大臣を欺いていた。襄公が魯の桓公を殺したことで、さらに自分たち弟も殺されるのではないかと恐れを感じたのである。

❸**魯女**（ろノおんな）　ここでは、糾の母が魯の出身であることを示している。

❹**傅**（ふタリ）　守り役として付き添った。「傅」は、①守り役、②おもり役をする・養育係として付き添う、の意。

❹**之**（これ）　ここでは「これ」と読み、糾をさす。

❻**之**（これ）　ここでは「これ」と読み、小白をさす。

❼**自レ少**（よリわかキ）　若いときから。「自」は、ここでは動作の起点（時）を表す。「少」は、ここでは、若いとき、の意。小白は莒に逃げる前の若いときから高傒と親しかった。

❼**好善**（こうぜんナリ）　親しい。斉の大夫である高傒と親しかったことで、小白は無知の死後、先に呼ばれて君主となることができた。

❽**及三雍林 人殺二無知一**（およビようりんノひところスニむちヲ）　教科書の採録箇所より前の記述に、無知に対して以前から恨みを抱いている者が雍林にいて、雍林に無知が来たときに殺したとある。その人は斉の大夫に「無知は襄公を殺して自分が君主となった。だから私は誅殺した。大夫は改めて公子の中から君主となるべき人を立ててほしい。」と言っている。

❽**議**（ぎシ）　相談し。襄公を殺して斉の君主を自称した無知も死んだので、新たな君主を誰にすべきか相談した。

❽**於**　ここでは、動作の起点（場所）を表す置き字。莒（起点）から召す（動作）ということ。

❿**而**（しかシテ）　そして。前の事柄に加えて述べる意を表す。「而」は置き字となる場合もあるが、ここでは接続詞として読む。

❿**使三管仲 別将レ兵、遮二莒 道一**（しムかんちゅうヲシテべつニひきゐへいヲ、さえぎラきょノみちヲ）　管仲に、糾を斉に送る部隊とは別に兵を率いさせて、莒からの道を遮らせた。「将」は、ここでは、兵を率いる・軍を統率する、の意。糾を斉の君主に擁立しようとする魯が、糾を護送する部隊とは別の部隊を管仲に率いさせ、莒からの道を遮らせて、小白が斉に入るのを防ごうとしたのである。

＊使二――一～。（しム――ヲシテ～（セ））＝――に～させる。使役の意を表す。

⓫**射中二小白 帯鉤一**（いテあツしょうはくノたいこうニ）　（管仲が矢を）射て小白の帯の留め金に当てた。「中つ」は、当てる・命中させる、の意。

⓬**詳死**（いつわリしス）　死んだふりをする。「詳」は、ここでは、いつわる、の意。

⓭**管仲使二人 馳 報一レ魯**（かんちゅうしムひとヲシテはセテほうぜろニ）　管仲が部下に使者として馬を走らせて魯に報告させた。「馳」は、ここでは、馬を走らせること。報告の内容は、小白を射て殺したということ。実際は、小白は死んだふりをしていたので誤報である。

⓮**魯送レ糾者**　魯の糾を(斉に)送る部隊。糾を斉に送って行く部隊をさしている。

⓮**益遅**　管仲が小白を殺したので、急ぐ必要はなくなったと思い、のんびり行ったのである。

教718 133ページ　教719 341ページ

⓯**至レ斉、則**　斉に到着すると。「則」は、ここでは確定条件を表し、〜すると、の意。

⓯**高傒立レ之**　高傒が小白を斉の君主に立てた。「之」は、ここでは「これ」と読み、小白をさす。

⓱**桓公之中レ鉤**　桓公は帯の留め金に(管仲の射た矢が)当たると。「之」は、ここでは主格を表す。

⓱**誤ニ管仲一**　使役を表す漢字を使っていないが、「管仲に誤らせて(＝誤解させて)」という意の使役の形になっている。

⓱**已而**　そのうちに。「而」は、ここでは、順接を表す置き字だが、「已而」で、そのうちに・そうこうしているうちに・やがて、の意を表す。「而」の直前に読む語の送り仮名が「〜テ・〜シテ」の場合は順接。

⓱**載ニ温車中一**　遺体を載せる温涼車に乗って。死んだふりをしたので、管仲たちを欺き続けるため、遺体を載せる車に乗って斉へ向かったのである。

⓲**距レ魯**　魯の軍が斉に入ってくるのを防ぐ。「距」は、ここでは、こばむ・防ぐ、の意。

【大意】2　教718 133ページ4行〜134ページ3行　教719 341ページ4行〜342ページ3行

秋に斉は魯と戦い、勝つ。斉は魯に「糾は兄弟で、こちらで誅殺するのは忍びないので魯で殺してほしい。召忽と管仲はかたきなので、もらい受けてこちらで処罰したい。そうしなければ魯を包囲するだろう。」と手紙を送った。魯は糾を殺し、召忽は自殺した。管仲は斉に引き渡されることを望んだ。桓公は即位後、管仲を殺そうと考えていた。鮑叔は、桓公が覇者(＝諸侯のかしら)になりたいのなら管仲は必要だと言うと、桓公はそれを聞き入れ、管仲を許し斉の大夫とした。

【書き下し文】

❶秋、魯と乾時に戦ふ。❷魯の兵敗走す。❸斉の兵魯の帰道を掩絶す。❹斉魯に書を遺りて曰はく、「子糾は兄弟なり。❺誅するに忍びず。❻請ふ魯自ら之を殺せ。❼召忽・管仲は讐なり。❽請ふ得て甘心して之を醢にせん。❾然らずんば将に魯を囲まんとす。」と。❿魯人之を患へ、遂に子糾を笙瀆に

【現代語訳】

❶(その年の)秋に、(斉は)魯と乾時で戦った。❷魯の兵は敗走した。❸斉の兵は魯の退路を遮断した。❹斉は魯に手紙を送って言うことには、「公子糾は兄弟である。❺誅殺するに忍びない。❻どうか魯のほうでこれ(＝糾)を殺してほしい。❼召忽・管仲はかたきである。❽(召忽・管仲を)もらい受けて気のすむようにこれ(＝召忽・管仲)を殺して塩漬けにしたい。❾そうでなければ魯(の都)を包囲するだろう。」と。❿魯の人はこれを心配し、ついに公子糾を(魯の)

殺す。⑪召忽自殺し、管仲囚はれんことを請ふ。⑫桓公の立つや、兵を発して魯を攻むるは、心に管仲を殺さんと欲すればなり。⑬鮑叔牙曰はく、「臣幸ひに君に従ふを得、君竟に以つて立つ。⑭君の尊きこと、臣以つて君を増すこと無し。⑮君将に斉を治めんとせば、即ち高傒と叔牙とにて足るなり。⑯君且つ覇王たらんと欲せば、管夷吾に非ざれば不可なり。⑰夷吾、居る所の国は、国重し。⑱失ふべからざるなり。」と。⑲是に於いて桓公之に従ふ。⑳鮑叔牙管仲を迎へ受け、堂阜に及んで桎梏を脱き、斎祓して桓公に見えしむ。㉑桓公礼を厚くして以つて大夫と為し、政に任ず。

（斉太公世家）

笙瀆で殺した。⑪召忽は自殺し、管仲は（斉に）囚われることを望んだ。⑫桓公は君主の位についてすぐ、兵を発して魯を攻めたのは、管仲を殺そうと欲したからである。⑬鮑叔（名は）牙が言うことには、「私は幸運にもわが君（＝桓公）に従うことができ、君はついに君主の位につかれました。⑭君は（すでに）尊く、私には君の尊さをさらに増し加えることはできません。⑮君が斉を治めようとなさるならば、そのまま（臣下は）高傒と叔牙だけで十分です。⑯君がさらに覇者（＝諸侯のかしら）になろうと望むなら、管夷吾（＝管仲）でなければできません。⑰夷吾（＝管仲）がいる国は、国として重きをなします。⑱（管仲を）失ってはいけません。」と。⑲こういうわけで桓公はこのこと（＝鮑叔の進言）に従った。⑳鮑叔牙は管仲を（魯に）迎えに行って引き取り、堂阜に着くと手足のかせを外し、（罪人としての）汚れをはらい清め、桓公に謁見させた。㉑桓公は礼を尽くして厚くもてなし（管仲を）大夫にして、政治を任せた。

語句の解説 2

教718 133ページ　教719 341ページ

❶**秋**　その年の秋のこと。無知が殺されたのは春である。

❶**于**　ここでは、場所を表す置き字。

❸**斉兵掩絶魯帰道**　斉の兵は負けて逃げる魯の兵の退路を遮断した。

❹**子糾**　公子である糾。「子」は、ここでは、糾の敬称として使われている。

❺**弗**　「不」と同じ意味の否定を表す。

❺**誅**　誅殺する。罪をとがめて殺す。

❻**請**　ここでは、どうか〜してほしい、と相手がある行為をするようにとの願望を表す。

❻**自**　自分で、の意だが、ここでは、そちらで、のような意で、魯で糾を殺すことを促している。

❻**之**　糾をさす。

❼**讐**　あだ。かたき。ここでは、恨みのある相手・戦いの相手、といった意。

❽**請**　ここでは、〜したい、という自分の意志・希望を表す。

❽**得**　召忽と管仲をもらい受けて。

❽而　ここでは順接を表す置き字。

❽甘心　醢レ之　気のすむように召忽と管仲を殺して塩漬けにしたい。「〜せん」は、〜しよう・〜したい、という意志を表す。「之」は召忽と管仲をさす。かなり重く苦しい罰を召忽と管仲に与えたいと桓公が考えていることがわかる。

❾不レ然　そうでなければ。「しからずば」の変化した形。

❾将レ囲レ魯　「将」は再読文字で、「まさニ〜ントす」と読み、①(今にも)〜しそうだ(推量)、②(すぐに)〜しようとする(意志)の二つの意味がある。ここでは②ともとれるが、①ととり、自分は魯を囲もうとするだろう、と推量の意で用いて、魯を脅しているとも考えられる。

❿患レ之　桓公が魯を攻めてくることを心配し。「患」は、心配する・憂える、の意。「之」は、斉(桓公)が攻めてくることをさす。

❿于　ここでは場所を表す置き字。

⓫請レ囚　(斉に)囚われることを望む。管仲は、自分を殺したいと言っている斉の桓公のもとへ行くことを望んでいる。

⓬桓公之立　桓公が君主の位についてすぐ。桓公が君主となってすぐに殺したいと思うほど、魯や管仲に深い恨みを持っていたことがわかる。「之」は主格を表す。

⓭鮑叔牙　鮑叔、名は牙という者が。通常、親や主君でなければ名を呼ぶのは失礼とされ、日常的には字で呼ぶことが多かった。

⓭臣　私。臣下が君主などに対して自分をへりくだっていう語。

⓮君之尊、臣無二以増レ君　鮑叔では、君主である桓公をこれ以上高められないことを言っている。「之」は主格を表す。

⓯将レ治レ斉　斉を治めようとするならば。「将」は、ここでは、(すぐに)〜しようとする、という意志を表す。

⓯与　「〜与二―一」で、〜と―と、という並列の意を表す。高傒と叔牙(自分)とを並べている。

⓯足　現状維持でよければ、臣下も現状のままで十分であることを言っている。

⓰且　さらに。あることに他のことが加わることを表す。

⓰欲二覇王一、非二管夷吾一不可　管夷吾(＝管仲)を臣下にしないと覇者にはなれないと言っている。斉の君主に留まらず、覇者となるには、優秀な管仲が必要だと進言しているのである。

⓱夷吾、所レ居国、国重　夷吾がいる国は、国として重きをなす。夷吾は管仲のこと。管仲が優秀なので、管仲を臣下に持つ国が大国となることを述べている。鮑叔は管仲の能力を評価しており、実際、管仲に斉の国政を任せることで、桓公は覇者となった。

教718 134ページ　教719 342ページ

⓲不レ可レ失也　覇者になりたいなら、ここで管仲を殺してはいけない、登用すべきだと、鮑叔は桓公に管仲を推薦している。「不レ可」は禁止を表す。

⓳之　鮑叔の、天下の覇者になるつもりなら管仲が必要だという進言をさす。

⓴鮑叔牙迎受二管仲一　鮑叔が管仲を(魯に)迎えに行って引き取り。

⓴及二堂阜一而脱二桎梏一　魯から連れて帰るときには手紙に書いたように管仲を殺すつもりであることを装い、かせをはめていて、斉の地である堂阜に着いてから外している。「而」は、ここでは

順接を表す置き字。「管仲請レ囚」（718 133・8 719 341・8）とあったが、教科書では省略されている部分に、管仲は、桓公が自分を登用するつもりでいることを察知していたので、斉に行くことを望んだという描写がある。

⑳見二桓公一　鮑叔が管仲を桓公に謁見させた。「見」は、「会う」の謙譲語。「シム」は使役を表す。

㉑桓公厚レ礼　桓公は管仲に礼を尽くして厚くもてなし。即位後すぐに管仲を殺そうと決めていた桓公だが、鮑叔の進言を受け入れ、罰を与えずに管仲を取り立てた。

■鮑叔　能く管仲を知る（鮑叔　よく管仲を知る）

【大　意】 3　教718 134ページ5行～135ページ9行　教719 342ページ5行～343ページ9行

管仲は潁上の人で、若いころ鮑叔と親しかった。管仲は斉の政治を任されると、諸侯と盟約を結び、一つにまとめ、桓公を覇者にした。管仲は、「鮑叔はいっしょに商売をして私が利益から多くもらっても、事業に失敗しても、主君に追い出されても、戦に負けても、投獄されても、私を悪く思わなかった。鮑叔は私の理解者だ。」と言った。鮑叔は管仲を桓公に推薦したあとは、管仲より下の位にいた。鮑叔の子孫は代々名大夫となった。人々は管仲の能力より、鮑叔の人を見抜く力を称賛した。

【書き下し文】

❶管仲夷吾は、潁上の人なり。❷少き時、常に鮑叔牙と游ぶ。❸鮑叔其の賢なるを知る。❹管仲既に用ゐられ、政に斉に任ず。❺斉の桓公以つて覇となり、諸侯を九合し、天下を一匡せしは、管仲の謀なり。❻管仲曰はく、「吾始め困しみし時、嘗て鮑叔と賈す。❼財利を分かつに多く自ら与ふ。❽鮑叔我を以つて貪と為さず。❾我の貧なるを知ればなり。❿吾嘗て鮑叔の為に事を謀りて、更に窮困す。⓫鮑叔我を以つて愚と為さず。⓬時に利と不利

【現代語訳】

❶管仲（名は）夷吾は、潁水のほとりの人である。❷若いころ、いつも鮑叔牙と親しくしていた。❸鮑叔はその（＝管仲の）賢明であることを知っていた。❹管仲は登用され、斉の国政を担当した。❺斉の桓公は覇者となったが、諸侯を集めて何度も盟約を結び、天下を一つにまとめ秩序を正したのは、管仲の計画によるものである。❻管仲が言うことには、「私がかつて困窮していたとき、鮑叔と店を開いて商売をしたことがある。❼利益を分けるのに多く自分が取った。❽鮑叔は私を欲張りだと思わなかった。❾私が貧しいことを知っていたからである。❿私はかつて鮑叔のために画策し、（失敗したために、鮑叔が）さらに困窮したことがある。⓫鮑叔は私を愚かだと思わなかっ

と有るを知ればなり。⑬吾嘗て三たび仕へて三たび君に逐はる。⑭鮑叔我を以つて不肖と為さず。⑮我の時に遭はざるを知ればなり。⑯吾嘗て三たび戦ひ三たび走ぐ。⑰鮑叔我を以つて怯と為さず。⑱我に老母有るを知ればなり。⑲公子糾敗れ、召忽之に死し、吾幽囚せられて辱めを受く。⑳鮑叔我を以つて恥無しと為さず。㉑我の小節を羞ぢずして、功名の天下に顕れざるを恥づるを知ればなり。㉒我を生む者は父母、我を知る者は鮑子なり。」と。㉓鮑叔既に管仲を進め、身を以つて之に下る。㉔子孫世斉に禄せられ、封邑を有つこと十余世、常に名大夫たり。㉕天下管仲の賢を多とせずして、鮑叔の能く人を知るを多とするなり。

（管晏列伝）

た。⑫時の運が向くときと向かないときとがあるのを知っていたからだ。⑬私はかつて三回仕官し三回主君に追い出された。⑭鮑叔は私を愚か者だと思わなかった。⑮私が時勢に合わないのを知っていたからだ。⑯私はかつて三回戦い三回敗走した。⑰鮑叔は私を臆病だと思わなかった。⑱私に老いた母がいるのを知っていたからだ。⑲（仕えていた）公子糾が（小白に）負け、（ともに糾に仕えていた）召忽はこれにともない死に、私は捕らえられ閉じ込められて辱めを受けた。⑳鮑叔は私を恥知らずだと思わなかった。㉑私が小さな節義（を守らないこと）で恥じず、（自分の）功名が天下に知られないことを恥じることを知っていたからだ。㉒私を生んだ者は父母で、私を理解する者は鮑子だ。」と。㉓鮑叔は管仲を（桓公に）推薦すると、（自分の）身はこれ（＝管仲）の下位になった。㉔（鮑叔の）子孫は代々斉に仕え、領地を持つことは十余代となり、常に名大夫だった。㉕天下（の人たち）は管仲の賢明さを称賛するのではなく、鮑叔がよく人を見抜くことを称賛した。

語句の解説 3

教718 134ページ　教719 342ページ

❶**管仲夷吾者**　「管仲夷吾ナル者ハ」とも読める。ここでは「者」を助詞として読んでいる。

❷**与**　～と。「与二～一」で、～と、の意。

❷**游**　ここでは、交遊する、の意。

❹**既用**　大夫に任用されて。「既に」は、ここでは、事が終わったことを表す。「用ゐる」は、ここでは、任用する、の意。

❹**任二政於斉一**　管仲は斉の国政を担当した。「於」は、ここでは場所を表す置き字。

❺**桓公以覇、九‐合諸侯、一‐匡天下、管仲之謀也**　桓公が覇者となり、諸侯を集めて何度も盟約を結び、天下を一つにまとめ秩序を正したのは、管仲の計画によるものである。「謀」は、計画・計略、の意。桓公が覇者になれたのは管仲の働きによるということ。「之」は、連体修飾を表す。

❻**嘗**　以前。ここから管仲と鮑叔との以前の交わりの話が続く。

❼**分二財利一多自与**　鮑叔とした商売での利益を分けるときに、

自分が多く取った。

⑩而　ここでは順接を表す置き字。

⑩更窮困　管仲は鮑叔のために画策したが失敗し、そのせいで鮑叔はさらに困窮した。「窮困」は「困窮」に同じ。

教718 135ページ　教719 343ページ

⑬三見逐於君　管仲が三回、仕えた君主に追い出されたのである。「於」は、ここでは受身を表す置き字。

＊見～。＝～される。受身の意を表す。

⑭不肖　愚か者。「愚」（718 134・11 719 342・11）と意味はほぼ同じだが、人をおとしめて言う表現を、言葉を変えて並べている。

⑮知我不遭時也　鮑叔が私を愚か者だと思わないのは、私が時勢に合わないのを知っていたからだ。時勢に合わないがために、そのときの主君と合わず追い出されただけで、追い出されたのは管仲が愚かだからではないと鮑叔は理解していたのである。

⑱知我有老母也　老いた母がいてその面倒を見なくてはいけないので、管仲は戦死することを避けたのだと鮑叔は理解していたのである。

⑲召忽死之　管仲といっしょに糾の守り役をしていた召忽は、糾が小白に敗れ殺されたことで死に。「之」は、糾が負けたことをさす。召忽は糾の負けとともに殉死したのである。

㉑不羞小節　小さな節義を守らないことを恥じずに。「節義」は、節操や道理・人として守るべき道、のこと。ここでは、主君である糾に従って潔く死ぬことをさす。敵に捕らえられることは、「吾幽囚受辱」（718 135・3 719 343・3）とあるように、「辱め」と考えられていた。管仲は糾に従って死ぬことを「小さな節義」と述べている。

㉑而　ここでは順接を表す置き字。

㉑恥功名不顕于天下　功名が天下に知られないことを恥じることを。「顕レず」は、知られない、の意。「不レ羞二小節一」と合わせ、自分が手柄を立て、名を天下に知れ渡らせられないことを、小さな節義を守らないことより恥じるということ。「于」は、ここでは場所を表す置き字。

㉒知我者鮑子也　私を理解している者は鮑叔だ。鮑叔に感謝と深い敬意をこめて「鮑子」と呼んでいる。この管仲と鮑叔の故事から、「管鮑の交わり」という、非常に仲の良い友達付き合いを意味する言葉が生まれた。

㉓以身下之　鮑叔は管仲の下位で働いた、ということ。「之」は、管仲をさす。自分が桓公に助けるよう進言した相手の下で働いたのである。鮑叔は管仲の能力を高く評価し、助けたことを恩に着せるわけでもなく、自分より優れているから自分より地位が上でよいと考えたことがわかる。

1　「以身下之」とはどういう意味か。

答　鮑叔が自分の推薦した管仲の下で働いたという意味。

㉔子孫世禄於斉、有封邑者十余世、常為名大夫　鮑叔の子孫は代々斉から給料を受け取り、領地を保つことは十余世代に及び、常に名大夫と呼ばれた。鮑叔だけでなく、子孫も優秀で繁

栄したことを述べている。「禄」は、給料、の意。「禄セラレ」は受身で、禄をもらって、ということ。斉に仕えて生計を立てていたということである。「於」は、ここでは場所を表す置き字。「封邑」は、諸侯などの持つ与えられた領地。「封邑を有つこと十余世」は、それだけ長く安泰であったことを表す。

㉕**不レ多ニ管仲之賢一**（ずシテ たトセ かんちゅうの けんヲ） 管仲の賢明さを称賛せずに。「之」は、ここでは連体修飾を表す。管仲がいたから桓公は覇者になれたので、その能力は高いのだが、天下の人々は管仲よりも、鮑叔を称賛した。

㉕**而** ここでは順接を表す置き字。

㉕**多ニ鮑叔能知一レ人也**（たトスル ほうしゅくノ よク しレルヲ ひとヲ なり） 鮑叔がよく人を知ることを称賛した。「能ク人ヲ知ル」は、よく人を理解する・人を見抜く、の意。鮑叔が管仲の能力を見抜き、何度失敗し、失態を繰り返すのを見ても愚かと思わず、桓公に推薦したことをさしている。

学習の手引き

一 管仲が斉の大夫に任命されるまでの経過を整理してみよう。

考え方 「鮑叔　能く管仲を知る」に描かれている若いころと、「桓公　心に管仲を殺さんと欲す」に描かれている斉に仕えてからとで分けて整理しよう。特に「桓公　心に管仲を殺さんと欲す」に大夫に任命されるまでの流れが描かれているので、この部分のあらすじをまとめる。

解答例 若いころ…鮑叔と親しく、何度も失敗や失態を繰り返すが、鮑叔は管仲の能力や事情を知っていて責めなかった。

斉に仕えてから…糾の守り役となる。→糾と小白が対立すると、糾の部下として小白を殺そうとするも逃し、小白が斉の君主（＝桓公）となる。→桓公に殺されそうになるが、鮑叔が管仲は有能だから失ってはいけないと桓公に進言する。→桓公から大夫に任命される。

二 鮑叔を「鮑子」と呼んだときの管仲の心情を説明してみよう。

考え方 「子」はここでは、男性の名前の下に付けて、親愛の気持ちや尊敬の気持ちを表す意味で用いられている。

解答例 自分を理解し、数々の失敗や失態を責めず、桓公に推薦してくれたことを感謝し、深い敬意と強い親愛の気持ちを持っている。

句形

◇書き下し文に直し、太字に注意して、句形のはたらきを書こう。

1 **使**管仲別将兵、遮莒道　（　　　）（　　　）

2 **見**逐於君　（　　　）（　　　）

答
1 管仲をして別に兵を将ゐ、莒の道を遮らしむ／使役
2 君に逐はる／受身

孫臏

〔史記〕

教718 P.136～P.139　教719 P.344～P.347

■孫臏　斉の威王の師と為る（孫臏　斉の威王の師となる）

【大　意】　1　教718 136ページ2～5行　教719 344ページ2～5行

孫臏は、かつて龐涓といっしょに兵法を学んだ。龐涓は魏の将軍となったが、才能では孫臏にかなわないことを知っていたので、孫臏を呼び寄せ、罪をかぶせて法によって両足を切り、顔に入れ墨をした。

【書き下し文】

❶孫臏嘗て龐涓と倶に兵法を学ぶ。❷龐涓既に魏に事へ、恵王の将軍と為るを得たり。❸而れども自ら以つて能は孫臏に及ばずと為す。❹乃ち陰かに孫臏を召さしむ。❺臏至る。❻龐涓其の己より賢なるを恐れて之を疾み、則ち法刑を以つて其の両足を断ちて之を黥し、隠れて見る勿からしめんと欲す。

【現代語訳】

❶孫臏はかつて龐涓といっしょに兵法を学んだ。❷龐涓はまもなく魏に仕えて、恵王の将軍になることができた。❸しかし自分では、才能は孫臏に及ばないと思っていた。❹そこで、こっそり孫臏を呼び寄せさせた。❺孫臏はやって来た。❻龐涓は彼（＝孫臏）が自分より優れていることを恐れてこれ（＝孫臏）を妬んで、（罪をかぶせて）法によってその両足を切り（歩けないようにし）顔に入れ墨をする刑罰を科して、人前に出られないようにしようとした。

語句の解説 1　教718 136ページ　教719 344ページ

❶**嘗**　以前。かつて。

❶**与**　～と。「与二～一」で、～と、の意。

❶**倶**　ともに。いっしょに。

❷**既**　ここでは、まもなく・やがて、の意。

❷**事**　（主君や目上の人などに）仕えて。

❷**得レ為二恵王将軍一**　恵王の将軍になることができた。
「得レ～」は、～できる、の意。可能を表す。

❸**而**　しかし。そうではあるが。ここでは逆接の意。

❹**陰**　ひそかに。こっそり。

❹**使レ召二孫臏一**　孫臏を呼び寄せさせた。
「使レ～」は、～させる、の意で、使役を表す。

❻**恐三其賢二於己一**　彼（＝孫臏）が自分より優れていることを恐れて。
「～二於―一」は、―よりも～である、の意で、比較を表す。

❻**疾**　妬んで。憎んで。

❻欲二隠勿一見　人前に出られないようにしようとした。

＊勿二～一。＝～ない。否定の意を表す。

【大　意】　2　教718 136ページ6行～137ページ7行　教719 344ページ6行～345ページ7行

孫臏が斉の使者に会って自分の考えを述べると、使者は感心して斉に連れ帰った。斉の将軍の田忌は孫臏を賓客として扱った。孫臏は知略を用いて、田忌を騎馬による的当ての勝負に勝たせた。そこで、田忌は孫臏を威王に推薦した。威王は孫臏を師として仰ぐようになった。

【書き下し文】

❶斉の使者梁に如く。❷孫臏刑徒を以つて陰かに見えて斉の使ひに説く。❸斉の使ひ以つて奇と為し、窃かに載せて与に斉に之く。❹斉の将田忌善みして之を客待す。❺忌数斉の諸公子と馳逐重射す。❻孫子其の馬足甚だしくは相遠からざるも、馬に上中下輩有るを見る。❼是に於いて孫子田忌に謂ひて曰はく、「君弟だ重射せよ。❽臣能く君をして勝たしめん。」と。❾田忌信に之を然りとし、王及び諸公子と千金を逐射す。❿質に臨むに及び、孫子曰はく、「今君の下駟を以つて彼の上駟に与し、君の上駟を取りて彼の中駟に与し、君の中駟を取りて彼の下駟に与せよ。」と。⓫既に三輩を馳せ畢はりて、田忌一たび勝たざるも再び勝ち、卒に王の千金を得たり。⓬是に於いて忌孫子を威王に進む。⓭威王兵法を問ひ、遂に以つて師と為す。

【現代語訳】

❶斉の使者が魏の都大梁に行った。❷孫臏は本来なら人前に出られない刑罰を受けた身で、こっそりと斉の使者に面会して自分の考えを述べた。❸斉の使者は（孫臏を）ただ者ではないと思い、ひそかに（孫臏を）車に乗せていっしょに斉に連れて行った。❹斉の将軍である田忌は（孫臏の才能を）認めて、これ（＝孫臏）を賓客として待遇した。❺田忌はしばしば斉の諸公子と馬や馬車を走らせながら弓で的を射る賭けをしていた。❻孫臏は、各々の馬の力量にそれほどには差がないが、馬に上・中・下の優劣の等級があることを見てとった。❼そこで孫臏は田忌に告げて言うことには、「あなたはただ大きくお賭けなさい。❽私はあなたを勝たせることができます。」と。❾田忌はすっかりこれを信用して、王や諸公子と大金を賭けて勝負をすることにした。❿馬場に向かうときに、孫臏は言った、「今、あなたの下の四頭立ての馬で、相手の上の四頭立ての馬と対戦し、あなたの上の四頭立ての馬で、相手の中の四頭立ての馬と対戦し、あなたの中の四頭立ての馬で、相手の下の四頭立ての馬と対戦なさいませ。」と。⓫やがて三組を競走させて終わってみると、田忌は一度は勝てなかったが、二度勝ち、とうとう王の大金を手に入れた。⓬そこで田忌は孫臏を威王に推挙した。⓭威王は兵法について（孫臏に）下問し、その結果（孫臏を）師と仰ぐようになった。

語句の解説 2

教718 136ページ　教719 344ページ

❶如　行く。至る。おもむく。

❷以二刑徒一　本来なら人前に出られない刑罰を受けた身で。「刑徒」は、刑罰を受けた人間のこと。

❷見　面会して。お目にかかって。

❷説二斉使一　斉の使者に自分の考えを述べた。

❸為レ奇　ただ者ではないと思い。「奇」は、抜きん出て優れている・普通ではない、の意。

❸窃　ひそかに。人知れず。そっと。

❸与レ之斉　いっしょに斉に連れて行った。

❹善　ここでは、認める、の意。

❹客待　賓客として待遇した。

❺数　しばしば。しきりに。

❺諸公子　身分の高い人々のこと。

❺馳逐重射　馬や馬車を走らせながら弓で的を射る賭けをしていた。「馳逐」は、競馬、の意。

❻孫子　孫臏のこと。

❻見　見分けた。見てとった。

❻馬足　馬の脚力。力量。

教718 137ページ　教719 345ページ

❻不二甚相遠一　それほどには差がないが。

＊不二甚〜一。＝それほどには〜ない。一部否定の意を表す。

❼於レ是　そこで。そういうわけで。

❼弟重射　ただ大きくお賭けなさい。

＊弟〜。＝ただ〜。限定の意を表す。

❽能令二君勝一　あなたを勝たせることができます。「能」は、〜できる、の意。「令二――〜一」は、使役の構文。

1　孫子が「能令君勝」と言った根拠は何か。

答　「馳逐重射」という競技の性格をつかみ、必ず勝てる方法を発見したこと。この競技は馬を三組に分けて対抗戦を行うもので、どの馬も力量はたいして差がないので、馬の上・中・下の優劣の等級を見極め、対戦の組み合わせを考えれば、上の馬は中の馬に、中の馬は下の馬に確実に勝てる。すると、下の馬が相手の上の馬に負けても二勝一敗で勝てるのである。

❾信然レ之　すっかりこれを信用して。「信」は、たしかに・本当に、の意。「之」は、孫臏の言ったことをさす。

❿及レ臨レ質　馬場に向かうときに。「臨」は、身分の高い人がその場に出向く、の意。「及二〜一」は、〜するときに・〜する際に、の意。

❿以二君之下駟一　あなたの下の四頭立ての馬で。

❿彼　ここでは、相手の、の意。

⓫既　もはや。もう。ここでは、やがて、の意。

⓫畢　終わって。「終」に同じ。

⓫一不レ勝　一度は勝てなかったが。下の駟と相手の上の駟との対決では負けたが、という意。

⓫再勝　二度勝ち。「再」は、二度・二回、の意。

⓫卒 結局。とうとう。
⓬進 推挙する。

⓭遂 こうして。その結果。
⓭以為レ師 師と仰ぐようになった。

■遂に豎子の名を成さしむ（とうとうあの小僧に名をあげさせた）

【大 意】 3 教718 137ページ9行～138ページ10行 教719 345ページ9行～346ページ10行

魏と趙に攻撃された韓が斉に助けを求めたので、斉は田忌を将軍にして魏の都を襲わせた。魏の将軍・龐涓は攻撃していた韓から魏に帰って来た。孫臏は、魏の兵が斉をあなどっていることを知って、田忌に、かまどの数をだんだん減らしていく謀を授けた。

【書き下し文】

❶魏趙と韓を攻む。❷韓急を斉に告ぐ。❸斉田忌をして将として往き、直ちに大梁に走らしむ。❹魏の将龐涓之を聞き、韓を去りて帰る。❺斉軍既已に過ぎて西す。❻孫子田忌に謂ひて曰はく、「彼の三晋の兵は、素より悍勇にして斉を軽んじ、斉をば号して怯と為す。❼善く戦ふ者は、其の勢に因りて之を利導す。❽兵法に、『百里にして利に趨く者は上将を蹶し、五十里にして利に趨く者は軍の半ば至る。』と。❾斉軍をして魏の地に入らば十万竈を為り、明日五万竈を為り、又明日三万竈を為らしめよ。」と。❿龐涓行くこと三日。⓫大いに喜びて曰はく、「我固より斉軍の怯なるを知る。⓬吾が地に入ること三日にして、士卒の亡ぐる者半ばを過ぐ。」と。

【現代語訳】

❶魏は趙とともに韓を攻めた。❷韓は緊急事態を斉に告げた。❸斉は田忌を将軍として向かわせ、ただちに（魏の都）大梁に急ぎ行かせた。❹魏の将軍である龐涓はこれ（＝田忌が大梁に向かったこと）を聞いて、（攻撃していた）韓を去って（魏に）帰って来た。❺斉の軍はすでに国境を越えて西に向かっていた。❻孫臏は田忌に言った、「あの三晋の兵（＝魏の兵）は、もともと荒々しく勇ましくて、斉をあなどり、斉を臆病者呼ばわりしてきました。❼戦いのうまい者は、その（＝敵が悍勇で味方が怯という）形勢を基礎として、これを自分の有利になるように導くものです。❽兵法にも、『百里の遠方から戦利を求めて来る者は（兵がついていけず自軍の）上将軍をたお（させてしまう）し、五十里の遠方から戦利を求めて来る者は軍の半分しか戦場に到達しない。』とあります。❾（そこで）斉軍に命令して、魏の地に入ったら、十万のかまどを作らせ、その翌日には五万のかまどを作らせ、さらに次の日には三万のかまどを作らせてください。」と。❿龐涓が（斉の軍を追って）進んで三日がたった。⓫（龐涓はかまどの数を見て）大いに喜んで言った、「私はもともと斉の軍は

臆病者だと知っていた。⓬わが領地に入って三日で、兵士の逃亡する者が半分を超えている。」と。

語句の解説 3

教718 137ページ　教719 345ページ

❷**告₂急於斉₁**　緊急事態を斉に告げた。

❸**使₃田忌将而往、直走₂大梁₁**　「走」は、ここでは、急いで向かう・行く、の意。

❹**聞ㇾ之**　田忌が大梁に向かったと聞いて。

「使₂—〜₁」は、—に〜させる、の意で、使役を表す。

❹**去ㇾ韓而帰**　（攻撃していた）韓を去って、（魏に）帰って来た。自国の都が攻められそうになったので帰ったのである。

❺**既已**　すでに。「既」「已」だけでも「すでニ」と読む。

❺**過**　通り過ぎて。ここでは、国境を越えて、の意。

❺**西**　西に向かった。名詞が動詞化するときはサ変となる。

教718 138ページ　教719 346ページ

❻**素**　もともと。前から。元来。

❻**軽ㇾ斉**　斉をあなどり。「軽」は、あなどる・見くびる、の意。

❻**号為ㇾ怯**　臆病者呼ばわりする。「号」は、ここでは、呼ぶ・言いふらす、の意。「怯」は、ここでは、弱い者・臆病者、の意。

❼**善戦者**　戦いのうまい者。

「善〜」は、〜するのがうまい・たくみに〜する、の意。

❼**利‐導之₁**　自分の有利になるように導く。

❽**百里而趣ㇾ利者**　百里の遠方から戦利を求めて来る者。

❽**軍半至**　軍隊の半分が到達する（＝半分しか行き着けない）。

2　**ここの「兵法」と以下の「竈」を作る作戦はどのような関係にあるか。**

答　「兵法」に、五十里の遠方から戦利を求めて来る者は軍の半分しか戦場に到達しない、とあることをふまえ、だんだんかまどの数を減らすことで、兵法どおり斉軍に逃亡者が続出して兵士の数が減っているように見せかけたというもの。龐涓や魏軍に、斉軍は臆病者だという思い込みがあることを利用して油断させ、魏軍に強行させせようとしたのである。

❾**為**　ここでは、「為」は、作る、の意。

❾**又明日**　さらに次の日。「又」は、さらに、の意。

❿**行三日**　（斉の軍を追って）進んで三日がたった。

⓫**大喜**　大いに喜んで。龐涓は、まんまと孫臏の仕掛けたわなにはまったのである。

⓫**固**　もともと。元来。言うまでもなく。

⓬**亡者**　逃亡する者。「亡」は、ここでは、逃げる・逃れる、の意。

⓬**過ㇾ半矣**　半分を超えている。「矣」は文末に置き、さまざまな語気を表すが、ここでは断定の意。置き字として読まない。

【大意】　4　教718 138ページ11行〜139ページ9行　教719 346ページ11行〜347ページ9行

そこで、龐涓は斉の軍を急追した。孫臏は魏軍の行程を計算して、馬陵の山の中に伏兵を置き、狭い道にある大樹の幹に「龐涓はこの木の下で死ぬ。」と書いた。夜になって木の下に来た龐涓が字を読もうと火をつけたところ、その火を合図にして、斉軍がいっせいにいしゅみを発射した。自軍の敗戦を悟った龐涓は、自ら首をはねて死んだ。こうして孫臏の名は天下に知れわたり、彼の兵法書は後年まで伝えられた。

【書き下し文】

❶乃ち其の歩軍を棄てて、其の軽鋭と、日を倍にして幷び行きて之を逐ふ。❷孫子其の行を度るに、暮れに当に馬陵に至るべし。❸馬陵は道狭く、而も旁ら阻隘多く、兵を伏すべし。❹乃ち大樹を斫り、白くして之に書して曰はく、「龐涓此の樹の下に死す。」と。❺是に於いて斉軍の射を善くする者に令して、万弩もて道を夾みて伏せしむ。❻期して曰はく、「暮れに火の挙がるを見て倶に発せよ。」と。❼龐涓果たして夜斫木の下に至り、白書を見る。❽乃ち火を鑽り之を燭す。❾其の書を読み、未だ畢はらざるに、斉軍の万弩倶に発す。❿魏軍大いに乱れて相失す。⓫龐涓自ら智窮まり兵敗るるを知り、乃ち自刎して曰はく、「遂に豎子の名を成さしむ。」と。⓬斉因りて勝ちに乗じ尽く其の軍を破り、魏の太子申を虜にして以つて帰る。⓭孫臏此れを以つて名天下に顕る。⓮世其の兵法を伝ふ。

（孫子呉起列伝）

【現代語訳】

❶そこで（龐涓は）歩兵を置いて、装備の軽快な精鋭の騎兵を連れて、一日で二日分の行程を進んで、これ（＝斉軍）のあとを追った。❷孫臏がその（＝魏軍の）行程を計算してみると、夕暮れに馬陵に到達するだろうと思われた。❸馬陵は道幅が狭く、しかもわきに険しく狭いところが多くて、伏兵を置くことができた。❹そこで（孫臏は）大樹（の表皮）を削って、白くしてこれに書いたことには、「龐涓はこの木の下で死ぬ。」と。❺そうして斉軍の中の弓の名手に命令し、たくさんのいしゅみを用意して道の両側に待ち伏せさせた。❻（そして）前もって、「夕暮れに火があがるのが見えたらいっせいに発射せよ。」と打ち合わせておいた。❼龐涓は（孫臏の）予期したとおり、夜になって、皮を削った木の下にやってきて、木を削って白くしたところに書いてある文字を見た。❽（暗くてよく見えないため、）そこで、きりもみして木を摩擦させて火を出し、（その光で）これ（＝木を削って白くしたところに書いてある文字）を照らした。❾（そして）その文字を読んだが、まだ読み終わらないうちに、斉軍のたくさんのいしゅみが、いっせいに発射された。❿魏軍は大混乱に陥って散り散りになってしまった。⓫龐涓は自分で知謀も尽き敗戦になったことを知って、自ら首をはねながら言った、「とうとうあの小僧に名をあげさせたか。」と。⓬斉軍はそこで勝ちに乗じてその軍（＝魏軍）を完全に討ち破り、魏の太子である申を捕虜にして（そして）帰還した。⓭孫臏はこうして名声が天下に知れわたった。⓮

語句の解説 4

教718 138ページ　教719 346ページ

❶棄二其歩軍一　歩兵を置いて。「棄」は、ここでは、用いないで・置いたままで、の意。「歩軍」は、歩兵。

❶倍レ日并行　一日で二日分の行程を進んで。昼夜兼行で急行した、ということ。

❶逐　あとを追う。

教718 139ページ　教719 347ページ

❷度二其行一　その行程を計算してみると。「度」は、ここでは、計算する・測量する、の意。「行」は、行程・道のり、の意。

❷暮当レ至二馬陵一　夕暮れに馬陵に到達するだろうと思われた。「当レ～」は再読文字で、ここでは推定を表し、きっと～だろう、の意。

❸旁　わき。そば。

❸可レ伏レ兵　伏兵を置くことができた。

❹斫　ここでは、削って、の意。

❹白而書レ之曰　白くしてこれに書いたことには。

❹于　名詞(句)の前に置かれ、場所・時間、対象・目的、比較などを示すはたらきをする。訓読では読まず、名詞(句)の送り仮名によって意味を表す。ここでは、場所を示している。

❺令二斉軍善レ射者一、万弩夾レ道而伏　斉軍の中の弓の名手に命令し、たくさんのいしゆみを用意して道の両側に待ち伏せさせた。「善レ射者」は、弓のうまい者・弓の名手、の意。

…その(＝孫臏の)兵法書は、後の世まで伝えられている。

＊令二～一。＝命令して～させる。使役の意を表す。

❻期　約束して。打ち合わせて。

❻倶発　いっせいに発射せよ。「倶」は、みないっせいに・いっしょに、の意。文脈から命令形で訓読する。

❼果　予期したとおり。やはり。本当に。

❼斫木　皮を削った木。

❼白書　木を削って白くしたところに書いてある文字。

❽乃　(暗くてよく見えないため、)そこで。

❽燭レ之　これを照らした。「之」は、木に書かれた文字をさす。

❾未レ畢　まだ読み終わらないうちに。「未レ～」は再読文字で、まだ～ない、の意を表す。

❿大乱相失　大混乱に陥って、散り散りになってしまった。「相失」は、互いに相手を見失う、の意で、ここでは、散り散りになる、と訳すとよい。

⓫自　自分で。

⓫智窮　知謀も尽き。作戦を立てられなくなった、ということ。

⓫自剄　自ら首をはねながら。「自剄」は、「自刎」と同じ。

⓫成二豎子之名一　あの小僧に名をあげさせたか。「豎子」は、相手を見下げて言う言葉で、青二才・小僧、などと訳す。ここでは、孫臏をさしている。

⓬因　そこで。

⑫**乗**ジョウジ**勝**かチニ　勝ちに乗じて。「乗」は、つけこむ・乗じる、の意。

⑫**尽**ことごとク　すべて。みな。完全に。

⑫**以**もッテ**帰**かえル　（そして）帰還した。「以」は、ここでは、順接の接続詞のはたらきをしていて、「而」とほぼ同じ。

⑬**以**もッテ**此**これヲ　このために。こういうわけで。こうして。「以」は、ここでは、名詞などの前に置かれ、続く語が理由・条件などであることを示す、前置詞のはたらきをしている。

⑬**名顕**なあらわル二**天下**てんかニ一　名は天下に知れわたった。「顕」は、表向きになる・きわだつ、の意。ここでは、知れわたる、と訳す。

⑭**世伝**よつたフ二**其**そノ**兵法**へいほうヲ一　その兵法書は後の世まで伝えられている。兵法書として有名な『孫子』には、孫臏が著したものと、春秋時代の呉ごの孫武そんぶの撰せんになるものがある。

学習の手引き

一　孫臏が龐涓を破った手順をまとめてみよう。

考え方　「遂に豎子の名を成さしむ」の部分からまとめよう。・魏の兵が「悍勇」で、斉軍をあなどっていることを見抜き、その形勢を利用しようと考えた。

解答例
・魏の地に入ったら、まず十万のかまどを作り、翌日には五万のかまどを作り、さらに次の日には三万のかまどを作って、龐涓が斉軍の兵の半分以上が逃げたと思って油断するように仕向けた。
・龐涓が軽装備の騎兵で攻撃してくることを知ると、その行程を予測し、馬陵の道に伏兵を置いた。そして、木の皮をはいで「龐涓はこの木の下で死ぬ。」と書き、龐涓がそれを読もうとして火をつけると予測して、火が見えたらいっせいにいしゆみを発射するよう兵に命じた。
・事態は孫臏の計画どおりに進み、魏軍は大混乱に陥り、散り散りになった。
・龐涓は自軍の負けを悟って、自ら首をはねて死んだ。

二　「遂成豎子之名。」（718 二三九・7　719 二四七・7）と言ったときの龐涓の心情を説明してみよう。

解答例　龐涓は孫臏の才能が自分より優れていることを自覚していたので、警戒や妬みから孫臏をわなにはめた。「豎子」という見下した表現からは、蹴落としたはずの相手に手柄を立てさせてしまったことに対する負け惜しみや、孫臏に対する憎しみの強烈さがわかる。

句形

◇書き下し文に直し、太字に注意して、句形のはたらきを書こう。

1　欲隠**勿**見　（　　　　）（　　　）

2　**不甚**相遠　（　　　　）（　　　）

3　**弟**重射　（　　　　）（　　　）

答
1　隠れて見る勿からしめんと欲す／否定
2　甚だしくは相遠からざるも（遠からず）／一部否定
3　弟だ重射せよ／限定

張儀

〔史記〕

教718 P.140〜P.143　教719 P.348〜P.351

■吾が舌を視よ　尚ほ在りや不や（私の舌をよく見なさい　まだあるか、ないか）

【大　意】　1　教718 140ページ2行〜141ページ1行　教719 348ページ2行〜349ページ1行

魏の張儀は、蘇秦とともに鬼谷先生に学んだのち遊説していた。あるとき、楚の宰相の酒席で、宰相の璧を盗んだ疑いをかけられ、むちうたれた後、釈放された。張儀の妻は辱めを受けたことを嘆いたが、張儀は「舌がありさえすれば十分だ。」と言った。

【書き下し文】

❶張儀は魏人なり。❷始め嘗て蘇秦と倶に鬼谷先生に事へて術を学ぶ。❸蘇秦自ら以へらく、張儀に及ばずと。❹張儀已に学びて諸侯に遊説す。❺嘗て楚の相に従ひて飲す。❻已にして楚の相璧を亡ふ。❼門下張儀を意ひて曰はく、「儀は貧にして行ひ無し。❽必ず此れ相君の璧を盗めり。」と。❾共に張儀を執へて、掠笞すること数百なるも服せず。❿之を釈す。⓫其の妻曰はく、「嘻、子書を読み遊説する毋くんば、安くんぞ此の辱めを得んや。」と。⓬張儀其の妻に謂ひて曰はく、「吾が舌を視よ。⓭尚ほ在りや不や。」と。⓮其の妻笑ひて曰はく、「舌在るなり。」と。⓯儀曰はく、「足れり。」と。

【現代語訳】

❶張儀は魏の人であった。❷（張儀は）はじめ蘇秦とともに鬼谷先生に師事して（天下を治めるための）術策を学んでいた。❸蘇秦は自分で、張儀には及ばないと思っていた。❹張儀はもう学び終えて諸侯に遊説してまわった。❺あるとき楚の宰相につき従って酒を飲んだ。❻やがて楚の宰相は璧（＝円形平板で中央に穴のある玉）をなくしてしまった。❼（楚の宰相の）臣下は張儀を疑って言った、「張儀は貧しく品行がよくない。❽きっとこれ（＝張儀）が宰相様の璧を盗んだのです。」と。❾（臣下たちは）いっしょに張儀を捕らえて、数百回むちでうったが（張儀は）屈服しなかった。❿（そこで）これ（＝張儀）を釈放した。⓫その（＝張儀の）妻は言った、「ああ、あなたが書物を読んで（学んで）遊説することがなかったならば、どうしてこのような辱めを受けることがあったでしょうか、いや、受けることはなかったでしょう。」と。⓬張儀はその妻に向かって言った、「私の舌をよく見なさい。⓭まだあるか、ないか。」と。⓮その（＝張儀の）妻は笑って言った、「舌はございます。」と。⓯張儀は言った、「（舌さえあれば）十分だ。」と。

語句の解説 1

教718 140ページ　教719 348ページ

❷**嘗**(かつテ)　かつて。以前。これまでの経験や行為を表し、～していた・～したことがあった、などと訳してもよい。

❷**倶**(ともニ)　いっしょに。ともに。

❷**事**(つかヘテ)　師事して。

❷**術**(じゅつ)　ここでは、天下を治めるための術策、の意。

❸**以**(おもヘラク)　～と思う。「以為」と同じ。

❹**已**(すでニ)　もう。もはや。

❹**遊説**(ゆうぜいス)　自分の政策や主張を各地で諸侯に説いてまわること。

❺**従**(したがヒテ)二**楚**(そノ)**相**(しょうニ)一**飲**(いんス)　楚の宰相につき従って酒を飲んだ。「相」は、ここでは、宰相・丞相(じょうしょう)、の意。

❻**已**(すでニシテ)**而**　やがて。そのうちに。「已(すでニ)」(もう・もはや、の意)との違いに注意。

❻**亡**(うしなフ)　なくす。

❼**門下**(もんか)　ここでは、楚の宰相の臣下、の意。

❼**意**(うたがヒテ)　疑って。

❼**無**(なシ)レ**行**(おこなヒ)　品行がよくない。「行」は、行為・品行、の意。

❾**執**(とらヘテ)二**張儀**(ちょうぎヲ)一　張儀を捕らえて。

❾**不**(ず)レ**服**(ふくセ)　屈服しなかった。従わなかった。

❿**釈**(ゆるス)　釈放する。

⓫＊**嘻**(ああ)、～。　ああ、～。感嘆の意を表す。

⓫**毋**(なクンバ)二**読**(よミ)レ**書**(しょヲ)**遊説**(ゆうぜいスル)一　書物を読んで(学んで)遊説することがなかったならば。

＊毋(なクンバ)二～一、　＝～なかったならば、の意。仮定を表す。

⓫**安**(いずクンゾ)**得**(えン)二**此**(この)**辱**(はずかしメヲ)一**乎**(や)　どうしてこのような辱めを受けることがあったでしょうか、いや、受けることはなかったでしょう。

＊安(いずクンゾ)～乎(ンや)。　＝どうして～か、いや、～ない。反語の意を表す。

⓬**視**(みヨ)　よく見なさい。「視」は、しっかり見る、という意。

⓭**尚**(なホ)**在**(ありヤ)**不**(いなヤ)　まだあるか、ないか。「尚」は、まだ、の意。

＊～不(ヤいなヤ)。　＝～か、どうか。疑問を表す。ここでは、「不」は「否」と同じ意味で、イエスかノーかを問うている。

教718 141ページ　教719 349ページ

⓯**足**(たレリ)**矣**　(舌さえあれば)十分だ。「矣」は置き字で読まないが、断定の意味を表す。遊説家の張儀にとっては、舌さえあれば遊説もでき、恥辱もはらすことができる、ということを言っている。

■辱められて怒る(侮辱されて怒る)

【大　意】 2　教718 141ページ3行～142ページ2行　教719 349ページ3行～350ページ2行

蘇秦は趙王(ちょうおう)を説得し合従(がっしょう)の策を進めていたが、秦(しん)に攻められた諸侯が策に背くことを恐れていた。そこで張儀を秦に登用させ合従の策を維持しようと考え、人をやり、張儀に自分を頼るようにしむけた。張儀は趙に行き蘇秦を訪ねたが、蘇秦は取り次ぎをさせず、数日後、使用人のような扱いで接見し、「口添えしてもいいが、あなたは取り立てるに値しない。」と言った。怒った張儀は、趙に対抗しうるのは秦だけだと考え、秦に入った。

【書き下し文】

❶蘇秦已に趙王に説きて、従親を相約するを得たり。❷然れども秦の諸侯を攻め、約を敗り後に負かんことを恐る。❸念ふに秦に用ゐしむべき者莫しと。❹乃ち人をして微かに張儀を感ぜしめて曰はく、「子始め蘇秦と善し。❺今秦已に路に当たる。❻子何ぞ往きて遊び、以つて子の願ひを通ずるを求めざる。」と。❼張儀是に於いて趙に之き、謁を上りて蘇秦に見えんことを求む。❽蘇秦乃ち門下の人に誡めて通を為さしめず。❾又去るを得ざらしむる者数日。❿已にして之を見る。⓫之を堂下に坐せしめ、僕妾の食を賜ふ。⓬因りて之を数譲して曰はく、「子の材能を以つてして、乃ち自ら困辱せしむること此に至る。⓭吾寧ぞ言ひて子を富貴にする能はざらんや。⓮子は収むるに足らざるなり。」と。⓯謝して之を去らしむ。⓰張儀の来たるや、自ら以つて故人と為し益を求む。⓱反つて辱めらる。⓲怒る。⓳念ふに諸侯事ふべきもの莫く、独り秦のみ能く趙を苦しめんと。⓴乃ち遂に秦に入る。

【現代語訳】

❶蘇秦はもう趙王を説得し、合従の策を互いに約束させることができた。❷しかし秦が諸侯を攻めて、（その結果諸侯が合従の）約束を破ったのちに（合従に）背くことを恐れていた。❸考えてみても、秦に登用させるに足る者はいない。❹そこで（張儀のもとへ）人をやって、ひそかに張儀の心を動かすようにさせて言った、「あなたははじめ蘇秦と親しかった。❺今蘇秦はもう要職に就いている。❻あなたはどうして（蘇秦のところへ）行って遊説して、あなたの願いをかなえることを望まないのですか、望めばよいのに。」と。❼張儀はそこで趙に行き、名刺を差し出して蘇秦に拝謁することを願い出た。❽蘇秦はところが臣下の者に命じて、取り次ぎをさせなかった。❾そのうえ（蘇秦は張儀に）立ち去ることができないようにさせて数日がたった。❿（蘇秦は）やがてこれ（＝張儀）と接見した。⓫これ（＝張儀）を建物の外に座らせて、使用人と同じ（粗末な）食事を与えた。⓬そしてこれ（＝張儀）を非難して言った、「あなたほどの才能を持っていながら、自分で（人から）苦しめ辱められ（るような状況に陥り）このようなありさまになってしまった。⓭私がどうして（誰かに）口添えしてあなたを富貴にすることができないことがあろうか、いや、あなたを富貴にすることはできる。⓮（しかし、）あなたは取り立てるに値しないのだ。」と。⓯（蘇秦は口添えを）ことわってこれ（＝張儀）を帰らせた。⓰張儀がやって来たのは、自分を（蘇秦の）昔なじみとして利益を求めたためである。⓱（しかし蘇秦

に)かえって侮辱された。⑱(張儀は)怒った。⑲(張儀は)諸侯のうちに仕えるに足る者はなく、ただ秦だけが趙を苦しめることができる、と考えた。⑳そこでとうとう秦に入った。

語句の解説 2

教718 141ページ　教719 349ページ

❶**説**　説得して。

❶**得三相約従親二**　合従の策を互いに約束させることができた。「得」は、ここでは、～できる、の意。「相約」は、互いに約束する・取り決める、の意。

❷**然**　しかし。

❷**敗レ約**　(合従の)約束を破り。

❷**負**　背くことを。さからうことを。

❸**念**　ここでは、考えてみても、の意。「念」は、考慮する、の意。

❸**莫下可レ使レ用二於秦一者上**　秦に登用させるに足る者はいない。「可」は、ここでは可能の意で、～できる・～しうる・～に足る、などと訳す。「使」は、～させる、という使役の意を表す。

❹**使三人微感二張儀一**　人をやって、ひそかに張儀の心を動かすようにさせて。「使三―～二…一(―ヲシテ…ヲ～(セ)しム)」は、―に…を～させる、の意で、使役を表す。「微」は、ひそかに・こっそり、の意。「感」は、心を動かす、の意。

❹**善**　ここでは、親しい、の意。

❺**秦**　ここでは、蘇秦のこと。秦の国のことではないので、注意。

❻**何不二往遊、以求レ通二子之願一**　どうして(蘇秦のところへ)行って遊説して、あなたの願いをかなえることを望まないのですか(、望めばよいのに)。「何不二～一」は、どうして～しないのか、～すればいいのに、という反語の意を表す。「通」は、ここでは、遂げる・かなえる、の意。「子」は、あなた、の意で、ここでは張儀をさす。

❼**於レ是**　そこで。

❽**乃**　ここでは、意外なことに・ところが、の意を表す。

❽**誡**　ここでは、命じて、の意。

❾**使レ不レ得レ去**　立ち去ることができないようにさせる。

❿**見**　ここでは、接見する・引見する、の意。

⓫**堂下**　建物の外。「堂」は、宮殿などの大広間のこと。

⓬**因**　ここでは、そして・すぐに、の意。

⓬**以二子之材能一、乃**　あなたほどの才能を持っていながら。「材能」は、才能・はたらき、の意。この「乃」は、前と逆の内容や対立する内容があとに続くことを示す。

⓬**令二困辱一**　(人から)苦しめ辱められる。「令」は使役を表す。直訳すると、(人に自分を)苦しめ辱めさせる、となるが、【現代語訳】では、わかりやすく受身で訳している。

1　「至此」とは、具体的にどうなることか。

答

張儀が建物の外に座らされ、使用人と同じ粗末な食事を与えられて、辱められること。

⓭寧不レ能三言而富二貴子一　どうして(誰かに)口添えしてあなたを富貴にすることができないことがあろうか、いや、あなたを富貴にすることはできる。「不レ能」は、～できない、の意。

＊寧～。＝どうして～か、いや、～ない。反語の意を表す。

⓯謝　ことわって。

⓰故人　古くからの友人。昔なじみ。

教718 142ページ　教719 350ページ

⓱見レ辱　侮辱される。この「見」は、受身の意を表し、～される、と訳す。

⓳諸侯莫レ可レ事　諸侯のうちに仕えるべき者はなく。仕えるに足る諸侯がいないということ。

⓳独秦能苦レ趙　ただ秦だけが趙を苦しめることができる。「独～」は、ただ～だけ、の意で、限定を表す。「能」は、～できる、の意。

【大　意】　3　教718 142ページ3～10行　教719 350ページ3～10行

蘇秦は舎人に、張儀が低い地位で満足し大志を遂げないことが心配で、わざと辱めて張儀の気持ちを奮い立たせたことを明かし、陰ながら張儀を助けるよう命じた。趙王に申し上げて金銭や車馬を用立て、舎人にこっそりついていかせた。舎人は張儀につき従い、車馬金銭を差し出した。おかげで張儀は秦の恵王に拝謁し、客卿として遇され、恵王と諸侯討伐について相談した。

【書き下し文】

❶蘇秦已にして其の舎人に告げて曰はく、「張儀は天下の賢士なり。❷吾殆ど如かざるなり。❸今吾幸ひに先に用ゐらる。❹而して能く秦の柄を用ゐる者は、独り張儀可なるのみ。❺然れども貧にして、因りて以つて進むる無し。❻吾其の小利を楽しみて遂げざるを恐る。❼故に召して之を辱め、以つて其の意を激ます。❽子我が為に陰かに之に奉ぜよ。」と。❾乃ち趙王に言ひて金幣車馬を発し、人をして微かに張儀に随ひ、与に舎に同宿せしむ。❿稍稍く近づきて之に就き、奉ずるに

【現代語訳】

❶(張儀が立ち去ると)蘇秦はやがてその舎人(＝主人の身近に仕えて雑務を行う者)に告げて言った、「張儀は天下の賢人である。❷私はおそらく(張儀には)及ばないであろう。❸今私は幸いなことに(張儀よりも)先に登用された。❹そして秦の政治的権力を用いることができる者は、ただ張儀だけである。❺しかし(張儀は)貧しくて、(出世の)頼みとする献上品がない。❻私はその(＝張儀が)小さい利益に満足して(大志を)遂げないのを恐れている。❼それゆえ(張儀を)呼び寄せてこれ(＝張儀)を辱め、そうしてその気持ちを奮い立たせたのだ。❽あなた(＝舎人)は私の為に、陰ながらこれ(＝張儀)の面倒をみてやってくれ。」と。❾そこで(蘇秦は)趙王に申し上げて金銭や車馬を出し、舎人にこっそり張儀のあとをついていかせ、

車馬金銭を以つてす。⑪用ゐんと欲する所は、為に取りて給して告げず。⑫張儀遂に以つて秦の恵王に見ゆるを得たり。⑬恵王以つて客卿と為し、与に諸侯を伐たんことを謀る。

ともに旅館に同宿させた。⑩(舎人は)しだいに(張儀と)近づきになり、これ(=張儀)につき従い、車馬金銭を差し出した。⑪(張儀が)用いたいと願うものは、(張儀の)ために取り寄せ提供して(誰から提供されたのかは)告げなかった。⑫張儀はとうとうそのおかげで秦の恵王に拝謁することができた。⑬恵王は(張儀を)客卿(=他国出身の大臣)として遇し、ともに諸侯を討つことを相談した。

語句の解説 3

教718 142ページ　教719 350ページ

❶**賢士**　賢人。才智や徳に優れた人物。

❷**殆弗如也**　おそらく(張儀には)及ばないだろう。

「殆」は、おそらく・たぶん、の意。「弗如～」(～ニしカず)は、「不如～」と同じで、～には及ばない、の意。

2　「殆弗如也」とは、どういうことか。

答　おそらく張儀には及ばないだろう、ということ。蘇秦は、張儀の能力のほうが自分より上だ、と考えていたのである。

❹**而**　そして。また。

❹**独張儀可耳**　ただ張儀だけができる。【現代語訳】では、「可」の意味(～できる)を、前節に入れて訳している。

＊独～耳。＝ただ～だけだ。限定の意を表す。「独」は、「独秦」(718 142・1 719 350・1)のように、単独で限定を表すときもある。

❺**無因以進**　(出世の)頼みとする献上品がない。

「因」は、ここでは、頼る・頼みとする、の意。

❻**楽小利而**　小さい利益に満足して。「楽」は、ここでは、喜ぶ・満足する、の意。

3　「恐其楽小利而不遂」とは、どういうことか。

答　張儀がほどほどの地位で満足してしまって、大きな志を遂げないことを心配している、ということ。

❼**激其意**　その気持ちを奮い立たせる。

❽**陰奉之**　陰ながらこれ(＝張儀)の面倒をみてやってくれ。

「奉」には、助ける・世話をする、といった意味がある。

❾**発金幣車馬**　金銭や車馬を出し。「発」は、ここでは、出す、の意。

❾**使人微随張儀、与同宿舎**　人(＝舎人)にこっそり張儀のあとをついていかせ、ともに旅館に同宿させた。

「随」は、あとをついていく、の意。「与」は、ともに・いっしょに、の意。「舎」は、ここでは、宿・旅館、の意。

❿**稍稍**　だんだんと。徐々に。しだいに。

❿**就之**　これ(＝張儀)につき従い。

❿**奉以車馬金銭**　車馬金銭を差し出した。

⓫**所レ欲レ用** 用いたいと願うものは。「所」には、あとに続く動詞(句)を体言化するはたらきがあり、～するもの・～する人・～する場所、などの意を表す。

⓫**弗レ告** (誰から提供されたのかは)告げなかった。舎人は、蘇秦の命で張儀を援助していることは、この時点では黙っていたのである。

⓭**為** ここでは、～と見なし・～として遇し、の意。

⓭**謀** ここでは、相談する、の意。

■**儀 何ぞ敢へて言はん**(張儀 どうして口をはさもうか、いや、口をはさみはしない)

【大 意】 4 教718 143ページ1～8行 教719 351ページ1～8行

役目を終えて去ろうとする蘇秦の舎人を張儀が引き止めると、舎人は、すべては蘇秦の命であり、蘇秦は、秦が趙を討ち合従の策を破ることを心配して、秦を治められるのは張儀だけだと考え、張儀をわざと怒らせたうえで援助をし、秦に登用されるようしむけていたことを明かした。張儀は、蘇秦に感服し、蘇秦が生きて合従の長として治める間は、策を破るようなことはしないと言った。

【書き下し文】

❶蘇秦の舎人乃ち辞し去らんとす。❷張儀曰はく、「子に頼りて顕るるを得たり。❸方に且に徳に報いんとす。❹何の故に去るや。」と。❺舎人曰はく、「臣は君を知るに非ず。❻君を知るは乃ち蘇君なり。❼蘇君秦の趙を伐ちて従約を敗らんことを憂ふ。❽以為へらく君に非ざれば能く秦の柄を得るもの莫しと。❾故に君を感怒せしめ、臣をして陰かに君に資を奉給せしむるは、尽く蘇君の計謀なり。❿今君已に用ゐらる。⓫請ふ帰りて報ぜん。」と。⓬張儀曰はく、「嗟乎、此れ吾術中に在りて而も悟らず。⓭吾蘇君に及ばざること明らかなり。⓮吾又新たに用ゐらる。⓯安くんぞ能く趙を謀らんや。⓰吾

【現代語訳】

❶蘇秦の舎人はそこで別れを告げて立ち去ろうとした。❷張儀は言った、「(私は)あなたに頼って出世することができた。❸まさに今これからご恩に報いようとしているのだ。❹どうして立ち去ってしまうのか。」と。❺舎人は言った、「私はあなた様のことを存じてはおりません。(＝私が今までお尽くししたのは、あなた様のことを理解しているからではありません。)❻あなた様を理解していらっしゃるのは実は蘇君なのです。❼蘇君は、秦が趙を討って合従の盟約を破るのではないかと心配しています。❽あなた様でなかったならば、秦の政治的権力を手にすることができる者はいない、とお考えでした。❾したがってあなた様を激怒させて、私に命じてこっそりあなた様に(車馬金銭などの)元手を提供させたのは、すべて蘇君のはかりごとなのです。❿今あなた様はもう(秦に)登用されました。⓫どうか(蘇君のもとに)帰って報告させてください。」と。⓬張儀

が為に蘇君に謝せよ。⑰蘇君の時、儀何ぞ敢へて言はん。⑱且つ蘇君在らば、儀寧渠くんぞ能くせんや。」と。

（張儀列伝）

は言った、「ああ、私は（蘇君の）術策の中にいながら気づかなかった。⑬私が蘇君に及ばないことは明らかである。⑭私はそのうえ登用されたばかりである。⑮どうして趙を討つはかりごとができようか、いや、できはしない。⑯私のために蘇君に礼を言ってほしい。⑰蘇君が（合従の国々を）治めておられるときに、張儀がどうして進んで口をはさもうか、いや、口をはさみはしない。⑱また蘇君がいらっしゃるならば、張儀がどうして何かできようか、いや、できはしない。」と。

語句の解説 4

教718 143ページ　教719 351ページ

❶**辞** 別れを告げて。

❷**得レ顕** 出世することができた。「顕」は、ここでは、出世する・身分が高くなる、の意。

❸**方** まさに今。ちょうど今。

❸**且レ報レ徳** これからご恩に報いようとしている。「且」は再読文字。「将」と同じで、「まさニ～ントす」と読み、（これから）～しようとする・（今にも）～しそうだ、の意を表す。「徳」は、ここでは、恩・恩義、の意。

❹**何故去也** どうして立ち去ってしまうのか。
＊何故～也。＝どうして～か。理由を問う疑問の意を表す。

❺**臣** 私。君主などに対するへりくだった自称で、ここでは、舎人をさす。

❻**知レ君乃蘇君** あなた様を理解していらっしゃるのは実は蘇君なのです。「乃」は「すなわチ」と読むが、ここでは、まさに・実は・これこそ～である、という判断の確認や強意の意を表すはたらきをしている。

❼**憂三秦伐レ趙敗二従約一** 秦が趙を討って合従の盟約を破るのではないかと心配する。「従約」は、合従の盟約のこと。

❽**以為** ～と考える。～と思う。

❽**非レ君莫三能得二秦柄一** あなた様でなかったならば、秦の政治的権力を手にすることができる者はいない。
＊非二～一、莫二―一。＝～でなかったならば、―ない。仮定の意を表す。

❾**感怒** 激怒させて。

❾**使三臣陰奉二給君資一** 私に命じてこっそりあなた様に（車馬金銭などの）元手を提供させたのは。「使三―～二A…一」（―ヲシテAニ…ヲ～〈セ〉シム）は、―に（命じて）Aに…を～させる、の意で、使役を表す。

❾**尽** すべて。ことごとく。

❾計謀 はかりごと。

⓫請 どうか～させてください。「請」には、①どうか～してください、と相手にある行為を依頼する場合と、②どうか～させてください、と相手に自分の行為の許可を求める場合とがあるが、ここでは②。

⓬在二術中一而不レ悟 （蘇秦の）術策の中にいながら気づかなかった。「術」は、術策・はかりごと、の意。

⓮新用 登用されたばかりである。「新」は、～したばかり、の意。

⓯安能謀レ趙乎 どうして趙を討つはかりごとができようか、いや、できはしない。「安能～乎」は、反語を表す表現で、どうして～できようか、いや、～できない、の意。

⓰謝 礼を言ってほしい。

⓱蘇君之時 蘇君が（合従の国々を）治めておられるとき。

⓱儀何敢言 張儀がどうして（秦の恵王に趙を討とうなどと）口をはさもうか、いや、口をはさむことはない。

＊何敢～。＝どうして～か、いや、～ない。反語の意を表す。

4 「何敢言」とは、どういうことか。

答 蘇秦が合従の長として治めている間は、蘇秦の政策の邪魔をするようなことはしないということ。

⓲寧渠能乎 どうして何かできようか、いや、できはしない。

＊寧渠～乎。＝どうして～か、いや、～ない。反語の意を表す。

学習の手引き

一 「舌」をめぐる妻との会話から、自己の能力に対する張儀のどのような考えがうかがえるか、説明してみよう。

考え方 妻の「舌はあります」という言葉に対して、「足矣。」（718 二四一・1 719 二四九・1）と答えた張儀の思いを考えよう。

解答例 自己の弁舌の力で汚名を返上したり立身出世を果たしたりすることができると信じ、弁舌によって諸侯を説得し、国を動かすことのできる能力に自信を持っている。

二 蘇秦は張儀をどのように評価し、合従策を持続させるためにどのように張儀を利用したか、順を追ってまとめてみよう。

解答例 〈蘇秦の張儀に対する評価〉

・張儀は並ぶもののない賢人であり、自分は張儀には及ばない。（「蘇秦自以、不レ及二張儀一。」（718 二四〇・3 719 二四八・3）、「張儀天下賢士。吾殆弗レ如也。」（718 二四二・3 719 二五〇・3））

・秦は合従の盟約を破る恐れがあるが、秦の政治を動かせる人物は、張儀をおいてほかにない。（「念莫下可レ使レ用二於秦一者上。」（718 二四一・4 719 二四九・4）、「能用二秦柄一者、独張儀可耳。」（718 二四二・4 719 二五〇・4））

〈蘇秦の用いた策略〉

・張儀のところに人をやり、蘇秦を訪ねるよう勧める。（「乃使三人微感二張儀一曰、『子始……子何不二往遊、以求レ通二子之願一。』」（718 二四一・4～6 719 二四九・4～6））

・張儀が訪ねてきても取り次がせず、数日後に使用人のような扱いで接見し、張儀を取り立てる価値がないと侮辱して発奮させ、秦に向かわせる。〔「蘇秦乃誡門下人不為通。……謝去之。」（718 一四一・7〜11 719 三四九・7〜11）、「諸侯莫可事、独秦能苦趙。乃遂入秦。」（718 一四三・1 719 三五〇・1）〕

・舎人にひそかに張儀を助けるよう命じる。〔「告其舎人曰、『張儀天下賢士。……子為我陰奉之。』」（718 一四三・3〜6 719 三五〇・3〜6）〕

・張儀が秦で登用されるよう、金銭や車馬を援助し、秦の客卿の地位を得させる。〔「乃言趙王発金幣車馬、……張儀遂得以見秦恵王。」（718 一四三・6〜9 719 三五〇・6〜9）〕

・蘇秦の家臣から、すべては合従を維持しようとする蘇秦のはかりごとであったことを知らされた張儀は、恩を感じながら蘇秦の知略の深さに感服し、蘇秦の在任中は合従の策を破らないと言う。〔「知君乃蘇君。……尽蘇君之計謀。」（718 一四三・2〜5 719 三五一・2〜5）、「嗟乎、此吾在術中而不悟。……寧渠能乎。」（718 一四三・5〜8 719 三五一・5〜8）〕

句形

◇書き下し文に直し、太字に注意して、句形のはたらきを書こう。

1 **嘻**、子**毋**読書遊説（　　　）（　　　）

2 **安**得此辱**乎**（　　　）（　　　）

3 尚在**不**（　　　）（　　　）

4 **寧**不能言而富貴子（　　　）（　　　）

5 **独**張儀可**耳**（　　　）（　　　）

6 **何故**去**也**（　　　）（　　　）

7 **非**君**莫**能得秦柄（　　　）（　　　）

8 **何敢**言（　　　）（　　　）

9 **寧渠**能**乎**（　　　）（　　　）

答

1 嘻、子書を読み遊説する毋くんば／感嘆・仮定
2 安くんぞ此の辱めを得んや／反語
3 尚ほ在りや不や／疑問
4 寧ぞ言ひて子を富貴にする能はざらんや／反語
5 独り張儀可なるのみ／限定
6 何の故に去るや／疑問
7 君に非ざれば能く秦の柄を得るもの莫し／仮定
8 何ぞ敢へて言はん／反語
9 寧渠くんぞ能くせんや／反語

荊軻 〔史記〕

教718 P.144〜P.149　教719 P.352〜P.357

■燕の太子丹　秦に質たるも亡げて燕に帰る（燕の太子丹　秦国の人質になっていたが逃げ出して燕に帰ってきた）

【大　意】　1　教718 144ページ2〜4行　教719 352ページ2〜4行

荊軻は、先祖は斉の人だが、衛に移ったのち燕に行った。荊軻は、衛では慶卿、燕では荊卿と呼ばれた。荊卿は読書と剣術を好んだ。

【書き下し文】

❶荊軻は、衛人なり。❷其の先は乃ち斉人なり。❸衛に徙る。❹衛人之を慶卿と謂ふ。❺而して燕に之く。❻燕人之を荊卿と謂ふ。❼荊卿読書撃剣を好む。

【現代語訳】

❶荊軻は、衛国の人である。❷その（＝荊軻の）先祖は意外なことに斉国の人であった。❸（荊軻は）衛に移った。❹衛の人はこれ（＝荊軻）を（敬い）慶卿と呼んだ。❺それから燕国に向かった。❻燕の人はこれ（＝荊軻）を（敬い）荊卿と呼んだ。❼荊卿は読書と剣術を好んだ。

語句の解説 1　教718 144ページ　教719 352ページ

❷先　先祖。
❷乃　ここでは、意外なことに・なんと、などの意。
❸徙　移る。位置や場所を変える意を表す。
❹謂　ここでは、呼ぶ、の意。
❺而　そして。それから。
❺之　おもむく。向かう。
❼撃剣　剣術。

【大　意】　2　教718 144ページ5行〜145ページ1行　教719 352ページ5行〜353ページ1行

しばらくして秦国の人質になっていた太子丹が、燕に逃げ帰ってきた。太子丹は、幼なじみである秦王の政にぞんざいな扱いを受け、秦王政をうらんで報復しようと思っていたが、果たせずにいた。

【書き下し文】

❶居ること之を頃くして、会燕の太子丹秦に質たるも亡げて燕に帰る。❷燕の太子丹は、故嘗て趙に質たり。❸而して

【現代語訳】

❶（荊軻が燕国に）しばらく滞在していると、たまたま燕の太子丹が秦国の人質になっていたが、逃げ出して燕に帰ってきた。❷燕の太子丹は、以前趙国の人質となっていた。❸そして、秦王の政は趙

秦王政は趙に生まれ、其の少き時丹と驩ぶ。❹政立ちて秦王と為るに及びて、丹秦に質たり。❺秦王の燕の太子丹を遇すること善からず。❻故に丹怨みて亡げ帰る。❼帰りて為に秦王に報ゆる者を求むるも、国小にして力能はず。

国に生まれ、その（＝政が）幼いとき、（太子）丹と仲がよかった。❹政が即位して秦王となると、丹は秦国の人質となった。❺（幼なじみであったのに）秦王の、燕の太子丹に対する処遇は冷たかった。❻そのために丹は（秦王を）うらんで逃げ帰ったのである。❼（燕に）帰って（太子丹に）代わって秦王に報復してくれる者を探したが、国が小さく力が足りなかった。

語句の解説 2

教718 144ページ　教719 352ページ

❶**居頃レ之**　（荊軻が燕国に）しばらく滞在していると。

❶**質レ秦**　秦国の人質になっていたが。「質」は、ここでは、人質となる、の意。

❶**亡帰レ燕**　逃げ出して燕に帰ってきた。「亡」は、ここでは、逃げ出す、の意。

❷**故嘗**　以前。「故」も「嘗」も、以前、の意。

❹**及三政立為二秦王一**　政が即位して秦王となると。「立」は、ここでは、（王や諸侯の）地位につく・即位する、の意。

❺**遇二燕太子丹一不レ善**　燕の太子丹に対する処遇は冷たかった。「善」は、正しい・思いやりがある、などの意。

❼**為報二秦王一者**　（太子丹に）代わって秦王に報復してくれる者。

教718 145ページ　教719 353ページ

❼**力不レ能**　力が足りなかった。「不レ能」は、～できない・～の能力がない、という意。

■壮士一たび去りて復た還らず（壮士はひとたび去れば再び戻ることはない）

【大　意】　3　教718 145ページ7～9行　教719 353ページ7～9行

太子丹は鋭利なあいくちを手に入れ、刀身に毒薬を塗って焼きを入れさせて荊軻に持たせ、秦に刺客として遣わそうとした。

【書き下し文】

❶是に於いて太子予め天下の利なる匕首を求めて、趙人徐夫人の匕首を得、之を百金に取る。❷工をして薬を以つて之を焠がしめ、以つて人に試みるに、血縷を濡せば、人立ちど

【現代語訳】

❶そこで太子丹は前もって天下の鋭利なあいくちを探し求め、趙国の人である徐夫人の（製作した）あいくちを得て、これ（＝あいくち）を百金で手に入れた。❷職人に命じて毒薬を刀身に塗って焼きを入れさせ、人に試してみると、わずかに糸筋ほどの血がにじむと、

ころに死せざる者無し。❸乃ち装して為に荊卿を遣はさんとす。

誰ひとりたちまち死なない者はなかった。❸(太子丹は)そこで(荊卿=荊軻の)ためにあいくちのつかや鞘を整えて荊卿を(刺客として)遣わそうとした。

語句の解説 3

教718 145ページ　教719 353ページ

❶於レ是　そこで。

❶予　前もって。

❶求二天下之利匕首一　天下の鋭利なあいくちを探し求めて。「利」は、ここでは、鋭い・鋭利な、の意。

❶取二之百金一　これ(=あいくち)を百金で手に入れた。「百金」は、黄金百斤のこと。当時の一斤は約二百五十六グラム。

❷使二工以レ薬焠一レ之　職人に命じて毒薬を刀身に塗って焼きを入れさせ。「使二―ヲシテ～(セ)一」は、―に(命じて)～させる、という使役の意味を表す。「焠」は、焼いた刀剣の刃を水に入れる・焼き入れをする、の意。

❷人無下不二立死一者上　誰ひとりたちまち死なない者はなかった。「無レ不二～一」は、～しないこと(もの)はない、と訳し、二重否定の形で強い肯定の意を表す。「立」は、即座に・たちまち、の意。

❸装為遣二荊卿一　(荊卿の)ためにあいくちのつかや鞘を整えて荊卿を(刺客として)遣わそうとした。

【大意】 4

教718 145ページ10行～146ページ5行　教719 353ページ10行～354ページ5行

太子丹は秦王の暗殺のため、秦舞陽という勇士に荊軻の補佐役を命じたが、荊軻は信頼できる者を伴いたいと思い、その到着を待っていた。太子は出発の遅い荊軻の心変わりを疑い、先に秦舞陽を秦に遣わしたいと言った。荊軻は怒ったが、しかたなく出発した。

【書き下し文】

❶燕国に勇士秦舞陽なるもの有り。❷年十三にして人を殺し、人敢へて忤視せず。❸乃ち秦舞陽をして副と為さしむ。❹荊軻待つ所有り、与に倶にせんと欲す。❺其の人遠きに居りて未だ来たらず。❻而るに行を治むるを為す。❼之を頃くするも、未だ発せず。❽太子之を遅しとし、其の改悔せしを疑ふ。❾乃ち復た請ひて曰はく、「日已に尽く。❿荊卿豈に意

【現代語訳】

❶燕国に秦舞陽という勇士がいた。❷十三歳で人を殺し、誰も(秦舞陽を)決して正視しなかった。❸そこで(太子丹は)秦舞陽に命じて(荊軻の)補佐役とさせた。❹荊軻には頼みにしていた者がいて、同行したいと思っていた。❺その人は遠方に住んでいてまだ到着していなかった。❻それでも(荊軻は)旅支度を整えた。❼しばらくたっても、(荊軻は)まだ出発しなかった。❽太子はこれ(=荊軻の出発)を遅いと思い、彼(=荊軻)が心変わりしたのではないかと疑った。❾そこで再び(荊軻に)求めて言った、「もう日がありません。

有りや。⓫丹請ふ、先づ秦舞陽を遣はすを得ん。」と。⓬荊軻怒り、太子を叱して曰はく、「何ぞ太子の遣はすや。⓭往きて返らざる者は、豎子なり。⓮且つ一匕首を提げて、不測の強秦に入る。⓯僕の留まる所以の者は、吾が客を待ちて与に倶にせんとすればなり。⓰今太子之を遅しとす。⓱請ふ、辞決せん。」と。⓲遂に発す。

⓾荊卿には何かお考えがあるのでしょうか。⓫丹といたしましては、どうかまず秦舞陽を(秦に)遣わさせていただきたい。」と。⓬荊軻は怒り、太子を叱りつけて言った、「どうして太子が(秦舞陽を)お遣わしになるのですか。⓭行ったきりで戻ってこないような者は、青二才です。⓮しかもあいくち一つをひっさげて、はかりしれない強国の秦に入るのです。⓯私が(ここに)留まっている理由は、私の客人を待って同行しようと思っているからです。⓰(しかし)今太子はこれ(＝出発)を遅いとされる。⓱(ではしかたない、出発しましょう。)どうか、お別れを告げさせてください。」と。⓲(荊軻は)とうとう出発した。

語句の解説 4

教718 145ページ　教719 353ページ

❷人不敢忤視　誰も(秦舞陽を)決して正視しなかった。
「不敢～」は、決して～しない・どうしても～できない、などと訳し、強い否定の意を表す。反語表現の「敢不～(どうして～しないことがあろうか、の意)」との違いに注意。

❸令秦舞陽為副　秦舞陽に命じて(荊軻の)補佐役とさせた。
「令―～」は、使役の構文で、―に(命じて)～させる、の意。
「副」は、ここでは、補佐役・副え役、の意。

❹有所待　頼みにしていた者がいて。「待」は、ここでは、頼る・頼みにする、の意。「所」は、あとの動詞(句)の行為が及ぶ対象を表し、ここでは、～する人・～する者、などと訳す。

❹欲与倶　いっしょに行きたいと思っていた。同行したいと思っていた。「与」は、ともに・いっしょに、「倶」は、いっしょに行く・伴う、の意。

❺未来　まだ到着していなかった。「未」は再読文字。

❼頃之　しばらくたっても。「頃」には、短い時間・しばらく、の意味がある。

教718 146ページ　教719 354ページ

❽疑其改悔　彼が心変わりしたのではないかと疑った。「改悔」は、過ちを認めて直す、の意だが、ここでは心変わりする、の意。

❾日已尽矣　もう日がありません。「矣」は置き字で、ここでは断定を表す。

❿豈有意哉　何かお考えがあるのでしょうか。
＊豈～哉。＝～か。疑問の意を表す。「豈～哉(乎)」は、「あニ～ンや」と読んで、どうして～だろうか、いや、～ではない、とい

う反語の意を表すことも多いが、ここでは疑問の用法なので注意。

⑪**丹請、得三先遣二秦舞陽一**　丹といたしましては、どうかまず秦舞陽を(秦に)遣わさせていただきたい。「丹」は、ここでは、自称。「請」は、ここでは、どうか〜させてください、と相手に自分の行為の許可を求める意。「得」は、可能や許容の意を表す。

⑫**何太子之遣**　どうして太子が(秦舞陽を)お遣わしになるのですか。「何〜」は「何ゾ〜ヤ」と読み、どうして〜か、と理由を問う疑問の形。反語の場合は、「何ゾ〜ンヤ」と読むので注意。

⑬**往而不レ返者**　行ったきりで戻ってこないような者。荊軻は、秦舞陽は命知らずの殺し屋かもしれないが、思慮が足りない、と言っているのである。

⑭**不測之強秦**　はかりしれない強国の秦。「不測」は、はかりしれない・何が起きるか予測ができない、の意。

⑮**僕**　自分をへりくだって言う言葉。ここでは、荊軻をさす。

⑮**所二以留一者**　留まっている理由は。「所以」は、理由・原因、の意。

【大　意】 5　教718 146ページ6〜11行　教719 354ページ6〜11行

秦王暗殺計画の事情を知る太子や客人は、白装束で易水のほとりまで荊軻を見送った。見送りの宴で高漸離は筑を鳴らし、荊軻は悲壮な調子の歌を歌った。人々はみな涙を流して泣いた。荊軻は車に乗って旅立ち、最後までもう振り返らなかった。

【書き下し文】

❶太子及び賓客の其の事を知る者、皆白き衣冠して以つて之を送り、易水の上に至る。❷既に祖して道を取る。❸高漸離筑を撃ち、荊軻和して歌ひ、変徴の声を為す。❹士皆涙を垂れて涕泣す。❺又前みて歌を為りて曰はく、「風蕭蕭として易水寒し、壮士一たび去りて復た還らず。」と。❻復た羽声を為して忼慨す。❼士皆目を瞋らし、髪尽く上がりて冠を指す。❽是に於いて荊軻車に就きて去る。❾終に已に顧みず。

【現代語訳】

❶太子や(太子の)客人でその事情(＝秦王の暗殺計画)を知っている者は、みな白装束でこれ(＝荊軻)を見送り、易水のほとりに着いた。❷間もなく(旅の安全を祈って)宴を開いて旅立つ者を送り(荊軻は)旅路についた。❸高漸離は筑を鳴らし、荊軻は(その音に)あわせて歌い、悲壮な調べをなした。❹(見送る)人々はみな涙を流して泣いた。❺さらに(荊軻は)前に進み出て歌を作り歌った、「風はものさびしげに(ひゅうひゅうと)吹いて易水は寒々と流れ、壮士はひとたび(この地を)去れば再び戻ることはない。」と。❻(荊軻は)再び激した調べで(歌い)心を高ぶらせた。❼(見送る)人々はみな目を見開き、頭髪はことごとく持ち上がって冠を立たせ(んばかりだっ)た。❽そして荊軻は車に乗って旅立った。❾(荊軻は)最後までもう振り返らなかった。

語句の解説 5

教718 146ページ　教719 354ページ

❶**太子及賓客**　太子や（太子の）客人。「賓客」は、大切な客人・食客、の意。

❶**其事**　その事情。秦王の暗殺計画のこと。

1　**「其事」とは何か。**

答　荊軻が秦の国に行って、秦王を暗殺する計画。

2　**見送る人々の「白衣冠」には、どのような意味がこめられているか。**

答　荊軻に今生の別れを告げる意味。秦王を暗殺するという使命は困難を極め、荊軻はまず生きては帰れないことを、暗殺計画を知る者はみなわかっていた。旅の見送りの宴には、荊軻の葬式の意もこめられていたのである。
〈参考〉出典の『史記』にはところどころに脚色が加えられていると考えられる。この場面も、秦の間者（＝スパイ）もいるであろう場で、実際に白装束のような目立つ服装をすれば暗殺計画が露見するため、脚色であろうと言われている。

❷**既**　ここでは、間もなく・すぐに、の意。

❷**取レ道**　旅路についた。出発した。

❹**士皆**　（見送る）人々はみな。「士」は、「人」の美称。

❹**垂レ涙涕泣**　涙を流して泣いた。

❺**蕭蕭**　ここでは、ものさびしい、の意。

❺**兮**　韻文中などで語調を整える置き字。

❺**壮士**　勇ましく元気な男、のこと。

❺**不二復還一**　再び戻ることはない。「不二復〜一」は、二度とは〜しない、の意で、一部否定を表す。風や川の流れが戻ることはないように、自分もまたこの地に戻ることはない、と歌っている。

❼**髪尽上指レ冠**　頭髪はことごとく持ち上がって冠を立たせ（んばかりだっ）た。「瞋目」とともに、人々の「忼慨」の様子を表している。

❽**就レ車**　車に乗って。

❾**終**　最後まで。

❾**已不レ顧**　もう振り返らなかった。「已」は、ここでは、もう〜・もはや〜、などと訳し、完了の意を表す。「顧」は、ここでは、後ろを振り返る、の意。

■図窮まりて匕首見はる（地図を開ききるとあいくちが現れる）

【大　意】　6　教718 147ページ2〜9行　教719 355ページ2〜9行

荊軻は秦に着くと、秦王の寵臣の蒙嘉にみつぎものをしてとりなしてもらった。蒙嘉が「燕王が使者を遣わして、裏切り者の樊於期の首と燕の督亢の地図を献上し、臣下となりたいと申しております。」と言うと、秦王は喜び、最高の儀礼を整え、荊軻と接見した。

【書き下し文】

❶遂に秦に至り、千金の資幣物を持ちて、厚く秦王の寵臣中庶子の蒙嘉に遺る。❷嘉為に先づ秦王に言ひて曰はく、「燕王誠に大王の威に振怖し、敢へて兵を挙げて以つて軍吏に逆らはず。❸願はくは国を挙げて内臣と為り、諸侯の列に比し、貢職を給すること郡県のごとくにして、先王の宗廟を奉守するを得んと。❹恐懼して敢へて自ら陳べず、謹んで樊於期の頭を斬り、及び燕の督亢の地図を献じ、函封して、燕王庭に拝送し、使ひをして大王に以聞せしむ。❺唯だ大王之に命ぜよ。」と。❻秦王之を聞きて大いに喜び、乃ち朝服して九賓を設け、燕の使者を咸陽宮に見る。

【現代語訳】

❶(荊軻は)ついに秦に到着し、高価な贈り物を持って、丁重に秦王の寵臣の中庶子の蒙嘉に贈った。❷蒙嘉は(荊軻の)ためにまず秦王に告げて言った、「燕王は本当に大王様のご威光を震え恐れて、挙兵して(わが秦国の)軍の指揮官に逆らうことは決していたしません。❸(燕国は)国を挙げて(大王に)服従して臣下の礼を執り、諸侯の列に並び(=諸侯の待遇を受け)、みつぎものを差し出すことは(わが秦国の)直轄地と同じようにして、(燕の)先王の宗廟をお守り申し上げたいと願っております。❹(燕王は)恐れおののいて自ら進んで申し述べることができず、つつしんで樊於期の首を切り、また燕の最も肥沃な督亢の地図を献上し、(それぞれ)箱に入れて封をして、燕王が燕の宮廷でつつしんでお見送りして、使者を遣わして大王様に対して(このことを)申し上げさせようとしています。❺どうか大王様がこれ(=使者の荊軻)に言葉をおかけください。」と。❻秦王はこれ(=蒙嘉の言葉)を聞いてたいへん喜び、そこで礼服を着て賓客をもてなす最高の儀礼の席を設け、燕の使者と咸陽宮で接見した。

語句の解説 6

教718 147ページ　教719 355ページ

❶遺 ここでは、品物を贈る、の意。荊軻は秦王にとりなしてもらうために、寵臣(=寵愛するお気に入りの臣下)の蒙嘉にわいろを贈ったのである。

❷振怖大王之威 大王様のご威光を震え恐れて。「大王」は、ここでは、秦王のこと。「振怖」は、震え恐れる、の意。

❷不敢挙兵以逆軍吏 挙兵して(わが秦国の)軍の指揮官に逆らうようなことは決していたしません。「不敢～」は決して～しない・どうしても～できない、という強い否定の意。

❸願 ここでは、～と願う・～したく思う、の意。

❸比諸侯之列 諸侯の列に並び。「比」には、並ぶ・準じる、などの意味がある。

❸給 提供すること。差し出すこと。

❸得奉守先王之宗廟 (燕の)先王の宗廟をお守り申し上げた

い。「奉守」は、お守り申し上げる、の意で、先王に対する謙譲の意を表した言い方。

❹**恐懼**　恐れおののいて。

❹**不敢自陳**　自ら進んで申し述べることができず。「陳」は、ここでは、申し述べる、の意。

❹**拝送于庭**　燕の宮廷でつつしんでお見送りする。秦王に対する謙譲の意を表した言い方。秦王の寵臣の蒙嘉は、燕王の使者の荊軻から、秦王に遣わす使者とみつぎものを燕王自らがつつしんで見送ったのだ、と伝え聞いて、燕王の恭順の意が強いことを確信しながら、秦王に伝えているのである。

❹**使使以聞大王**　使者を遣わして大王様に対して申し上げさせようとしています。使役の構文。最初の「使」は、～させる、の意、あとの「使」は、使者(ここでは荊軻)、の意なので注意。

❺**唯大王命之**　どうか大王様がこれ(＝使者の荊軻)に言葉をおかけください。「命」は、言いつける・指示を出す、の意だが、ここでは文脈から、言葉をかける、と訳している。

＊唯～。＝どうか～してほしい。願望の意を表す。

❻**見燕使者咸陽宮**　燕の使者と咸陽宮で接見した。「燕使者」とは、荊軻たちのことである。

【大　意】　7　教718 147ページ10行～149ページ1行　教719 355ページ10行～357ページ1行

荊軻と秦舞陽は樊於期の首と督亢の地図を持ち、秦王に拝謁した。宮殿の階段の前で秦舞陽は震え上がり、荊軻が秦舞陽から地図を取って秦王に献上した。秦王が地図を開ききるとあいくちが現れ、すかさず荊軻は秦王の袖を刺したが、体には届かず、秦王は自身の剣が抜けないままに逃げ、荊軻は追った。宮殿中に武器を持つ者はおらず、群臣たちは慌てふためき、荊軻に素手で殴りかかるのみであった。

【書き下し文】

❶荊軻樊於期の頭の函を奉じ、而して秦舞陽地図の匣を奉ず。❷次を以つて進み、陛に至る。❸秦舞陽色変じ振恐す。❹群臣之を怪しむ。❺荊軻顧みて舞陽を笑ひ、前みて謝して曰はく、「北蕃蛮夷の鄙人、未だ嘗て天子に見えず。❻故に振慴す。❼願はくは大王少しく之を仮借し、使ひを前に畢ふるを得しめよ。」と。❽秦王軻に謂ひて曰はく、「舞陽の持つ所の地図を取れ。」と。❾軻既に図を取りて之を奏す。❿秦王図

【現代語訳】

❶荊軻は樊於期の首を入れた箱を捧げ持ち、秦舞陽は地図の箱を捧げ持った。❷(二人は)順序に従って進み、(宮殿の)階段のところまで来た。❸(ところが)秦舞陽の顔色が変わり、震え上がって恐れてしまった。❹群臣はこれ(＝秦舞陽)を怪しんだ。❺荊軻は振り返って舞陽(＝秦舞陽)を笑い、前に進み出て謝って言った、「(この者は)北方未開の地の田舎者でして、今までに天子に拝謁したことがありません。❻そのため震え上がって恐れているのです。❼どうぞ大王様、少々これ(＝秦舞陽)を大目に見ていただき、使者(の役目)を(大王様の)御前で果たさせてください。」と。❽秦王は荊軻に

を発く。⓫図窮まりて匕首見はる。⓬因りて左手もて秦王の袖を把り、而して右手もて匕首を持ち、之を揕す。⓭未だ身に至らず。⓮秦王驚き、自ら引きて起つ。⓯袖絶ゆ。⓰剣を抜かんとす。⓱剣長し。⓲其の室を操る。⓳時に惶急し、剣堅し。⓴故に立ちどころに抜くべからず。㉑荊軻秦王を逐ふ。㉒秦王柱を環りて走ぐ。㉓群臣皆愕く。㉔卒かに起こること意はざれば、尽く其の度を失ふ。㉕而も秦の法、群臣の殿上に侍する者は、尺寸の兵をも持つを得ず。㉖諸郎中兵を執るも、皆殿下に陳なり、詔召有るに非ざれば、上るを得ず。㉗急時に方たりて、下の兵を召すに及ばず。㉘故を以つて荊軻乃ち秦王を逐ふ。㉙而も卒かに惶急し、以つて軻を撃つこと無くして、手を以つて共に之を搏つ。

告げて言った、「舞陽の持っている地図を取れ。」と。❾荊軻は地図を(箱から)取ってからこれ(＝地図)を(秦王に)献上した。❿秦王は地図を開いた。⓫地図を開ききるとあいくちが現れた。⓬そこで(荊軻は)左手で秦王の袖をとらえ、右手であいくちを持ち、これ(＝秦王)を刺した。⓭(あいくちの刃は)まだ(秦王の)体には届かない。⓮秦王は驚き、自ら身を引いて立ち上がった。⓯(すると)袖がちぎれた。⓰(秦王は)剣を抜こうとした。⓱(しかし)剣が長い。⓲(そこで秦王は)その剣の鞘を握った。⓳突然のことで慌てふためき、剣は(すべりが悪く)堅い。⓴そのため(鞘から)すぐに抜くことができなかった。㉑荊軻は秦王を追いかけた。㉒秦王は柱の周りを回って逃げた。㉓群臣はみな驚いた。㉔突然起こったことは予想していなかったので、(群臣たちは)全員が慌てて取り乱した。㉕そのうえ秦の法では、群臣で宮殿に控える者は、短い武器さえも持つことは許されない。㉖宮中の宿衛をつかさどる官たちが武器を手にとったが、みな宮殿の下に並んでいて、詔で召し寄せられなかったので、(宮殿に)上ることができなかった。㉗まさに緊急時で、(宮殿の)下にいる兵を呼び寄せる間もなかった。㉘こういうわけで荊軻は秦王を追いかけた。㉙そのうえ(群臣たちは)突然のことで慌てふためき、荊軻を討つ手段もなく、みな素手でこれ(＝荊軻)をたたいた。

語句の解説 7

教718 147ページ　教719 355ページ

❶**奉**　捧げ持ち。

❷**陛**　階段。宮殿の階段。

❸**色変**　顔色が変わり。

教718 148ページ　教719 356ページ

❺**顧笑二舞陽一**　振り返って舞陽を笑い。荊軻は、舞陽の震えている様子から暗殺計画が露見することを恐れ、とっさにとりつくろおうとしているのである。

❺前謝 前に進み出て謝って。

❺未㆔嘗見㆓天子㆒ いまだかつて天子に拝謁したことがありません。「未」は再読文字で、まだ〜ない、の意。「天子」は、天命を受けて天下を治める者・君主、の意。

❼願大王 どうぞ大王様、〜してください。

❼使㆑得㆑畢㆓使於前㆒ (大王様の)御前で使者(の役目)を果たさせてください。最初の「使」は使役の意を表す。あとの「使」は、使者、の意。「畢」は、終える・果たす、の意。

❾既取㆑図奏㆑之 地図を(箱から)取ってからこれ(=地図)を(秦王に)献上した。「既」は、ここでは、〜してから、の意。「図」は、ここでは、地図のこと。「奏」は、(君主に)差し上げる・献上する、の意。

❿発㆑図 地図を開く。「発」は、ここでは、開く、の意。

⓫図窮而匕首見 地図を開ききるとあいくちが現れた。「窮」には、尽き果てる・終わる、という意味がある。

⓬因 それによって。そこで。

⓬左手把㆓秦王之袖㆒ 左手で秦王の袖をとらえ。

⓬揕 刀などで刺す。

⓭未㆑至㆑身 (あいくちの刃は)まだ(秦王の)体には届かない。あいくちの刀身には毒薬がしみこませてあったので、急所でなくても、体のどこかに達していれば秦王は絶命するはずだった。

⓮自引而起 自ら身を引いて立ち上がった。秦王は、不意に襲われ、玉座から立ち上がったのである。

⓯袖絶 袖がちぎれた。これで秦王は逃げやすくなった。

答 3 「袖絶」以下の短い文の積み重ねは、どのような効果があるか。

場の緊迫した空気を表す効果。荊軻の急襲に驚き逃げる秦王、王をなんとか殺そうとする荊軻、慌てて取り乱す群臣の様子が、短い文の積み重ねで、緊張感を持って表現されている。

⓲操㆓其室㆒ その剣の鞘を握った。「操」は、ここでは、握る、の意。

⓳剣堅 剣は(すべりが悪く)堅い。

⓴不㆑可㆓立抜㆒ すぐに抜くことができなかった。

㉑逐 ここでは、追いかける、の意。もともとは、狩りの獲物のあとを追う、という意。

㉒環㆑柱而走 柱の周りを回って逃げた。「環」は、回転する・めぐる、の意だが、ここでは、柱を中心に回ることを言っている。

㉓愕 (意外なことに)驚く。

㉔卒起不㆑意 突然起こったことは予想していなかったので。「卒」は、突然・急に、の意。「不意」は、思いがけない・予想していない、の意。

㉔尽失㆓其度㆒ (群臣たちは)全員がその度を失った。一人残らず慌てて取り乱した。「度」は、基準・ものさし、の意で、「度を失う」は、平生の基準を失って取り乱す、の意。

㉕而 そのうえ。しかも。

㉕侍㆓殿上㆒者 宮殿に控える者は。「侍」は、目上の人のそばにつき従う・控える、の意。「殿上」は、宮殿の中、の意。

㉕不㆑得㆑持㆓尺寸之兵㆒ 短い武器さえも持つことは許されない。「不㆑得㆑〜」は、〜してはならない・〜することはできない、の意。

「不レ能」と異なり、個人の能力にかかわらず、客観的な状況のために許容されない・できないことを表す。ここでは、秦の法律上できない、ということを言っている。

㉖**執レ兵** 武器を手にとったが。ここでは、「執」は、手にとる・握る、「兵」は、武器、の意。

㉖**陳二殿下一** 宮殿の下に並んでいて。「殿下」は、宮殿の下・宮殿の階段の下、の意。

㉖**非レ有二詔召一** 詔で召し寄せられることがなかったので。お召しの詔がないので。

㉖**不レ得レ上** (宮殿に)上ることができなかった。

㉗**方二急時一** まさに緊急時で。「方」は、まさに(ちょうど)〜するときに・〜にあたって、などと訳す。

㉗**不レ及レ召二下兵一** (宮殿の)下にいる兵を呼び寄せる間もなかった。「及」は、到達する・追いつく・間に合う、などの意。

㉘**以レ故** こういうわけで。このような理由で。

㉙**無二以撃一レ軻** 荊軻を討つ手段もなく。「以」は、ここでは、手段・方法を表している。

教718 149ページ　教719 357ページ

㉙**以レ手共搏レ之** みな素手でこれ(＝荊軻)をたたいた。この文の主語は「群臣」。「搏」は、ここでは、たたく、の意。

【大　意】 8　教718 149ページ2〜9行　教719 357ページ2〜9行

秦王の侍医の夏無且が薬の袋を荊軻に投げつけたすきに秦王はやっと剣を抜き、荊軻を切った。荊軻は倒れ、「計画が失敗したのは、王をすぐ殺さず領地を返還させる約束をとりつけようと思ったゆえだ。」と、自らを嘲笑した。側近がとどめをさし、荊軻は絶命した。

【書き下し文】

❶是の時、侍医夏無且、其の奉ずる所の薬嚢を以つて荊軻に提つ。❷秦王方に柱を環りて走ぐ。❸卒かに惶急して、為す所を知らず。❹左右乃ち曰はく、「王剣を負へ。」と。❺剣を負ひ、遂に抜きて以つて荊軻を撃ち、其の左股を断つ。❻荊軻廃る。❼乃ち其の匕首を引きて、以つて秦王に擿つも、中たらず。❽銅柱に中たる。❾秦王復た軻を撃つ。❿軻八創を被る。⓫軻自ら事の就らざるを知り、柱に倚りて笑ひ、箕踞して以つて罵りて曰はく、「事の成らざりし所以の者は、生きな

【現代語訳】

❶この時、(秦王の)侍医の夏無且が、その捧げ持っていた薬を入れた袋を荊軻に投げつけた。❷秦王はちょうど柱の周りを回って逃げていた。❸(秦王は)突然のことで慌てふためき、どうすればよいかわからない。❹(秦王の)側近はそこで言った、「王様、剣を背負いなさいませ。」と。❺(秦王は)剣を背負い、やっと(鞘から)剣を抜いて荊軻を攻撃し、その左の股を切った。❻荊軻は(体を支えられず)倒れた。❼そこで(荊軻は)その(＝荊軻の)あいくちを引き寄せて、秦王に投げつけたが、(秦王には)当たらない。❽(あいくちは)銅柱に当たった。❾秦王は再び荊軻を攻撃した。❿荊軻は八つの傷を負った。⓫荊軻は自身で事(＝秦王の暗殺計画)が成就しな

がらにして之を劫かし、必ず約契を得て、以つて太子に報ぜんと欲せしを以つてなり。」と。⑫是に於いて左右既に前みて軻を殺す。⑬秦王怡ばざる者良久し。

（刺客列伝）

いことを悟り、柱に寄りかかって笑い、両足を前に投げ出して座り、罵って言った、「事（＝秦王の暗殺計画）が成就しなかった理由は、（秦王を）生かしておいて、これ（＝秦王）をおどして、必ず秦が奪った諸国の領地を返還させる約束をとりつけて、太子に報告しようなどと思っていたからである。」と。⑫ここに至り、側近は前に進み出て荊軻を殺した。⑬秦王はかなり長い間機嫌が悪かった。

語句の解説 8

教718 149ページ　教719 357ページ

❶**侍医**　天子や諸侯のかかりつけの医者のこと。

❶**提**　投げつける。

❸**不レ知レ所レ為**　どうすればよいかわからない。

❹**左右**　側近。

❹**負レ剣**　剣を背負いなさいませ。秦王の剣は長く、しかもすべりが悪くて抜けないので、剣を背負って肩越しに刀の柄を握って抜けばどうか、と側近が助言したのである。

❻**荊軻廃**　荊軻は（体を支えられず）倒れた。「廃」の原義は、だめになる、の意で、ここでは、足がだめになって倒れる、ということ。

❼**引二其匕首一**　（荊軻は）その（＝荊軻の）あいくちを引き寄せて。

❼**擿二秦王一**　秦王に投げつけたが。「擿」は、投げつける、の意。

❼**不レ中**　当たらない。

❿**被二八創一**　八つの傷を負う。「八」は、数が多いことのたとえと解釈する説もある。「創」は、傷・切り傷、の意。

⓫**自知二事不一レ就**　自身で事（＝秦王の暗殺計画）が成就しないことを悟り。「就」は、ここでは、成就する・成功する、の意。

⓫**倚レ柱**　柱に寄りかかって。「倚」は、寄りかかる・もたれる、の意。

4　**誰を「罵」ったのか。**

答　荊軻自身。

⓫**事所二以不一レ成者**　事（＝秦王の暗殺計画）が成就しなかった理由。「所以」は、理由・原因、の意。

⓫**生劫レ之**　（秦王を）生かしておいて、これ（＝秦王）をおどして。「劫」は、ここでは、おどす・脅かす、の意。

5　**「之」は、誰をさすか。**

答　秦王。

⓫**得二約契一**　秦が奪った領地を返還させる約束をとりつけて。

⓫**報**　報告しよう。

⓬**於レ是**　ここに至って。そこで。

⑬不レ怡者良久（ざるよろこバことややひさシ）　かなり長い間機嫌が悪かった。「怡」は、楽しむ・和む、の意。「良」は、非常に・はなはだ、の意。

学習の手引き

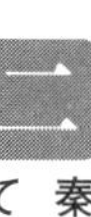

一　荊軻の歌（718 二四六・9　719 二五四・9）にこめられた彼の心境を説明してみよう。

考え方　「風蕭蕭」や「易水寒」という情景描写には荊軻のどのような心情が表れているのかを考える。また、これらの語句を受けての「壮士一去兮不復還」の句であることに注目する。

解答例　見送りの人々に今生の別れを告げている歌であり、一度過ぎ去ってしまったら二度ともとの場所に戻ってくることはない易水の流れのように、無事に生還することはないという、秦王暗殺計画に命をかけて臨む刺客としての悲壮なまでの決意がこめられている。

二　秦王暗殺計画の経緯を整理し、暗殺に失敗した原因を説明してみよう。

考え方　「壮士一たび去りて復た還らず」の前書き部分にも注目する。

解答例　〈秦王暗殺計画〉

・秦から追われている樊於期を自殺させ、その首を秦王への献上品とする。

・天下に名高い徐夫人が製作したあいくちの刀身に毒薬を塗って焼きを入れたものを、太子丹から受け取る。

・自分の信頼できる者と同行する。（実際＝太子丹が、荊軻の補佐役として選んだ燕の勇士の秦舞陽を伴って出発した。）

・燕で最も肥沃な督亢の地を、秦王へのもう一つの献上品ということにする。その地図に毒薬をしみこませたあいくちをひそませる。

・秦王の寵臣の蒙嘉にわいろを贈って、秦王にとりなしてもらう。

・荊軻が樊於期の首の箱を、秦舞陽があいくちをひそませた督亢の地図の箱を持ち、秦王に謁見する。

・秦王が地図を開くと、あいくちが出てくるので、それで斬りつけて秦王を殺す。（実際＝失敗した。また荊軻は、秦王をすぐに殺さず、おどして領土返還の約束をとりつけようとしていた。）

〈暗殺に失敗した原因〉

・太子丹がせかしたため、同行者が荊軻の信頼する者でなく、経験の浅い秦舞陽になってしまったこと。

・秦舞陽が秦王と拝謁したときに震えてしまい、肝心なときになんの働きもせず、荊軻と連係できなかったこと。

・荊軻が、秦王をすぐ殺さずに領土返還の約束をとりつけようと考えていて、作戦が甘かったこと。

・秦王の袖を刺したものの、袖がちぎれて秦王に逃げられたこと。

・夏無且に薬を入れた袋を投げつけられたこと。

句形

◇書き下し文に直し、太字に注意して、句形のはたらきを書こう。

1　**豈**有意**哉**　（　　　）（　　　）

2　**唯**大王命之　（　　　）（　　　）

答　1　豈に意有りや／疑問　2　唯だ大王之に命ぜよ／願望

言語活動 『史記』の魅力

教718 P.150 教719 P.358

活動の手引き

一 「史記の群像」の四編の中から一編を選び、おもしろいと思った場面や人物などの描写、印象に残ったせりふなどを取り上げて、読み取ったり、考えたりしたことを発表し合おう。

考え方 「史記の群像」の四編から一編を選び、感想と、その感想を抱いた理由をまとめる。以下のことを参考にしながら興味を持った場面などを選び、それを選んだ理由を考えてみよう。まとめるときは、自分の経験から考えたり、登場人物を自分に置き換えてみたりするのもよい。また、本文を引用する形で取り上げ、どの描写やせりふから考えたことなのかわかるようにすること。

「管鮑の交わり」は、題のとおり管仲と鮑叔の友情が主題となっている。鮑叔がなぜあれほど管仲を評価できたのかや、それぞれの場面での管仲、鮑叔、桓公の思いなどを想像してみるのもよいだろう。そこから考えられることや、自分の経験に照らして鮑叔や管仲のように心から信頼できる友人がいるかどうかなどをまとめるとよい。

「孫臏」は、孫臏と龐涓の対立が軸となった話である。友人と思い信頼していたであろう龐涓に裏切られたときや、田忌に賭け事に勝てると言って力を示すとき、龐涓を追い詰めたときの孫臏の思いに想像をめぐらせてみよう。それとは反対に、孫臏を罠にはめたときや、木に書かれた文字を読み進めていたときの龐涓の思いも考えてみよう。教科書の内容からは、龐涓は自信のなさから友人を裏切る卑劣な人物と言えるが、龐涓なりの考えがなかったのかなどを時代背景とともに考えてみるのもよいだろう。

「張儀」も、管仲と鮑叔のような、互いを認めた張儀と蘇秦の友情の話であるが、管仲・鮑叔とは違い、張儀・蘇秦は目に見える形では協力しておらず、蘇秦は自分の利益のために張儀を利用したとも言える。張儀と蘇秦とではどちらが優れていると言えるのか、自分なりに理由とともに考えてみよう。また、「吾が舌を視よ。尚ほ在りや不や。」と言ったり、蘇秦を訪ね、侮辱されたと怒り、秦に向かったりする張儀はどんな人物か、蘇秦はそれを知っていたのかどうかなどをまとめるのもよい。

「荊軻」は、秦王暗殺計画とその失敗の話である。暗殺計画を実施するまでの様子の描写、秦王を前にしたときの言動などから荊軻がどんな人物かを探るのもよい。荊軻は頼みにしていた人物を秦へ同行させたかったが、その者が到着せず太子丹にせかされて出発し、暗殺に失敗している。それについての荊軻の思いを、最後の「事の成らざりし所以の者は、生きながらにして之を劫かし、必ず約契を得て、以つて太子に報ぜんと欲せしを以つてなり。」と言ったこととも併せて考えてみよう。また、丹の秦への恨み、荊軻を見送る人々の思いから考えられることもあるだろう。秦王を暗殺しようとする場面には臨場感があるが、その理由をまとめてもよい。